GOLDMANN
ARKANA

Buch

Muskeln verkümmern, wenn wir sie nicht beanspruchen. Das gilt aus Sicht des Reiki-Meisters Peter Michael Dieckmann in einem ganzheitlichen Sinn auch für die Kräfte unserer Seele. Mitreißend und humorvoll schildert Dieckmann, wie wir unsere seelischen Kräfte achten, pflegen und trainieren können und wie Dankbarkeit, Zuversicht und Liebe daraus erwachsen. Anhand von Alltagsbeispielen zeigt der Autor, wie man seelische Energie aufbaut. Und dank seiner Glaubwürdigkeit überträgt sich diese positive Haltung unmittelbar auf den Leser. Meditationstexte und Übungsvorschläge verstärken den Praxisnutzen.

Autor

Peter Michael Dieckmann, 1961 in Duisburg geboren, ist Hauptkommissar bei der Kriminalpolizei und war viele Jahre Zielfahnder. Als »harter Junge« eines Mobilen Einsatzkommandos zählten für ihn nur Fakten, mitunter sogar die Fäuste. Zu seiner eigenen Überraschung entdeckte er in Reiki-Seminaren die eigene Sensibilität. Heute veranstaltet Peter Michael Dieckmann als Reikilehrer Seminare und Workshops. Er wohnt mit seiner Frau Karina im Ruhrgebiet.

Von Peter Michael Dieckmann sind bei Arkana ebenfalls erschienen:
Wenn zwei sich treffen in meinem Namen (33723)
Ich bin berührt – Reiki oder die Schule des Lebens (21807)

Peter Michael Dieckmann

Bodybuilding für die Seele

Training unserer spirituellen und emotionalen Fähigkeiten

GOLDMANN
ARKANA

FSC
Mix
Produktgruppe aus vorbildlich
bewirtschafteten Wäldern und
anderen kontrollierten Herkünften

Zert.-Nr. SGS-COC-001940
www.fsc.org
© 1996 Forest Stewardship Council

Verlagsgruppe Random House FSC-DEU-0100
Das für dieses Buch verwendete FSC-zertifizierte Papier
München Super liefert Arctic Paper Mochenwangen GmbH.

1. Auflage

Originalausgabe Dezember 2010

Umschlaggestaltung: UNO Werbeagentur, München
Lektorat: Ralf Lay
WL · Herstellung: CB
Satz: EDV-Fotosatz Huber/Verlagsservice G. Pfeifer, Germering
Druck: GGP Media GmbH, Pößneck
Printed in Germany
ISBN 978-3-442-21924-7

www.arkana-verlag.de

Für Karina

Inhalt

Die Muskeln der *Achtsamkeit* brauche ich,
um den jetzigen Augenblick nicht zu verpassen.

Die Muskeln der *Dankbarkeit* brauche ich,
um die Geschenke meines Lebens wertzuschätzen.

Die Muskeln der *Wahrhaftigkeit* brauche ich,
um mir selbst und meinem Leben treu zu bleiben.

Die Muskeln der *Sehnsucht* brauche ich,
um die Bestimmung meines Lebens zu erkennen.

Die Muskeln der *Leidenschaft* brauche ich,
um es mit mir und meiner Freude ernst zu meinen.

Die Muskeln der *Entschlossenheit* brauche ich,
um »glückliche« Entscheidungen zu treffen.

Die Muskeln der *Leichtigkeit* brauche ich,
um die Hürden auf meinen Wegen zu überwinden.

Die Muskeln der *Sanftmut* brauche ich,
um meinen Gefühlen ohne Rüstung zu begegnen.

Die Muskeln der *Zuversicht* brauche ich,
um das Licht in der Dunkelheit des Unbekannten
zu sehen.

Die Muskeln des *Glaubens* brauche ich,
um die Berge zu versetzen, die meinem Glück
im Wege stehen.

Die Muskeln des *Einverständnisses* brauche ich,
um meine Zweifel in Vertrauen zu verwandeln.

Die Muskeln der *Liebe* brauche ich,
um ohne Bedingung, ohne Rechtfertigung und ohne
Kompromiss

glücklich zu sein.

Zum Beginn

Früher kannte ich nur den Körper aus Fleisch und Blut. Heute weiß ich, dass der Mensch mehr als nur einen Körper hat. Der materielle ist umgeben von diversen Lichtkörpern, die man in der Regel nicht sehen, aber spüren kann. Diese Lichtkörper bilden die Aura. In manchen, zumeist östlichen Traditionen hat jeder von ihnen einen Namen. Da gibt es den Astral-, den Mentalkörper und so fort. Eine dieser feinstofflichen Hüllen wird »Emotionalkörper« genannt. Und so wie der materielle verfügt auch er im übertragenen Sinne über Muskeln. Die Muskeln der Gefühle. Es gibt Muskeln des Ärgers und solche der Gelassenheit, Muskeln der Traurigkeit und der Freude. Es gibt Muskeln des Vertrauens und der Angst. Und es gibt die Muskeln des Glücks; denn auch Glück ist ein Gefühl.

Die Muskeln wollen eingesetzt werden. »Use it or lose it«, lautet ein Wahlspruch, der besagt, dass die Muskeln verkümmern, wenn sie nicht mehr beansprucht werden. Wer jemals seinen Arm im Gipsverband tragen musste, weiß, wie schnell ein Muskel schrumpfen kann. Ebenso verhält es sich mit Gefühlen. Werden Gefühle zu lange unterdrückt, verliert man die Fähigkeit, sie in sich hervorzurufen. Als Kriminalbeamter habe ich viele Straftäter erlebt, die kein Mitgefühl für andere empfinden konnten, weil sie nie gelernt hatten, sanfte Gefühle in sich zu entwickeln. Umso ausgeprägter war bei ihnen die Fähigkeit, die »harten« Emotionen in sich zu pflegen. Sie konnten (jäh)zornig und wütend sein, spürten einen starken Willen, andere zu bekämpfen und zu besiegen, und vermochten oft körperliche Tantalusqualen zu ertragen. Ich habe Schläger kennengelernt, die vermeintlich schmerzunempfindlich waren. Sie alle wurden bereits in der Kindheit von ihren Eltern geschlagen. Je mehr das Kind weinte, desto heftiger wurde es verprügelt. Um sich zu schützen, musste es lernen, den Schmerz und das Weinen in sich zu unterdrücken. Damit verbunden verschwand ebenso die Fähigkeit, das Leid anderer zu fühlen. Weil sie sich selbst gegenüber nicht einfühlsam sein durften, konnten sie später ebenso anderen gegenüber kein Mitgefühl empfinden.

Auch die Muskeln des Emotionalkörpers verkümmern, wenn sie nicht mehr eingesetzt werden. Habe ich die Muskeln der Freude zu lange vernachlässigt, kann ich mich an meinem Leben nicht erfreuen. Sind meine Muskeln des Glücks zu schwach, kann ich mein Glück nicht fassen. Das Gewicht Fortunas ist zu schwer für mich. Es gibt viele Beispiele von Menschen, die zwar reich und gesund, aber dennoch nicht glücklich sind. Sie haben es verlernt. Sie haben die Muskeln des Glücks in sich verkümmern lassen. »Use it or lose it.«

Die gute Nachricht ist: Jeder Muskel, der verkümmert ist, kann auch wieder aufgebaut werden. Keiner verschwindet. Ebenso kann ein Mensch jederzeit damit beginnen, seine verkümmerten Emotionalmuskeln zu regenerieren. Dafür ist es nie zu spät. Jeder besitzt die Fähigkeit, Freude, Traurigkeit, Wut, Dankbarkeit, Verzweiflung, Angst und Liebe in sich zu spüren. Und ebenso hat jeder Mensch das Potenzial, glücklich zu sein. Doch sind viele nicht in der Lage, dieses Reservoir in sich ganz auszuschöpfen. Vielleicht stehen Glaubenssätze im Wege, Prägungen aus der Kindheit, religiöse Vorstellungen, die sie daran hindern. »Wer hoch hinauswill, fällt tief«, »Lieber den Spatz in der Hand als die Taube auf dem Dach« und dergleichen einschränkende Sprüche mehr lehren die Kinder, nicht zu viel zu wollen. Zufriedenheit reicht aus, Glück gilt als Anspruch, der beinah schon anmaßend sei. Und so, wie Muskeln sich verkleinern, wenn man sie nicht bewegt, nimmt die Fähigkeit ab, glücklich zu sein, wenn man sie nicht »anwendet«.

Um meinen körperlichen Zustand zu verbessern, könnte ich auf die Idee kommen, in einem Fitnessstudio anzurufen, Muskeln zu bestellen und anschließend auf der Couch in meinem Wohnzimmer auf die Lieferung zu warten. Meine Bestellung würde aber allenfalls ein Schütteln des Kopfes auslösen. Denn das Fitnessstudio vermag mir nur die Gewichte und Geräte zur Verfügung zu stellen, mit denen ich trainieren kann.

Auch das Leben schickt mir kein Glück nach Hause. Es liefert mir Situationen und Begegnungen, mit denen ich glücklich oder unglücklich werden kann. Reichtum ist ebenfalls ein Gewicht, das erst gehoben werden muss, und auch der Traumpartner wird mich vor Herausforderungen stellen, die ich zu bewältigen habe. Die Ereignisse in meinem Leben sind die Gewichte, die mir das Fitnessstudio der Seele zur Verfügung stellt. Ich kann alles beim Universum ordern: Reichtum, Gesundheit, meinen Traumpartner, mein Traumhaus und so fort. Doch bleibt die Frage, ob diese Bestellungen, sofern sie denn geliefert werden, mich auch glücklich machen. Wenn ich nicht fähig bin, in meinem Inneren das Glück zu fühlen, werden mich auch die Lieferungen nicht glücklich machen können. Und wenn ich fähig bin, das Glück in mir zu fühlen, stellt sich die Frage, ob ich manche Bestellungen dann noch brauche.

Aufträge an universelle Lieferdienste werden auf Basis des Gesetzes der Anziehung abgewickelt. Gedanken wirken wie Magnete. Ich ziehe die Ereignisse an, die ich gedanklich ausstrahle. Das Rezept für ein glückliches Leben scheint somit simpel zu sein: Ändere ich meine Gedanken, ändern sich auch meine Erfahrungen. Techniken der Anziehung zielen jedoch auf das Glück, das von außen kommen soll. Die Hingabe hat diese Erwartung nicht. Die Zielrichtung der Hingabe ist die innere Freude. Sie verlangt kein Glück, sondern sie erschafft es.

Im Jahr 2008 stellten viele Menschen beim Blick auf ihre Finanzen verblüfft (und manche ruiniert) fest, dass ihr Vermögen über kein stabiles Fundament verfügte. Sie hatten ihr wirtschaftliches Haus offenbar auf Sand gebaut, denn ihr Geld war quasi über Nacht wie vom Erdboden verschluckt und auf Nimmerwiedersehen verschwunden. Ihre Kapitalanlagen wurden wertlos, weil sie durch keinen festen Wert begründet waren. Insbesondere in den neunziger Jahren lautete ein vorherrschender Glaubenssatz in der Finanzwelt, dass (nur) Geld weiteres Geld produzieren könnte. Menschen, die es noch mit Arbeit versuchten, wurden von den meisten Spekulanten mit einem milden Lächeln bedacht.

Wenn nicht viele Arbeitnehmer später in den Sog der Finanzkrise hineingezogen worden wären, um ihren Arbeitsplatz hätten fürchten und auch noch die Zeche bezahlen müssen, hätten sie, wie es in dem Sprichwort heißt, zuletzt am besten lachen können. Es ist nicht das Geld, das den Wert hervorbringt, vielmehr ist es umgekehrt: Das Geld ist Ausdruck des Wertes. Ebenso verhält es sich mit den Bestellungen beim Universum: Sie werden erst durch die Gefühle wertvoll. Der Wert entsteht im Menschen selbst. Auch Glück braucht ein Fundament. Wer die – bestellten oder unbestellten – Lieferungen des Universums in das Gefühl »Glück« verwandeln möchte, benötigt die Fähigkeit, in sich *Wert zu fühlen*. Ein Mensch ohne inneres Selbstwertgefühl wird immer Wertlosigkeit empfinden, gleich, was er von der Außenwelt bekommt.

Das Wort »Glück« kann sich auf ein Ereignis, einen Umstand oder auf ein Gefühl beziehen. Der Begriff ist in diesem Sinne doppeldeutig. Er kann Äußeres wie Inneres umschreiben. Ein Mensch kann durchaus Glück haben und dennoch in seinem Inneren unglücklich sein. Wer die

»äußere« Fortüne für sich nicht erkennt, kann sie in sich nicht spüren. Daher fällt es mir leichter, von der »Freude« zu sprechen. Freude kommt immer von innen. Und ein Mensch, der sich freut, ist im gleichen Moment auch glücklich. Was uns oft den »Spaß« verdirbt, sind Ärger und Sorge. Der Ärger ist nach hinten, auf Vergangenes, gerichtet, die Sorge ist nach vorn, zur Zukunft hin, orientiert. Die Freude ist auf den Augenblick fokussiert und daher vergänglich. Man kann sie nicht festhalten, ebenso wie man den Augenblick nicht fixieren kann. Ärger und Sorge hingegen haften in der Zeit. Deshalb scheint es oft so, als seien sie unsere ständigen Begleiter. Das Hier und Jetzt ist eine ernsthafte Bedrohung von Ärger und Sorge. Zugleich ist das Hier und Jetzt der Lebensraum der Freude.

Es fällt schwer, immer völlig im Augenblick zu leben. Nur wenige Menschen schaffen es. Aber jedem kann es zeitweise gelingen. Mit Hilfe von meditativen Übungen. Viele glauben, Meditation bedeute, lange und still dazusitzen. Das kann durchaus so sein. Doch ist das Spektrum meditativer Techniken sehr viel größer. Ich bin ein regelrechter Fan kurzer Übungen, die nicht allzu viel Zeit in Anspruch nehmen und mir wirksam in meinem Alltag helfen können.

Ich habe nie meditiert, um erleuchtet zu werden, die Schwingung der Erde anzuheben oder ähnlich hochtrabende Ziele zu erreichen. Ich nutze die Techniken, um mich an meinem Leben erfreuen zu können. Und falls dieser Planet die Absicht haben sollte, seine Schwingung zu erhöhen, kann ihm meine alltägliche Freude vielleicht dabei helfen. Das Glücksgefühl eines jeden Menschen ist in der Lage, die Welt zum Positiven hin zu verändern. Ebenso wie die Verletzung eines Menschen die Welt zum Negativen hin beeinflussen kann. Freude, die aus Letzterem geboren wird, ist wahrhaft »Schadenfreude«. Ein Mensch, der traumatisiert wird, verliert ein Stück seiner Freude. Ist die Verletzung zu groß, verschwindet sie. Sie muss in mir lebendig bleiben, damit sie im Außen wirken kann. Dennoch darf sie niemals zu meinem Anspruch werden. Wenn ich die Vergänglichkeit des Augenblicks akzeptiere, bejahe ich damit zugleich die Vergänglichkeit der Freude. Auch die anderen Gefühle gehören zu meinem Leben dazu. Doch ich kann darauf vertrauen, dass auf jeden Augenblick ein nächster folgt, der wieder das Potenzial der Freude in sich trägt.

Ab und zu stelle ich mir die Seele als einen Kontinent mit vielen Ländern vor. Jeder Mensch reist mit seinem Ichbewusstsein durch die Nationen seiner Seele. Das *Ich* ist immer auf der Reise. Niemals wird es ihm gelingen, sich dauerhaft niederzulassen. Das ist eine traurige wie frohe Botschaft zugleich. Traurig deshalb, weil wir uns gern immer dort aufhielten, wo es angenehm und schön ist. Froh deshalb, weil die Botschaft uns von dem Anspruch befreit, immer dort sein zu *müssen,* wo es angenehm und schön ist. Wir brauchen kein schlechtes Gewissen zu haben, wenn wir mal wieder woanders sind, uns in einem Land unserer Seele aufhalten, in dem wir nicht (nur) Freude und Glück, sondern (auch) Angst und Traurigkeit empfinden. Weil es uns von der Meinung befreit, spirituell unterentwickelt zu sein, da wir es immer noch nicht schaffen, ständig ausgelassen, zufrieden, bewusst zu sein. Nicht der Aufenthalt an einer Stelle, sondern die unentwegte Reise ist das Ziel des (ewigen) Lebens. Nach dem Aufbruch erfolgt die Ankunft, und nach der Ankunft folgt der Aufbruch. Je intensiver ich das erleben kann, desto erfüllter ist mein Leben.

Niemand hat mir vor meiner Geburt gesagt, dass es einfach werden würde. »Dieser Weg wird kein leichter sein«, lautete vielmehr die Botschaft. Ich muss mutig sein, entschlossen und leidenschaftlich. Ich bin selbst ver*antwort*lich für mein Leben, für mein Glück. Ich allein muss auf die Fragen meines Lebens *antwort*en.

Dieses Buch verspricht keine einfachen Rezepte. Die beschriebenen Übungen sind ein Muskeltraining für die Seele. Die Kapitel sind die Stationen, an denen ich trainieren kann. An diesen Stationen schule ich die Fähigkeiten, die ich brauche, um mit mir und meinem Leben glücklich zu werden.

Der Umgang mit dem Buch – Kleine Trainingslehre

Dieses Buch richtet sich an Sportler wie Nichtsportler gleichermaßen. Ich war in meinem Leben beides. Ich habe in meiner Jugend Fußball gespielt, später habe ich Kraftsport betrieben. Über zehn Jahre lang suchte ich mindestens viermal in der Woche die örtliche »Muckibude« auf. Diese Zeit ist lange vorbei. Mittlerweile beschränken sich meine sportlichen Aktivitäten auf meine tägliche Reiki-Übung (dabei sind zumindest meine Hände in Bewegung) und ein bis zwei Spaziergänge pro Woche. Es könnte mir zugegebenermaßen nicht schaden, auch heute ein wenig mehr Sport zu treiben. Dafür bin ich nicht mehr einseitig auf meinen Körper fixiert. Ich gehöre nicht mehr zu den Gesundheitsaposteln, die sportliche Aktivität als eine unverzichtbare Voraussetzung für das körperliche und seelische Wohlgefühl betrachten. Heute weiß ich, dass man mehr als nur Körperkraft investieren muss, um mit sich selbst und dem Leben in Einklang zu sein.

Man braucht also kein Vorkämpfer für Leibesübungen zu sein, um im »Fitnessstudio« der Seele trainieren zu können.

Und gerade Sportmuffeln bietet das Buch eine gute Argumentation. Sie können auf den Rat wohlmeinender Mitmenschen, sie mögen sich doch (mehr) körperlich betätigen, mit ruhigem Gewissen antworten: »Ich trainiere täglich.« Und auf die Nachfrage »In welcher Disziplin?«: »Glück.«

In jeder Sportart gibt es Grund- und spezielle Übungen, ein Basis- und ein Aufbautraining. Im Angebot sind konditionelle, technische und taktische Trainingseinheiten. Es gibt spezielle Maßnahmen für die Arme, für die Beine, für die Brust, den Rücken und so weiter. Dennoch ist keine Muskelgruppe von den anderen zu trennen. Alle Körperteile sind miteinander verbunden und gleichermaßen wichtig. Ebenso verhält es sich mit den Glücksmuskeln. Folgende Grundsätze des körperlichen Krafttrainings gelten auch für das Bodybuilding der Seele:

Regelmäßigkeit: Ein kontinuierliches Training ist effektiver als ein einmaliges. Die Wirkung entsteht (auch) durch Beständigkeit.

Ganzheitlichkeit: Die Muskeln bilden zusammen eine Einheit. Wer nur eine Körperhälfte trainiert, gerät irgendwann in Schieflage.

Erholungsphasen: Das Training sollte so lang wie nötig und so kurz wie möglich sein. Wer zu viel trainiert, übersäuert die Muskeln.

Die Übungen können von jedermann ohne Vorkenntnisse angewandt werden. Zwar mag man das Buch auch einfach nur lesen, ohne die Übungen durchzuführen, dennoch empfehle ich, sie auszuprobieren. Es reicht nicht (immer), den Sinn einer Übung intellektuell zu erfassen. Ihre Botschaft sollte das Herz erreichen. Dabei gilt: Man kann nichts falsch machen. Jeder tue es auf seine Weise. Es gibt keine Kriterien für das Gelingen. Wichtig ist nur die Bereitschaft, sich auf sie einzulassen. Nicht mehr und nicht weniger. Heute wird man eine Übung so empfinden, morgen anders. Grundsätzlich sollte man sie spielerisch angehen. Das bedeutet, es zwar ernst zu meinen mit sich und der Übung, dabei aber keinen Ehrgeiz zu entwickeln. Ehrgeiz schadet nur. Die Übungen sollen im Alltag (nach)wirken und dürfen nicht selbst zum Lebensinhalt werden. Man kann mit Meditation keine Ziele erreichen, es gibt keine Maßstäbe, mit deren Hilfe man eine Ergebniskontrolle betreiben könnte. Es geht immer nur um die jeweilige Erfahrung des Übenden, und diese verändert sich von Tag zu Tag.

Kapitel I
Achtsamkeit

Ein alter Massai-Krieger saß mit seinen Enkeln am Lagerfeuer. Der Alte sagte nach einer Weile des Schweigens: »Wisst ihr, im Leben ist es oft so, als ob zwei Löwen im Herzen miteinander kämpften. Einer der beiden ist rachsüchtig, aggressiv und grausam. Der andere hingegen ist liebevoll, sanft und mitfühlend.«

»Welcher der beiden gewinnt denn den Kampf?«, fragte eins der Kinder.

»Der Löwe, den man füttert«, antwortete der Alte.

Anonym

Im Jahr 2007 gab Joshua Bell ein Konzert in einer U-Bahn-Station in Washington. 45 Minuten lang spielte der weltberühmte Geiger auf seiner Stradivari. Der *Washington Post* zufolge liefen in der Zeit 1070 Menschen an dem vermeintlich unbekannten Straßenmusiker vorbei. Davon blieben sechs für einen kurzen Moment stehen. Der eine oder andere Passant warf achtlos einen Dollar in den Hut. Joshua Bell füllt regelmäßig die Konzertsäle dieser Welt. Die Eintrittspreise sind für viele unerschwinglich. Dieses

Konzert in der Washingtoner Metro war umsonst. Doch niemand nahm es wahr.

Ich gebe zu, dass mir das auch hätte passieren können. Oft laufe ich blind durch die Welt und bemerke die tollsten Sachen nicht, nur weil ich gerade etwas anderes für wichtiger halte. Die Wertung der Wichtigkeit lenkt meine Achtsamkeit. Die Einschätzung der Bedeutsamkeit obliegt jedoch nicht dem Verstand, sondern dem Gefühl. Die Lenkung der Achtsamkeit ist keine Sache des Kopfes, sondern des Herzens. Der Verstand kann zwar entscheiden, dies oder jenes sei wichtig. Er kann Prioritätenlisten erstellen. Wenn das Herz die Bedeutung aber nicht empfindet, dann wird es nichts mit der Achtsamkeit. Das ist der Grund, weshalb so viele Neujahrsvorsätze scheitern. Die meisten Vorsätze sind Verordnungen des Verstandes. Der wahre Regent aber ist das Herz.

Die Protagonisten des Herzens sind »Liebe« und »Angst«. Sie sind die Hauptdarsteller im Theater des Lebens. Die Scheinwerfer beleuchten immer den Bühnenabschnitt, auf dem sich einer der beiden Hauptdarsteller befindet. Wo Liebe und Angst sich aufhalten, leuchtet das Licht der Achtsamkeit. Was ich von Herzen liebe, bedeutet mir viel. Es ist mir so wichtig, dass ich darauf achte. Wenn ich vor etwas Angst habe, bedeutet mir das, was ich für gefährdet halte, viel. Ich habe Angst, dass verletzt werden könnte, was für mich bedeutsam ist. Es ist mir so wichtig, dass ich darauf achte. Die Angst zeigt mir, was ich liebe. Ein Mensch in Todesangst spürt in diesem Moment, dass er das Leben liebt. Achtsamkeit ist mehr als

Wahrnehmen. Achtsamkeit ist eine Form der Wertschätzung.

Wenn ich etwas bewusst ignoriere, dokumentiere ich, wie gering ich den Wert schätze. Bewusste Ignoranz ist eine Form der Achtsamkeit, die sich als Unachtsamkeit verkleidet. Ich tue so, als sei mir das, was ich ignoriere, nicht wichtig. Doch das Gegenteil ist der Fall: Es ist mir wichtig, damit keinen Kontakt zu haben. Mit meiner bewussten Ignoranz will ich mir beweisen, dass ich mit dem Objekt meiner (Un-)Achtsamkeit nichts zu tun habe. Weil Ignoranz in Wahrheit Achtsamkeit ist, wirkt auch sie anziehend. So kann es geschehen, dass ich immer wieder genau mit den Themen konfrontiert werde, mit denen ich nicht in Berührung kommen möchte. Um im Theater zu bleiben: Das Ignorierte tritt aus dem dunklen Backstage-Bereich heraus und legt an der hellsten Stelle der Bühne ein kleines Tänzchen hin. Es will einfach nur Aufmerksamkeit; und je mehr sie ihm verweigert wird, desto häufiger und störender springt es ins Rampenlicht. Sobald ihm die Beachtung geschenkt wird, die es verdient, hört es auf, das Stück zu stören. Wenn ich akzeptiere, dass auch dieses Thema zu meinem Leben gehört, wird es mich nicht mehr belästigen. Ich muss ihm einen Platz auf der Bühne zuweisen, darf es nicht mehr nur hinter den Vorhang verbannen.

Wenn ich nicht gerade auf Seminarreise bin, sitze ich bei jedem Heimspiel meines Lieblingsvereins MSV Duisburg auf der Tribüne. Leser, die ein wenig Ahnung vom Fußball haben, wissen, dass es nicht immer ein Vergnügen ist, ein MSV-Fan zu sein. In der einen Saison zittert man um den Aufstieg, in der nächsten um den Abstieg. Nicht umsonst schrieb jemand im Fanforum des Internets: »Gott sprach zu den Steinen: Möchtet ihr MSV-Fans werden? Die Steine antworteten: Nein, dafür sind wir nicht hart genug.«

Karina und ich haben zwei Dauerkarten für die MSV-Arena. Zu allem Überfluss sitzen in der Saison, während ich diese Zeilen schreibe, zwei Zuschauer in der Reihe hinter uns, die das Spiel von der ersten bis zur letzten Minute lautstark kommentieren. Sie haben an allem etwas auszusetzen, wissen alles besser und schimpfen, was das Zeug hält. Zwei Giganten in der Disziplin des negativen Denkens. Oft weiß ich nicht, ob ich mich mehr über das schlechte Spiel meiner Mannschaft oder über die dummen Sprüche der beiden Weltmeister hinter mir ärgern soll. Sie wären vermutlich nicht mal in der Lage, einen Verein der untersten Amateurspielklasse schadlos durch eine Saison zu bringen. Und vor jedem Spiel nehme ich mir vor, das Geschwätz der beiden zu überhören. Doch je mehr ich versuche, sie zu ignorieren, desto nerviger empfinde ich sie.

Es gibt verschiedene Techniken des Loslassens. Eine davon ist das Schreiben. So habe ich mir gerade meinen Ärger über die beiden Krakeeler im Stadion im wahrsten Sinne des Wortes ab-geschrieben.

Frag dich: Was ist mir wichtig?

Worauf richte ich meine Achtsamkeit?
Wo schaue ich hin? Und wo schaue ich weg?

Achte ich meinen Körper?
Achte ich meine Seele?
Achte ich mich?

Achte ich meine Nächsten?
Achte ich meine Umwelt?
Achte ich andere?

Achte ich meine Arbeit?
Achte ich meine Hobbys?
Achte ich meine Träume?

Nun sieh:
Was dir wichtig ist, verdient deine Achtsamkeit.
Wenn du wichtig bist, verdienst du Achtsamkeit.
Wenn dein Körper wichtig ist, verdient er deine Achtsamkeit.
Wenn deine Seele wichtig ist, verdient sie deine Achtsamkeit.

Wenn die anderen wichtig sind, verdienen sie deine Achtsamkeit.
Wenn deine Nächsten wichtig sind, verdienen sie deine Achtsamkeit.

Wenn deine Umwelt wichtig ist, verdient sie deine Achtsamkeit.

Wenn deine Arbeit wichtig ist, verdient sie deine Achtsamkeit.
Wenn deine Hobbys wichtig sind, verdienen sie deine Achtsamkeit.
Wenn deine Träume wichtig sind, verdienen sie deine Achtsamkeit.

Stolpersteine

Vor einigen Jahren stürzte ich eines Morgens die Treppe in unserer Wohnung hinunter. Wie an jedem Werktag war ich um fünf Uhr aufgestanden und wollte mich in die obere Etage begeben. Dort befinden sich unser Büro und der Meditationsraum. Ich hatte die Treppe zur Hälfte erklommen, als mir eine unserer Katzen auf dem Weg zum Frühstück entgegenkam. Die Futterstelle ist in der Küche. Da sich noch kein Futter in den Schalen befand, beschloss ich – herzensgut, wie ich nun mal bin –, umzukehren und die Schalen aufzufüllen. In Rekordzeit war ich wieder im Wohnzimmer. Während ich mit den Füßen nach vorn hinabsegelte, führte mein Rücken detailliert Protokoll, indem er jede einzelne Stufe berührte. Ich landete nicht nur unten, sondern auch … im *Jetzt*.

Während unser Verstand immer im Gestern und Morgen herumirrt, kämpfen unsere Gefühle an der Front des Augenblicks. Schmerz ist ein Gefühl. Durch ihn landen wir wieder im Augenblick. Das ist die vielleicht einzige positive Nebenwirkung des Schmerzes. Wenn ich mich mit meiner Achtsamkeit zu lange in der Vergangenheit oder Zukunft aufgehalten habe, bringt mich der Schmerz wieder dorthin, wo das wahre Leben stattfindet: in die Gegenwart.

Mein Rücken und Steiß waren stark geprellt, doch Gott sei Dank war nichts gebrochen. Ein positiver Nebeneffekt war, dass sämtliche Rückenwirbel wieder eingerenkt wurden. Meine chronischen Schulterschmerzen waren wie weggeblasen. Dafür tat nun mein unterer Rücken weh. Natürlich stellte ich mir die Frage, was der Sturz mich hatte lehren sollen. War ich zu hochmütig geworden? Hatten meine geistigen Helfer beschlossen, mich von meinem selbst erbauten Thron hinunterzuwerfen? Oder hatten sie mir einfach nur Ruhe verordnet? Doch solche Fragen sind müßig. Die Antwort liegt immer in den Gefühlen. Ich hatte ein wenig Angst, es könnte ein Lendenwirbel gebrochen sein. Das hätte bedeutet, dass ich in der nächsten Zeit keine Seminare, Meditationsabende und Vorträge hätte leiten können. Durch die Angst bemerkte ich erneut, wie wichtig mir diese Arbeit ist. Sie erhielt nun wieder die Achtsamkeit, die sie verdient. Da jetzt nicht mehr die Schulter, sondern der untere Rücken Schmerzen bereitete, befand ich mich mit meinen Gefühlen wieder an der Basis meines Körpers. Ich war verbunden mit dem Teil von mir, der mich trägt.

Ich erkläre den Teilnehmern meiner Seminare, insbesondere denen, die sich in der Ausbildung zum Reiki-Lehrer befinden, dass man die guten spirituellen Lehrer (auch) an ihrer Bodenständigkeit erkennen kann. Am Fuße der Treppe erfüllte ich zumindest dieses Kriterium wieder. Ich stürzte, weil ich die Bodenhaftung und zugleich die Anbindung nach oben verloren hatte. Ich hatte nicht mehr auf meine innere Stimme gehört, die mich in den letzten Wochen vergeblich auf die vorhandenen Schätze in meinem Leben hinweisen wollte. Denn bis nunmehr auf einen geprellten Rücken war alles in meinem Leben in Ordnung. Damals wie heute lebte ich mit meiner lieben Frau und vier tollen Katzen in einer schönen Wohnung mitten im Grünen, wir alle waren kerngesund, die Veröffentlichung meines zweiten Buchs stand in wenigen Monaten bevor, und meine Seminare waren weitestgehend ausgebucht. Ich hätte der glücklichste Mensch der Welt sein können. Doch in Gedanken plante ich eine noch bessere, noch glücklichere Zukunft. Ich wollte hoch hinaus. Doch das Glück kann niemand in der Zukunft finden. Man findet es nur in der Gegenwart.

Wir sind oft »gedankenverloren«, das heißt, wir verlieren uns in Hirngespinsten, statt auf die Stimme unseres Körpers zu hören. Der Körper zeigt an, dass etwas in unserem Leben nicht stimmt, wir gegen eine Wahrheit verstoßen. Statt die notwendigen Konsequenzen zu ziehen, zweifeln unsere Gedanken die Warnung des Körpers an. Wenn sie nicht mehr zweifeln können, suchen sie nach einer Strategie, den Körper umzustimmen.

Die Einnahme von Tabletten ist einfacher als die Änderung eines Lebensumstands oder einer Verhaltensweise.

Meistens wollen wir so weitermachen wie bisher, jedoch ohne von unserem Körper belästigt zu werden. Zumindest glauben wir, dass wir das wollen. Der Körper aber sagt, was die Seele wirklich will. Der Körper ist immer in der Gegenwart. Die Gedanken hingegen beschäftigen sich zumeist mit der Vergangenheit oder der Zukunft. Sie sind nicht dort, wo der Körper ist. Wir sind oft geteilt in Denken und Handeln, in Denken und Sein. Wir sind dann nur halb präsent. Das Gefühl der absoluten Gegenwärtigkeit stellt sich ein, wenn wir die Vergangenheit und die Zukunft *für den Augenblick* vergessen. Das ist die Wirkung der Meditation.

Wenn ein Mensch zu lange unachtsam ist, legt ihm das Leben Steine in den Weg. In dem Moment des Stolperns denkt er nicht mehr, sondern fühlt (wieder). Er verlässt seinen Kopf und nimmt Kontakt zum Herzen auf, das ihn ein weiteres Mal darauf hinweisen kann, was wirklich wichtig ist. Die Stolpersteine zeigen an, dass der Mensch innehalten und sich wieder neu ausrichten soll.

Die Benediktiner pflegen einen alten Klosterbrauch. Beim Schlagen der Kirchturmuhr zu jeder vollen Stunde unterbrechen die Mönche ihre Arbeit, und die Gespräche verstummen. Die einen nutzen den Moment für ein kurzes Gebet, andere hören in sich hinein. In diesen Momenten der inneren Stille kann sich der Mensch auf das Wesentliche und Wichtige rückbesinnen. Auch außerhalb der Klostermauern könnte man diese Meditationstechnik praktizieren. Dafür lasse man sich zu jeder vollen Stunde von seinem Handy oder seiner Armbanduhr alarmieren.

Wenn der »Weckruf« der Seele erfolgt, unterbreche man die jeweilige Tätigkeit und halte inne. Zwar wird nicht jeder Berufstätige diese Übung in seinen Arbeitsalltag integrieren können, aber es lohnt sich bestimmt, sie an arbeitsfreien Tagen einmal auszuprobieren.

Wir bringen unseren Kindern bei, die Achtsamkeit auf den Verstand zu richten. Alles sollte wohlüberlegt sein. »Erst denken, bevor man redet, und erst recht, bevor man handelt«, lautet die Devise. Wir lehren sie das, was wir selbst am besten können: Kopflastigkeit. Wir versuchen, den Dingen mit dem Körperteil auf den Grund zu gehen, das vom Grund am weitesten entfernt ist. Dem Grund am nächsten sind die Füße, genauer gesagt, die Fußsohlen. Sie haben den Kontakt zur Basis, zum Fundament. Ich sage nicht, man solle seinen Kopf nicht mehr benutzen. Ich meine nur, wir sollten uns nicht ausschließlich auf ihn verlassen. Wir sollten stattdessen lernen, unsere Ressourcen besser zu nutzen. Wir können weitaus mehr als nur denken. Gefühle sind intensiver als Gedanken. Und oft genug im Leben muss unser Herz ausbaden, was uns der Verstand eingebrockt hat.

Jedes Problem besteht aus den Gedanken der Vergangenheit. Die Lösung des Problems kann nur ein neuer Gedanke sein. Ich brauche eine Idee, wie ich mich von dem Problem befreien kann. Dazu ist es nötig, mich von den alten, problematischen Gedanken zu lösen. Solange ich die alten Gedanken in meinem Kopf hin und her wälze, kann kein neuer Gedanke zu mir kommen. Ideen entstehen nicht durch Nachdenken. Nachdenken ist immer das Nachhalten der vorhandenen Gedanken. Sobald ich diese loslasse, mache ich in meinem Kopf Platz für die neuen.

Das Loslassen der Gedanken geschieht im Schlaf oder aber während einer Ablenkung. Eine Idee zu einem Thema kommt dann, wenn man gerade mit etwas anderem beschäftigt ist. Das, was unbewusst funktioniert, kann man auch bewusst einsetzen. Mit Hilfe meditativer Übungen kann die Achtsamkeit umgelenkt werden.

Die nachfolgende Übung ist eine etwas ungewöhnliche Methode, sich mit einem Thema zu befassen. Es ist eine Herangehensweise, die der Verstand für unmöglich hält. Er kann es nicht fassen, weil er in Sachen »Gefühle« inkompetent ist. Doch lasse man sich davon nicht abhalten, die Übung auszuführen und seine Erfahrungen mit ihr zu machen.

Geh nach draußen, in den Garten, in den Wald, in die Natur. Formuliere in Gedanken deine aktuelle Sorge, dein Problem oder das Thema, das dich zur Zeit beschäftigt. Dann schließ die Augen und lass deine Gedanken los. Lenk deine Achtsamkeit auf deine Fußsohlen. Spür den Boden unter deinen Füßen, spür die Basis, das Fundament. Und dann geh mit geschlossenen Augen los. Konzentriere dich dabei nur auf deine Fußsohlen.

Nach ein paar Schritten öffnest du die Augen und gehst achtsam weiter. Wenn du merkst, dass deine Aufmerksamkeit von den Fußsohlen abdriftet, bleibst du wieder stehen, schließt die Augen und beginnst mit der Übung von Neuem.

Sei dir bewusst: »Ich gehe meiner Sache auf den Grund.«

Bilder und Gefühle

Bilder werden zu Gefühlen: Sehe ich als leidgeprüfter Fan des MSV den Siegtreffer meiner Mannschaft in der letzten Minute des Spiels, fühle ich Freude. Sehe ich (was zugegebenermaßen häufiger vorkommt) den Siegtreffer der gegnerischen Mannschaft, fühle ich Enttäuschung. Das äußere Bild einer Situation lässt in mir ein Gefühl entstehen.

Umgekehrt werden Gefühle auch zu Bildern: Meine am Tag unverarbeiteten Empfindungen werden zu den Motiven meiner Träume. Doch im Wachzustand beeinflussen meine Gefühle ebenfalls die äußeren Bilder. Wenn ich traurig und deprimiert bin, ist die Welt um mich herum grau und trist. Bin ich »in« meiner Freude, sehe ich auch die Welt in bunten Farben. In diesem Sinne kann man sagen: Bilder und Gefühle sind eins.

Auch Worte erzeugen Bilder und Gefühle. Werde ich von einem anderen Menschen kritisiert, entstehen in mir womöglich Empfindungen der Verletzung. Zu der Erinnerung an den Rüffel gesellen sich weitere Bilder. Vielleicht male ich mir aus, wie ich es dem Tadelnden heimzahlen kann, ein Bild der Rache also. Oder ich male mir aus, welche Folgen die Kritik, beispielsweise meines Vorgesetzten, haben kann: Nun werde ich nicht mehr befördert, kann nicht mehr Abteilungsleiter werden, vielleicht verliere ich auch meinen Arbeitsplatz und kann dann mein Haus nicht mehr abbezahlen – und so weiter und so fort. Aufbauende Worte hingegen können in mir zu Bildern der Hoffnung werden: Das Lob des Chefs ruft in mir das Bild des neuen Dienstwagens hervor, den ich nach meiner Beförderung zum Abteilungsleiter später fahren werde.

Eine Zeit lang zog ich jeden Montag und Donnerstag jeweils eine Karte aus meinem Tarot-Deck. Die Karte wies mich auf das Thema hin, das mir in den kommenden Tagen begegnen sollte. Da gab es die Karte der Liebe, die Karte des Abschieds, die Karte des Streits und andere mehr. Und meistens traf es zu: Ich wurde mit genau der Thematik konfrontiert, auf die mich das Blatt hingewiesen hatte. Kein Wunder: Die Achtsamkeit lenkt die Energie. Indem ich meine Aufmerksamkeit auf das Thema richtete, zog ich es in meine Erfahrungswelt an.

Erlebnisse werden zu Erinnerungen. Die Bilder, die ich mit offenen Augen sehe, werden zu inneren Bildern. Auch wenn das Ereignis schon längst vergangen ist, bleibt die Erinnerung in mir bestehen. Situationen verändern sich mit der Zeit. Manche Erinnerungen aber wirken lange nach. Innere Bilder sind nachhaltiger als äußere. Prägende Erfahrungen können sogar zu Glaubenssätzen werden. Kleine »Wenn-dann«-Filmchen laufen vor meinem inneren Auge ab: »Damals habe ich so gehandelt, und daraufhin ist dies und jenes passiert.« So kann die Annahme entstehen, dass solches Handeln auch in Zukunft zu dem gleichen Ergebnis wie damals führen wird. Das gilt für den individuellen Glauben ebenso wie für den kollektiven. Der Glaube einer Gemeinschaft beruht auf den gemeinsamen Erinnerungen. Dabei spielt es keine Rolle, ob alle das Ereignis selbst erlebt haben oder aber die Erinnerung auf Erzählungen beruht. Die einen waren Augenzeugen und erinnern sich an die Bilder, die sie gesehen haben, die anderen haben von dem Ereignis gehört und entsinnen sich der Eindrücke, die sie sich selbst vom Ereignis gemacht haben. In beiden Fällen bleiben nur innere Bilder übrig.

So betrachtet erhält der Satz »Das bildest du dir nur ein« eine neue Bedeutung. Schließlich ist jede Erinnerung letztlich nichts anderes als ein inneres Bild, eine Ein*bild*ung. Unabhängig davon, ob die bestehenden inneren Motive mit den vergangenen äußeren Eindrücken des Ereignisses übereinstimmen, ist jede Erinnerung gleichermaßen gültig.

Man achte also auf die Bilder, die man sich ansieht. Alles, was ich mit offenen Augen betrachte, wirkt in meinem Inneren nach. Manche Bilder machen blind für das Schöne und Gute. Meine Verantwortung betrifft in diesem Sinne auch meine Erinnerungen.

Während meiner Dienstzeit als Zielfahnder des Landeskriminalamts war ich zweimal Studiogast bei der Fernsehsendung »Aktenzeichen XY ungelöst«. Ich weiß unter anderem durch diese Erfahrung, dass viele ältere Menschen solche Sendungen sehen. Manch alte Dame schaut sich Monat für Monat erschreckende Filme über tatsächlich geschehene Raubüberfälle und Morde an und geht dann voller Furcht ins Bett. Achtsamer wäre es in Hinblick auf einen ruhigen Schlaf, sich vorher einen weniger belastenden beziehungsweise erheiternden Film anzusehen oder ein ermutigendes Buch zu lesen.

Ich kann selbst entscheiden, ob ich mir ein Spiel in der MSV-Arena anschaue oder nicht. Die Gefühle, die das Spiel in mir aller Voraussicht nach auslösen wird, habe ich gewählt … Bei manchen Bildern jedoch bleibt mir keine Wahl. Viele Situationen sind Herausforderungen, vor denen ich nicht fliehen kann. Diese Bilder muss ich ansehen, ich habe keine Alternative. Das gilt in besonderem Maße für die Kindheit. Je stärker ich (noch) fremdbestimmt bin, desto eingeschränkter ist meine Entscheidungsfreiheit. Die Bilder meines Elternhauses kann ich nicht ändern. Doch mit dem körperlichen Wachstum wächst auch mein Einfluss auf die Bilder meines Lebens.

Man kann innere Bilder nicht löschen. Es gibt keine meditative Technik, mit der man Erinnerungen loswerden könnte. Aber es ist möglich, neue innere Bilder in sich entstehen zu lassen, die sich mit den bereits vorhandenen verbinden. Darauf beruht die Wirkungsweise von Ritualen. Eine Handlung wird in einem bestimmten Bewusstsein vollzogen und erschafft eine neue Erinnerung.

In einem meiner Seminare lasse ich die Teilnehmer am Nordseestrand eine Krücke der inneren Abhängigkeit wegwerfen. »Was ist meine Krücke?«, lautet die Frage vor dem Ritual. Im Laufe unseres Lebens stützen wir uns immer wieder auf »Gehhilfen«, die uns Stabilität geben und die wir auf unserem weiteren Weg für unverzichtbar halten. Andererseits hindert uns diese Stütze daran, frei zu handeln, da wir nie beide Hände frei haben, solange wir sie in der einen Hand halten. Meine Krücke beispielsweise war lange Jahre meine Identität als Polizist. Auf dieses Selbstbild habe ich mich gestützt, glaubte ansonsten, »niemand« zu sein. Zwanzig Jahre lang war mein Beruf gleichbedeutend mit meinem Selbstbild. Ich war nicht (nur) Polizist von Beruf, ich war (nur) Polizist. So wie die Welt für manchen religiösen Fanatiker allein aus Gläubigen und Ungläubigen, Sündern und Heiligen besteht, gab es für mich lediglich Polizisten und Bürger, Opfer und Täter. Das Selbstbild ist die Achtsamkeit, die ein Mensch auf seine Persönlichkeit richtet. Es bestimmt seine Weltanschauung, also die Achtsamkeit, die er auf das Geschehen in seinem Umfeld richtet. Ein beschränktes Selbstbild führt automatisch zu einem eingeschränkten Weltbild. Damals war ich auf meinen Körper fixiert. Um meine Seele habe ich mich nicht gekümmert. Heute weiß ich, dass ich mehr bin als mein Beruf, mehr als die Rollen, die ich für mich und andere spielen möchte.

Eine Teilnehmerin hatte kürzlich ihren unerfüllten Kinderwunsch als Krücke angegeben. Sie konnte mit ihrem Ehemann keine Kinder bekommen und war bisher der Ansicht gewesen, aus diesem Grunde nicht glücklich werden zu können – und vielleicht auch, nicht glücklich werden zu dürfen. Am Strand warf sie die Krücke der Abhängigkeit weg und lief in die Freiheit. Durch das Ritual erschuf sie in sich ein neues Bild.

Aber auch ohne eine äußere Handlung können neue innere Bilder geschaffen werden. Die folgende Übung der Achtsamkeitslenkung ist besser als jede detaillierte Visualisierung. Ich muss mir nicht im Einzelnen vorstellen, wie etwas für mich sein, was genau in Erfüllung gehen soll. Ich weiß nämlich nicht, ob meine Vorstellung auch zu meinem Glück führen wird. Es gibt da ja ein Sprichwort, wonach der liebe Gott manche Menschen dadurch bestraft, dass er ihnen ihre Wünsche erfüllt …

Indem ich einem Thema Achtsamkeit schenke, gebe ich ihm die Kraft, sich in meinem Leben zu entfalten, und zwar so, wie es für mich vorgesehen und gut ist. Zu viele Vorgaben bei der Visualisierung wirken eher einschränkend. Ich erfülle das Bild mit der Energie der Achtsamkeit und lasse es geschehen. So wird kommen, was zu mir kommen soll.

Mach dir zunächst bewusst: Was habe ich auf der Bühne meines Lebens in der letzten Zeit im Dunkeln gelassen? Was habe ich in meinem Herzen nicht für wichtig gehalten, obwohl mein Verstand es wollte?

Und dann lass in dir ein Bild entstehen, ein Symbol für das, was ab jetzt auch in deinem Herzen bedeutsam sein soll. Richte deinen inneren Blick auf das Bild, auf das Symbol deiner Wichtigkeit. Lenk deine Achtsamkeit darauf und sei dir bewusst, dass du es auf diese Weise mit Energie erfüllst. Be-achte ohne Ehrgeiz. Es kommt dann so, wie es kommen soll.

Die Zehn Gebote – Techniken der Achtsamkeit

»Achte auf« und »Hab Achtung vor« sind die beiden Aspekte der Achtsamkeit. Der erste betrifft mich als Schöpfer. Mein freier Wille ermöglicht mir die Wahl, das eine oder das andere zu denken, zu sagen, zu tun. Ich bin der Erschaffer meiner Gedanken, meiner Worte und meiner Handlungen. Damit verbunden ist die Verantwortung für die Folgen meiner Wahl. Achtsamkeit bedeutet, bewusst zu wählen und die Verantwortung für die Konsequenzen zu übernehmen. Der zweite Aspekt betrifft mich als Teil der Schöpfung. Ich habe Achtung vor dem Leben, vor den anderen, vor mir selbst. Ich erhöhe mich nicht, ich erniedrige mich nicht. Ich erkenne den Wert in allem, was ist. Die Anerkennung, die ich anderen gegenüber zolle, ist zugleich die Achtung gegenüber mir selbst. Verachte ich einen anderen, schätze ich mich ebenso selbst gering. Und immer dann, wenn ich einen anderen verletze, verletze ich mich selbst.

Die Zehn Gebote des Alten Testaments verweisen auf die beiden Aspekte der Achtsamkeit. Es gibt viele Versionen der Zehn Gebote. Sie unterscheiden sich je nach religiöser Tradition, Interpretation und Übersetzung. Für mich sind sie Techniken der Achtsamkeit. Sie leiten mich an, bewusster zu werden.

Man betrachte die folgenden zehn Punkte als Techniken, nicht als Gebote. Gebote und Regeln taugen nichts. Sie führen nur zu Schuldgefühlen, wenn man gegen sie verstößt. Wer immer und bei allem achtsam sein will, kann nicht ausgelassen sein. Ausgelassenheit ist eine Eigenschaft der Freude. Und sie ist mit Risiken verbunden. Wer ausgelassen feiert, kümmert sich in diesem Moment nicht um Sicherheit. Das schließt das Risiko mit ein, dass man auch schon mal unachtsam ist. Der Anspruch, achtsam zu sein, führt leicht zu Lähmungserscheinungen. Es sollte nicht sein, dass ich vor lauter Achtsamkeit nicht laufen kann. Wenn es mir gut geht, ich mich wohl fühle, Freude empfinde, brauche ich keine dieser Techniken. Aber wenn es in einem Bereich meines Lebens nicht glattläuft, ich mich nicht wohl fühle, meine Freude nicht spüre, hilft es, hinzuschauen und sich die Frage zu stellen: Worauf sollte ich meine Achtsamkeit richten? Was habe ich vielleicht vernachlässigt?

Ich bin der Herr, dein Gott. Du sollst keine Götter neben mir haben.

Sei achtsam gegenüber dem Schöpfer und der Schöpfung. Alles ist miteinander verbunden, nichts ist getrennt. Wenn du verstanden hast, dass der Schöpfer und die Schöpfung eins sind, kannst du in den Augen eines anderen dich selbst erkennen.

Du sollst dir kein Bildnis machen.
Sei achtsam gegenüber deinen Vorstellungen. Achte auf die Bilder, die du dir vom Schöpfer und der Schöpfung machst. Wenn du keine wertenden Bilder in dir hast, kannst du dem Leben, dir selbst und anderen unvoreingenommen begegnen.

Du sollst den Namen Gottes nicht missbrauchen.
Sei achtsam gegenüber deiner Schöpferkraft. Achte auf dein Sprechen und Handeln. Achte darauf, in welchem Namen, in welchem Bewusstsein du etwas sagst. Achte darauf, in welchem Namen, in welchem Bewusstsein du etwas tust. Wenn du dir über deine wahren Motive bewusst bist, kannst du die Schöpferkraft in »deinem« Sinne gebrauchen.

Gedenke, dass du den Sabbat heiligst.
Sei achtsam gegenüber deinem Körper, deinem Geist, deiner Seele. Achte auf die Bedürfnisse deines gesamten Selbst. Dein Körper braucht Nahrung, Bewegung und Ruhe. Dein Intellekt braucht Nahrung, Bewegung und Ruhe. Deine Seele braucht Nahrung, Bewegung und Ruhe. Wenn du deinem Körper gibst, wessen dein Körper bedarf, wenn du deinem Geist gibst, wessen dein Geist bedarf, wenn du deiner Seele gibst, wessen die Seele bedarf, wirst du dir vollkommen gerecht.

Du sollst Vater und Mutter ehren.
Sei achtsam gegenüber dem männlichen Teil in dir, sei achtsam gegenüber dem weiblichen Teil in dir. Ohne den Vater gäbe es deinen Körper nicht, ohne die Mutter gäbe es deinen Körper nicht. In dir ist das Männliche, in dir ist das Weibliche. Hab Achtung vor der Quelle, aus der du hervorgegangen bist. Wenn du bewusst auf deine Vergangenheit blickst, siehst du den Weg, der in deine Zukunft führt.

Du sollst nicht töten.
Sei achtsam gegenüber dem Lebendigen in dir. Das Leben ist Bewegung und Veränderung. Der Versuch, Bewegung und Veränderung aufzuhalten, ist der Versuch, das Leben zu töten. Deine Gedanken verändern sich, deine Gefühle verändern sich, deine Träume verändern sich. Wenn du nicht in dem Bemühen erstarrst, nur bestimmte Gedanken, nur bestimmte Gefühle, nur bestimmte Träume zuzulassen, bist du lebendig.

Du sollst nicht ehebrechen.
Sei achtsam gegenüber der Gemeinschaft, in der du lebst. Achte auf die Verbindungen, die du knüpfst. Achte auf die Versprechen, die du gibst. Achte auf die Eide, die du sprichst. Wenn du dich binden willst, dann binde dich; und wenn du dich lösen willst, dann löse dich. Aber du musst dich entscheiden. Du kannst nicht zwei Herren gleichzeitig dienen. Wenn du eine Bindung eingehst, die du nicht eingehen willst, und wenn du eine Bindung löst,

die du nicht lösen willst, betrügst du dich selbst. Wenn du ein Versprechen gibst, obwohl du es nicht versprechen willst, und wenn du ein Versprechen brichst, obwohl du es halten willst, verrätst du dich selbst.

Du sollst nicht stehlen.
Sei achtsam gegenüber deinen Fähigkeiten, deinen Talenten, deinen Möglichkeiten. Sie sind das Material, aus dem du dein Glück erschaffst. Auf deiner Reise durch das Leben steht dir dein ganzes Potenzial zur Verfügung. Deine Fähigkeiten und Talente sind die Geschenke deiner Seele. Wenn du sie nicht auspackst, bestiehlst du dich selbst.

Du sollst nicht falsch Zeugnis geben.
Sei achtsam gegenüber deiner Persönlichkeit. Sei du selbst. Bemüh dich nicht, wie jemand anders zu sein. Denk, wie du denkst, fühl, wie du fühlst, sprich, wie du sprichst, und tu es auf deine Weise. Leb dein Leben nicht durch die Augen der anderen. Wenn du nicht authentisch bist, belügst du dich selbst. Wenn du deinen Lebensweg in deine Richtung gehst, gibst du ein richtiges und kein falsches Zeugnis ab.

Du sollst nicht begehren deines Nächsten Weib, deines Nächsten Haus.
Sei achtsam gegenüber dem, was zu dir gehört. Kümmere dich um das, was für dich da ist. Streb nicht nach dem, was andere haben. Wenn du begehrst, richtest du deine Achtsamkeit auf den Mangel und ziehst den Mangel in

dein Leben. Wenn du auf das schaust, was jetzt für dich da ist, richtest du deine Aufmerksamkeit auf die Fülle und ziehst so die Fülle in dein Leben.

Manchmal lasse ich im Rahmen einer abendlichen Meditation den vergangenen Tag Revue passieren. Dabei stelle ich mir zehn Fragen:

Habe ich heute die Einheit des Lebens beachtet?
Bin ich mir und anderen heute vorurteilsfrei begegnet?
War ich heute hinsichtlich der Motive meiner Handlungen ehrlich zu mir selbst?
Habe ich heute die Bedürfnisse meines Körpers, meines Geistes, meiner Seele beachtet?
Habe ich heute meine männliche und meine weibliche Seite gelebt?
Habe ich heute die Bewegung und Veränderung meiner Gedanken und Gefühle zugelassen?
Habe ich heute meine Fähigkeiten und Möglichkeiten genutzt?
Welche Verbindungen bin ich heute eingegangen – und welche Verbindungen habe ich gelöst?
War ich heute authentisch?
Habe ich heute auf die Fülle meines Lebens geachtet?

Die bewusste Betrachtung des alten Tages bewirkt zwanglos und unweigerlich die innere Ausrichtung für den kommenden, neuen Tag. Diese Methode ist besser als ein Regelwerk, an das ich mich gebunden fühle. Ich muss mich nicht bemühen, Gebote einzuhalten. Mein Wegweiser ist kein äußeres Schild, das ich täglich vor mir hertrage, sondern vielmehr ein inneres Licht.

Die Übung dauert nur ein paar Minuten. Ich halte mich nicht lange an den einzelnen Fragen auf. Ich verurteile mich auch nicht, wenn ich die eine oder andere Frage verneinen muss. Es geht mir dabei um Bewusstwerdung, nicht um Schuldzuweisung. Der kurze Blick nach hinten ermöglicht mir, klarer nach vorn zu schauen. Je achtsamer ich bin, desto mehr spüre ich auch die Achtsamkeit, die mir geschieht.

Eine der Regeln des heiligen Benedikt lautet: Das ganze Leben ist Liturgie, das ganze Leben ist ein Gottesdienst. Also geh mit deinen alltäglichen Utensilien so um, als wären sie heiliges Altargerät. Benedikt lehrte, dass Gott *überall* und *in allem* sei. Da Gott alles umfasst, lebt jedes Wesen sein Leben in Gott. Weil ich mein Leben in Gott lebe, ist alles, was ich tue, Gottesdienst. In diesem Sinne sind alle Gegenstände, die ich benutze, heiliges Altargerät.

Wenn Gott überall und in meinem unmittelbaren Umfeld ist, bin ich beschützt. Achte ich darauf, werde ich es bemerken.

Achte auf den Fluss deines Atems. Geh dabei in das Gefühl »Das Göttliche schaut mich an«.

Im Land der Achtsamkeit

Stell dir vor, du reist in anderes Land.
Du reist so, wie du es am liebsten hast: mit dem Zug oder dem Auto.
Vielleicht machst du auch eine Schiffs- oder Flugreise, ganz so, wie es dir gefällt.
Du kommst in dem Land an, bleibst einen Moment stehen und siehst dich um:
Du befindest dich im Land der Achtsamkeit.
Nun gehst du los, um das Land zu erkunden.

Auf deinem Weg kommt dir ein Mensch entgegen.
Du blickst nach vorn und erkennst: Es ist jemand, der dir nahesteht,
ein Mensch aus deiner Familie oder aus deinem Freundeskreis.
Vor diesem Menschen bleibst du stehen, schaust ihn an und sagst:
»Du bist mir wichtig. Ich achte dich, ich beachte dich!
Ich pass auf dich auf!«

Dann gehst du weiter durch das Land der Achtsamkeit.
Du kommst an einen Ort, den Ort deiner größten Freude.
Dieser Ort steht für das, was du am liebsten tust.
Du bleibst stehen, siehst dich um und sagst:
»Du bist mir wichtig. Ich achte dich, ich beachte dich!
Ich pass auf dich auf!«

Dann gehst du weiter durch den Ort in dem Land der Achtsamkeit.
Du kommst an ein Haus, gehst hinein und stellst fest,
dass es darin genau so aussieht wie bei dir zu Hause, in deiner Wohnung, in deinem Haus.
In dem Haus bleibst du stehen, siehst dich um und sagst:
»Du bist mir wichtig. Ich achte dich, ich beachte dich!
Ich pass auf dich auf!«

Weiter gehst du durch das Haus in dem Land der Achtsamkeit.
Du kommst an einen Tisch. Es ist ein gedeckter Tisch, und darauf sind
all die Speisen und Getränken, die du am liebsten magst.
Vor dem Tisch bleibst du stehen, siehst dich um und sagst:
»Du bist mir wichtig. Ich achte dich, ich beachte dich!
Ich pass auf dich auf!«

Dann gehst du weiter durch das Haus in dem Land der Achtsamkeit.
Du kommst an einen Spiegel. Vor dem Spiegel bleibst du stehen,
blickst hinein und sagst:
»Du bist mir wichtig. Ich achte dich, ich beachte dich!
Ich pass auf dich auf!«

Kapitel II
Dankbarkeit

Dankbarkeit macht das Leben erst reich.
Dietrich Bonhoeffer

An einem ruhigen Sonntagnachmittag lieh ich mir bei der Tochter unserer Nachbarn eine kleine Malteserhündin namens Alisha aus, um mit ihr einen ausführlichen Spaziergang durch den Wald zu machen. Das tut mir gut, und das tut dem Hund gut, dachte ich. Ein Irrtum, wie sich herausstellen sollte. Mitten im Wald kam mir eine Frau mit drei Samojeden entgegen. Das sind Schlittenhunde mit ziemlich viel Fell. Zwei von ihnen waren angeleint und zogen die schmächtige Frau mittleren Alters hinter sich her. Der dritte lief frei herum. Als dieser die kleine Alisha sah, stürzte er sich sofort auf sie und biss sich in ihr fest.

»Sonst reißt er nur Kaninchen«, ließ sich die Hundehalterin später nur vernehmen!

Bei dem Versuch, Alisha zu schützen, biss sie mir vor lauter Schmerzen und Angst in die rechte Hand. Alisha und ich mussten ins Krankenhaus. Die kleine Hündin wurde in der Tierklinik notoperiert. Ich selbst bemühte mich währenddessen im Unfallkrankenhaus um die Aufmerksamkeit des medizinischen Personals. Zunächst vergeblich.

Das Krankenhaus ist spezialisiert auf Opfer schwerer Unglücksfälle. Wer da nicht mindestens einen amputierten Körperteil im Eisbeutel mit sich führt, hat es schwer, das Interesse der Belegschaft zu erwecken. Zwar blutete meine rechte Hand wie der Teufel, aber schließlich war sie noch fest und stabil mit dem Unterarm verbunden (wofür ich natürlich mehr als dankbar war …).

Ich frage mich schon lange nicht mehr nach der Bedeutung von Ereignissen in meinem Leben. Ich habe erkannt, dass das Leben selbst keinen Sinn erfüllt. Es dient keinem Zweck, es will nichts erreichen. Es will gelebt werden. Wenn man überhaupt einen Sinn des Lebens formulieren wollte, wäre es der Genuss. Man kann das Leben erfahren und genießen. Man kann es fühlen und begreifen. Aber niemals verstehen. Das Leben geht über den Verstand hinaus. Man kann es nicht deuten. Die Frage nach der Bedeutung des Lebens ist wahrhaft sinnlos. Daher erübrigt sich auch die Frage nach dem Sinn, nach der Bedeutung einzelner Ereignisse. Die Botschaft liegt immer in den Gefühlen. Jedes Ereignis ruft in uns Gefühle hervor. Und genau darum geht es. Wenn ein Gefühl lange Zeit zu kurz gekommen ist, drängt es an die Oberfläche. Das Gefühl ruft ein Geschehen herbei, das ihm auf die Beine hilft.

An diesem Sonntagnachmittag spürte ich Angst, Hilflosigkeit und Traurigkeit. Später fühlte ich Dankbarkeit dafür, dass der kleine Hund den schrecklichen Angriff überlebt hatte. In diesem Moment war ich kein Kämpfer mehr. Ein Kämpfer kann nicht dankbar sein. Ein Kämpfer braucht einen Gegner. Ein Kämpfer tritt immer *gegen* jemanden oder gegen etwas an. Dankbar hingegen kann man immer nur *für* etwas sein. Dankbarkeit ist die Gegenrichtung des Kampfs. Der Kämpfer braucht Gegner und zieht deshalb Gegner an. Der Dankbare braucht Fürsprecher und Helfer und zieht daher Fürsprecher und Helfer an. Der Kämpfer wird bekämpft. Der Dankbare wird beschenkt.

In den Wochen vor der unheilvollen Begegnung mit den Schlittenhunden war ich auf Krawall gebürstet. Wir hatten Stress mit dem Verwalter unserer Eigentümergemeinschaft und mit einem Elektriker, der bei der Renovierung unserer Wohnung schlechte Arbeit geleistet hatte. Ich war bereit zu kämpfen: »Die werden mich kennenlernen«, dachte ich. Schließlich bin ich Polizist und weiß, wie man Rechtswege beschreitet. Ich erfahre das Leben, und das Leben erfährt sich durch mich. Wir beide sind eins. Ich bin das Leben und damit das Ereignis. Wenn ich kämpfe, kämpft das Leben. Wenn ich gegen das Leben kämpfe, kämpft es gegen mich. Schließlich muss es sich wehren, was soll es sonst tun? Wie könnte mir das Leben anders begegnen als ich ihm?

An diesem Sonntagnachmittag kam mir meine Kampfeslust in Form dreier Schlittenhunde entgegen. Doch diesmal war nicht nur ich der Leidtragende, sondern auch die kleine Hündin, die mich vertrauensvoll auf meinem Spaziergang begleitet hatte. Der Schmerz darüber machte mir mehr zu schaffen als die Bisswunde in meiner Hand.

Ein Aspekt des Kampfs ist der Wunsch, einen anderen oder etwas besiegen zu wollen. Über dem Kombattanten schwebt daher auch das Damoklesschwert der Niederlage. Wenn der Sieg selbstverständlich wäre, bräuchte er ja nicht zu kämpfen. Doch oftmals liegt in der Niederlage die große Chance, vom Kämpfer zum Dankbaren zu werden. Der Fighter glaubt, nicht aufgeben zu dürfen. Er denkt: »Sobald ich aufhöre zu kämpfen, ist meine Sache verloren.« Er verwechselt das Aufgeben mit Resignation. Der Dankbare ist jedoch ebenso aktiv wie der Kämpfer. Nur die Einstellung ist eine andere. Letzterer fordert das Leben heraus. Der Dankbare nimmt freudig an. Dankbarkeit ist nicht nur passiv. Sie ist ebenso aktiv wie der Kampf. Entscheidend ist die innere Einstellung. Ich kann in der Energierichtung der Dankbarkeit ebenso denken und handeln, wie ich in der Energierichtung des Kampfs denken und handeln kann. Mit der Einstellung der Dankbarkeit geht es leichter. Der Kämpfer erfährt eher die Erschöpfung. Dauerhafter Kampf macht müde. Nur ein Kämpfer kann resignieren. Der Dankbare hat dazu keinen Anlass.

Britta Steffen, Olympiasiegerin im Schwimmen, erzählte in einer Talkshow, sie mache sich vor jedem Wettkampf mit dem Wasser vertraut. Sie setze sich an den Beckenrand, ließe ihre Füße im Wasser baumeln und spreche mit ihm. Diese Aussage forderte natürlich die erstaunte Nachfrage des Interviewers heraus: »Sie sprechen mit dem Wasser? Was sagen Sie denn so?«

Noch immer schmunzelt man über Menschen, die mit ihren Pflanzen oder – so wie ich – mit ihrem Auto sprechen. Ich glaube, dass alles Lebendige über ein Bewusstsein verfügt und sich aus diesem Grunde auch darüber bewusst sein kann, ob ihm jemand freundlich, feindlich oder gleichgültig gesinnt ist. Wenn mir etwas nicht gleichgültig ist, schenke ich ihm Aufmerksamkeit, zumindest gedanklich. Manchmal gebe ich die Aufmerksamkeit auch mit meinen Händen, wenn ich zum Beispiel mein Auto pflege, die Pflanzen mit Wasser versorge und so weiter. Warum also sollte ich meine Aufmerksamkeit nicht auch mit Worten schenken?

Jetzt könnte man anmerken, dass zwar Pflanzen unbestritten lebendig sind, aber ein Auto? Nun, ich glaube an eine universelle Energie, eine Schöpferkraft, die fortwährend aus sich selbst heraus erschafft. Manche sagen auch »Gott« dazu. Wenn vor Gott nichts war, welches Material hätte er für seine Schöpfung verwenden können?

Mein persönliches Verständnis über das Wesen von Schöpfer und Schöpfung habe ich bereits an anderer Stelle beschrieben. Ich will es hier noch einmal kurz zitieren:

»Am Tag, als der Gedanke aufwachte …
… schaute er sich um und sah:
Nichts! Er konnte nichts sehen, weil es nichts gab, außer ihm selbst.
Er hörte aufmerksam in die Stille hinein und hörte:
Nichts, da es nichts gab, außer ihm selbst.
Kein Wunder, dass ich bis jetzt geschlafen habe, dachte er.

Wenn es nichts gibt außer mir selbst, dann bin ich alles, was es gibt.
Und wenn ich alles bin, kann ich auch alles sein. Alles, was ich denken kann.
Und er beschloss, es zu probieren.

Er dachte an Raum und wurde zu Raum, er dachte an Wasser und wurde zu Wasser.
Er dachte an Licht und wurde zu Licht, er dachte an Erde und wurde zu Erde.
Er wurde zu allem, an das er dachte …«

Und was könnte, auch aus rein naturwissenschaftlicher Ansicht, lebendiger sein als Wasser? Ohne Wasser könnten wir nicht leben.

Wasser kann symbolisch für einen Lebensbereich oder ein aktuelles Thema stehen, mit dem ich konfrontiert bin. Wie ein Schwimmer, der es überwinden möchte, um den Wettkampf zu gewinnen, kann ich es als Hindernis betrachten. Oder ich mache es wie die Olympiasiegerin, die es nicht als Barriere, sondern als Vertrauten betrachtet. Mit ihrer Einstellung schwimmt sie nicht gegen den Strom, sondern mit ihm. Dabei geht es im übertragenen Sinne nicht darum, immer den Weg des geringsten Widerstands zu wählen. Ich fordere nicht dazu auf, sich einem Stamm von Lemmingen anzuschließen, die immer tun, was alle tun, und gerade deshalb oft genug in ihr persönliches Verderben rennen. Es geht allein um die innere Einstellung zu einem Thema. Gehe ich es mit einer »Sieges-«

oder mit einer »Dankesmentalität« an? Ein Sieger braucht Gegner, die er überwinden kann. Ein Dankender braucht Freunde, denen er danken kann. Meine Achtsamkeit wirkt anziehend. Je nach innerer Ausrichtung ziehe ich Gegner oder Freunde an.

Verbinde dich einmal gedanklich mit dem Thema, das dich zur Zeit bedrückt. Bislang wolltest du es überwinden, hast es wie einen Gegner behandelt, den es zu besiegen gilt. Doch nun sieh: Indem du dich mit dem Thema vertraut machst, wird es zu deinem Vertrauten. Das Thema ist nicht dein Gegner, sondern dein Freund. Es ist nicht gegen, sondern für dich.

Frag dich: Bin ich dankbar?

Dankbarkeit ist eine Technik der Freude.
Man ist dankbar für das, worüber man sich freut.

Das Gegenteil der Freude ist der Ärger.
Man ist nicht dankbar für das, worüber man sich ärgert.

Menschen, die oft dankbar sind, sind anfällig für Freude.
Menschen, die selten dankbar sind, sind anfällig für Ärger.
Nun frag dich einmal:
Habe ich mich in den letzten Wochen mehr gefreut oder mehr geärgert?
War ich in den letzten Wochen dankbar?

Habe ich mich in den letzten Wochen bei jemand anderem bedankt?
Habe ich mich in den letzten Wochen bei mir selbst bedankt?
Nun sieh:
Du entscheidest, ob du dankbar sein willst oder nicht.
Du entscheidest auch, ob du ärgerlich sein willst oder nicht.

Und nun, in diesem Moment, hast du die Gelegenheit, dich für die Dankbarkeit zu entscheiden. Sieh einmal auf all das, was für dich da ist.
Sieh einmal, wofür du in deinem Leben dankbar sein kannst.

Sinn oder Fülle

Ab und an richte ich meine Achtsamkeit auf die Dinge und Geschehnisse, für die ich momentan dankbar sein kann. Dabei lege ich meine rechte Hand aufs Herz und denke an das, was in den letzten Tagen und Stunden alles geschehen ist, für das ich dankbar sein kann. Oft sind es Kleinigkeiten, die ich ansonsten für selbstverständlich gehalten hätte. Durch die Übung schärfe ich meinen Blick für das Gute und Schöne in meinem Leben. Da alle Energie der Achtsamkeit folgt, wende ich auf diese Weise das Gesetz der Anziehung für mich an. Ein Mensch, der regelmäßig das Gefühl der Dankbarkeit in sich aktiviert, zieht immer mehr Ereignisse an, für die er dankbar sein kann.

Der Trick besteht also darin, nicht das zu wünschen, was noch nicht da ist, sondern das bereits Vorhandene zu betrachten und dessen Wert zu schätzen. Das Stichwort lautet »Absichtslosigkeit«. Dankbarkeit verträgt keine Forderungen. Das bedeutet keineswegs, dass man sich nichts mehr wünschen soll oder nicht mehr um Hilfe bitten darf. Vor der Dankbarkeit steht oft die Bitte. Aber die Bitte darf nicht zur Erwartung werden.

Es fällt schwer, Dankbarkeit für etwas zu empfinden, was man für selbstverständlich hält. Ich kann leichter ein Geschenk entsprechend würdigen als etwas, was mir in meinen Augen ohnehin zusteht. Ich habe oft beobachtet, dass gerade diejenigen, die immer lautstark auf ihr Recht pochen, selten dankbar sind. Dankbare Menschen sind demütiger. Sie fordern nicht. Man verstehe mich nicht falsch: Ich behaupte nicht, dass der Mensch keine Rechte hat, ganz im Gegenteil. Ich spreche ausschließlich von der inneren Einstellung. »Nichts mehr als selbstverständlich zu betrachten« ist eine Technik der Dankbarkeit. Die Technik lässt mich die Geschenke des Lebens erkennen. Ein Geschenk ist niemals selbstverständlich.

Dankbarkeit kann nie ein Anspruch sein, weder an andere noch an mich selbst. Dieses Gefühl der Verbundenheit lebt von der Freiwilligkeit. Sobald man sich verpflichtet fühlt, gelingt es nicht: Pflichtgefühl tötet die Dankbarkeit. Daher kann sie nie eingefordert werden. Wenn sie erwartet wird, kann sie nicht gegeben werden. Wer die Dankbarkeit eines anderen für selbstverständlich hält, erkennt sie auch dann nicht, wenn er sie erhält.

Dankbarkeit ist ein Gefühl der Wertschätzung. Bei vielem erkenne ich den Wert erst später. Ein Ereignis, das in der Gegenwart ein Unglück zu sein scheint, mag sich in Zukunft als Glücksfall herausstellen. Erst dann kann das Gefühl der Dankbarkeit in mir entstehen. Solange ich den Wert nicht spüre, werde ich nicht dankbar sein.

Möchte ich Dankbarkeit in mir entstehen lassen, muss ich mich auf die Schätze besinnen, die *jetzt* für mich da sind. In diesem Sinne ist die Dankbarkeit eine der besten Meditationstechniken, die es gibt. Ziel jeder Meditation ist die Erfahrung des Hier und Jetzt. Ein dankbarer Mensch benötigt keine weiteren Techniken der Meditation. In der Dankbarkeit ist er im Hier und Jetzt. Durch die Achtsamkeit auf die Fülle zieht er weitere Fülle an. Er sieht die Welt und sein Leben durch den Filter der Dankbarkeit und nimmt auf diese Weise immer mehr wahr, wofür er dankbar sein kann. Wer die Welt und sein Leben hingegen durch den Filter des Ärgers betrachtet, nimmt immer wahr, worüber er sich ärgern könnte. Die Achtsamkeit auf den Ärger zieht weiteren Ärger an. Der Ärger entsteht durch Verständnislosigkeit. Ärgerliche Menschen können nicht verstehen, wie man etwas Bestimmtes machen kann, wie »so etwas« geschehen kann und so weiter. Sie haben kein Verständnis für das, worüber sie sich ärgern. Der Ärger fragt nach dem Sinn. Die Dankbarkeit will nicht verstehen. Sie ist keine Sache des Verstandes, sondern eine Herzensangelegenheit. Die Dankbarkeit fragt nicht nach dem Sinn. Sie freut sich einfach. Der Verstand strebt nach Sinn, das Herz strebt nach Fülle. Wer seinem Verstand folgt, kann ein sinnvolles Leben führen. Doch nur wer seinem Herzen folgt, kann ein erfülltes Leben führen.

Dein Herz spricht: Komm mit! Hab keine Angst! Folge mir nach!

Deine Freude spricht: Komm mit! Hab keine Angst! Folge mir nach!

Dein Leben spricht: Komm mit! Hab keine Angst! Folge mir nach!

Stell dir einmal vor, wie es wäre, wenn du voll und ganz, bedingungslos, kompromisslos
deinem Herzen folgtest.
Stell dir vor, wie es wäre, wenn du voll und ganz, bedingungslos, kompromisslos
deiner Freude folgtest.
Stell dir vor, wie es wäre, wenn du voll und ganz, bedingungslos, kompromisslos
deinem Leben folgtest.

Ich will jammern und mich beklagen …

… über all die Menschen in unserem Land, die in Saus und Braus leben und dennoch jammern und sich beklagen über die Ungerechtigkeiten, die ihnen widerfahren.

Ich will jammern und mich beklagen über all die Menschen in unserem Land, die nicht hungern und dürsten müssen und dennoch jammern und sich beklagen über die Schlechtigkeiten, die ihnen aufgebürdet werden.

Ich will jammern und mich beklagen über all die Menschen in unserem Land, die keine Angst vor Überschwemmungen und Erdbeben haben müssen und dennoch jammern und sich beklagen über die Missstände, die ihnen zugemutet werden.

Ich will jammern und mich beklagen über all die Menschen in unserem Land, die nicht wegen ihres Glaubens oder Unglaubens verfolgt werden und dennoch jammern und sich beklagen über die Gottlosigkeiten, denen sie ausgesetzt sind.

Ich will nun nicht mehr jammern und mich beklagen über all die Menschen in unserem Land, die ständig jammern und sich beklagen.

Ich will stattdessen jammern und mich beklagen über mich selbst, da ich in Saus und Braus lebe und dennoch oftmals jammere und mich beklage über die Ungerechtigkeiten, die mir widerfahren.

Ich will jammern und mich beklagen über mich selbst, da ich nicht hungern und dürsten muss und dennoch oftmals jammere und mich beklage über die Schlechtigkeiten, die mir aufgebürdet werden.

Ich will jammern und mich beklagen über mich selbst, da ich keine Angst vor Überschwemmungen und Erdbeben haben muss und dennoch oftmals jammere und mich beklage über die Missstände, die mir zugemutet werden.

Ich will jammern und mich beklagen über mich selbst, da ich nicht wegen meines Glaubens oder Unglaubens verfolgt werde und dennoch oftmals jammere und mich beklage über die Gottlosigkeiten, denen ich ausgesetzt bin.

Ich will nun nicht mehr jammern und mich beklagen über mich selbst, da ich umgeben bin von all den Menschen in unserem Land, die mir freundlich begegnen und nicht jammern und sich nicht beklagen.

Mach dir einmal bewusst, was du schon alles geschafft hast in deinem Leben. Viele Entscheidungen hast du bereits getroffen. Du hast viel getan, nicht immer war es leicht, und doch hast du es geschafft.

Manchmal warst du traurig, nicht immer warst du fröhlich, und doch hast du es geschafft.

Manche Entscheidungen erforderten Mut, nicht immer war klar, wie es ausgehen würde, und doch hast du es geschafft.

Schon oft bist du auf die Idee gekommen, dich selbst zu kritisieren. Nur selten bist du auf die Idee gekommen, dir zu danken. Doch jetzt kannst du es nachholen. Du kannst, darfst und solltest dir danken für all das, was du schon geschafft hast in deinem Leben. Und du kannst, darfst und solltest dir danken für all das, was du in deinem Leben noch schaffen wirst. Denk dir als Zeichen der Dankbarkeit ein Ritual aus und zelebriere es. Feiere dein persönliches Erntedankfest.

Die Agentur des Göttlichen

Um eine schwierige Situation zu bewältigen, ist es oftmals besser, um Hilfe zu bitten, als allein zu kämpfen. Wird die Hilfe gewährt, stellt sich das Gefühl der Dankbarkeit ein. Die Bitte ist die Voraussetzung für Dankbarkeit. Menschen, denen es schwerfällt, andere um etwas zu bitten, können nur schwerlich dankbar sein. Manche bitten nicht, weil sie das Wort »danke« gegenüber einem anderen vermeiden wollen. Dahinter steckt der Glaubenssatz, nichts ohne Gegenleistung annehmen zu dürfen. Sie wollen nicht in der Schuld eines anderen stehen. Will man dem Gedanken folgen, dass ein glücklicher zugleich ein dankbarer Mensch ist, könnte man die Behauptung aufstellen, dass dieser Glaubenssatz dem inneren Glück im Wege steht. Wer die Dankbarkeit vermeiden möchte, vermeidet auch das Glücklichsein.

Eine Bitte ist keine Forderung. Sie lässt auch ein »Nein« als Antwort zu. Ein bittender Mensch gibt dem anderen die Möglichkeit, die Bitte abzuschlagen. Das gilt auch für die Bitten, die ich »nach oben« richte. Gebete sind Ausdruck des Bittens und Dankens. Gottvertrauen bedeutet nicht, sicher zu sein, dass es so kommt, wie ich es erhoffe. Gottvertrauen ist vielmehr das Vertrauen, dass es so, wie es kommt, gut sein wird. Das bedeutet nicht, dass ich meine Bitten immer relativieren muss. Ich darf und muss es sehr wohl mit meiner Bitte ernst meinen. Niemand kann verlangen, dass es mir egal ist, ob meine Bitte erfüllt wird oder nicht.

Ich habe bereits an anderer Stelle die »Agentur des Göttlichen« beschrieben, deren himmlische Mitarbeiter darauf spezialisiert sind, die Wünsche der Menschen zu erfüllen. Die Dienstleistung eines Agenten kann jedoch nur in Anspruch genommen werden, wenn zuvor ein Auftrag erteilt worden ist. Ohne den Ruf nach Hilfe darf sich kein Agent in die Angelegenheiten eines Menschen einmischen.

Diese Einschränkung ist nichts Besonderes: Auch auf Erden übernimmt eine Firma üblicherweise keinen Job, der nicht zuvor von einem Kunden bestellt worden wäre. Keine Baufirma würde mir mein Traumhaus bauen, wenn ich nicht ausdrücklich darum gebeten, sprich den Auftrag dazu erteilt hätte. Auch die anderen Bedingungen entsprechen den irdischen Gepflogenheiten. So müssen die Aufträge klar formuliert werden und dürfen nicht widersprüchlich sein. Um bei dem Gleichnis mit der Bauunternehmung zu bleiben: Ich muss mich entscheiden, ob ich einen Bungalow oder an der gleichen Stelle ein Hochhaus haben möchte. Einer Firma fällt es schwer, für Kunden zu arbeiten, die nicht wissen, was sie wollen.

Die Agentur freut sich über jeden konkreten Auftrag. Sie will ihre Kapazitäten nutzen und nicht Gefahr laufen, eines Tages aufgrund mangelnder Anfragen schließen zu müssen. Ein Überangebot an Aufträgen kann es für sie nicht geben. Sie wächst sozusagen an ihren Aufgaben. Sie kennt und nutzt das göttliche Gesetz der Fülle, welches besagt, dass Energie entsteht, indem sie verbraucht wird. Je mehr Energie gegeben wird, desto mehr erhält man wieder; je weniger Energie investiert wird, desto weniger kommt zurück. Viele Menschen glauben, es wäre umgekehrt. Sie haben den Glaubenssatz des Mangels verinnerlicht. Sie denken: »Ich darf nicht zu viel von mir (ab-) geben, sonst verliere ich mich.« Und weil sie nicht so viel (von sich) geben, bekommen sie auch nicht so viel wieder. Da sie den Mangel leben, erfahren sie den Mangel und fühlen sich somit in ihrem Glaubenssatz bestätigt.

Die reinste Form der Energie ist Liebe. Das Geschenk der Liebe wird durch Aufmerksamkeit überreicht. Ein Mensch, der gebraucht wird, erhält Aufmerksamkeit. Energieentzug hingegen entsteht durch Ignoranz. Das Schlimmste, was einem geschehen kann, ist das Gefühl der Nutzlosigkeit. Wie alle Wesen im Universum sind auch die himmlischen Agenten auf (Lebens-)Energie angewiesen und freuen sich über unsere Aufträge. Die Auftragserteilung ist unkompliziert. Nötig sind allein der Wille des Menschen, seine Sache in die Hände der Agentur zu legen, sowie der Glaube, dass die Agenten helfen können, dürfen und werden. Kenntnisse über die Aufbauorganisation der Agentur und über die internen Abläufe bei der Bearbeitung der Aufträge sind für die Buchung eines Agenten nicht erforderlich. Es reicht ein Anruf in der Zentrale. Dort werden die Kundenwünsche angenommen und an die entsprechenden Abteilungen weitergeleitet. Dennoch kann es nicht schaden, die telefonische Durchwahl des Sachbearbeiters zu kennen.

Die Agentur des Göttlichen besteht aus sieben Abteilungen. Die *erste* ist zuständig für die »Hilfen im Alltag«. Ihre Agenten verfügen über handwerkliches Geschick und organisatorisches Talent. Die Techniker unter ihnen bekommen jedes defekte Gerät wieder in Gang. Die Manager sorgen für reibungslose Abläufe. Dazu gehören auch staufreie Autobahnen und freie Parkplätze.

»Kraft zum Handeln« ist das Aufgabengebiet der *zweiten Abteilung*. Ihre Agenten sind Kämpfer und Motivationstrainer. Sie verfügen über eine enorme Durchsetzungskraft und geben müden Kunden neuen Schwung. Mit ihrer Hilfe siegt der Mut über die Angst. Aus ihren Reihen kommen auch diejenigen Agenten, die manchmal »Schutzengel« genannt werden. Ich nenne sie lieber »Bodyguards«.

Die »Leader« sind in der *dritten Abteilung* angesiedelt. Es handelt sich um Agenten mit Führungsqualitäten, die ihren Kunden Anleitung und Orientierung geben. Sie schreiten voran und zeigen den richtigen Weg zum gewünschten Ziel.

Die Agenten der *vierten Abteilung* berühren den Menschen. Sie vermitteln Wärme, Liebe und Vertrauen. Traurigen Kunden spenden sie Trost. Ihre Kompetenz ist Mitgefühl.

»Kommunikation« ist das Thema der *fünften Abteilung*. Ihre Agenten sind wahre Strippenzieher. Sie schaffen Kontakte und Beziehungen und sorgen für die richtigen Begegnungen zur rechten Zeit.

In der *sechsten Abteilung* sitzen die Lehrer. Sie vermitteln Klarheit, Weisheit und Erkenntnis.

Die *siebte Abteilung* ist im Obergeschoss der Agentur angesiedelt. Sie ist damit von allen Departements dem Himmel am nächsten. Ihre Agenten sitzen unmittelbar an der Quelle und sorgen für Inspiration und gute Ideen.

Die Einteilung in sieben Abteilungen einer göttlichen Agentur ist meine persönliche Technik, die geistige Welt um Hilfe zu bitten. Die konkrete Vorstellung, dass nun ein Agent aus dieser oder jener Abteilung mit meinem Auftrag beschäftigt ist, beruhigt mich ungemein. Zu Vorträgen nehme ich zum Beispiel immer meinen Agenten »Nummer fünf« mit, der mir hilft, Menschen für meine Seminare zu interessieren und neue Kontakte für weitere Vorträge zu knüpfen. Agent Nummer fünf ist für mich beinah im Dauereinsatz. Und da ich wie eine »gesengte Sau« Auto fahre, wird auch mein Agent zwei, der mich beschützt, nicht arbeitslos.

Manche Aufträge sind komplex, sodass mehrere Agenten aus unterschiedlichen Abteilungen zusammenarbeiten müssen. Ich stelle mir vor, dass die Agentur tägliche Meetings abhält, in denen die Belegschaft über die anstehenden Aufgaben informiert wird und – falls erforderlich – Absprachen bezüglich einer Zusammenarbeit getroffen werden. Entsprechend dem Auftrag wird dann ein schlagkräftiges Agententeam zusammengestellt.

Jeden Auftrag schreibe ich in kleines Notizbuch. Der Eintrag hilft mir, gedanklich von meiner Sorge loszulassen. Das Büchlein erinnert mich auch daran, dass ich mich nach Erledigung des Jobs bei der Agentur bedanke. Denn der Preis für die Arbeit der Agenten sind mein Vertrauen, das ich in sie setze, und mein Dank für ihre Mühe.

Besorg dir ein kleines Notizbuch. Notiere darin jeden Abend drei Dinge, die du an diesem Tag gut gemacht hast.

Ich habe euch nur Engel gesandt

Vor einiger Zeit sah ich im Fernsehen das Interview mit einer bekannten Schauspielerin, die sich dazu bekannte, Kontakt zu Engeln zu haben. »Wie vermehren sich Engel eigentlich?«, fragte sie der Journalist in einem Tonfall, der seine eigene Meinung zu diesem Thema offenbarte. Diese Frage habe er schon mehreren Leuten gestellt, die ebenso wie die Schauspielerin einen »Engeltick« hätten. Und bislang habe ihm noch niemand die Frage beantworten können, fügte er hinzu. Man merkte, dass er sehr angetan von seiner schlauen Frage war. Wäre ich an der Stelle dieser Schauspielerin gewesen, hätte ich mit einer Gegenfrage geantwortet (falls sie mir in diesem Moment eingefallen wäre): »Wie vermehren sich Gedanken?« Wenn es keine geistigen Energien gäbe, wo kämen dann die Gedanken her? Ich halte es für absurder, Gedanken für das Produkt chemischer Prozesse im Gehirn zu halten, als an die Existenz von Engeln zu glauben.

Auch Menschen sind oft Engel, die Gutes für uns tun. Manchmal aber können wir das Gute zunächst nicht erkennen. Der angebliche Engel stellt uns vor Probleme und Herausforderungen, die wir zunächst für verzichtbar halten. Er kommt in Gestalt des intriganten Arbeitskollegen, des inkompetenten Chefs oder eines Familienangehörigen, den wir nicht leiden mögen. Leute also, vor denen wir nicht ohne weiteres weglaufen können. Die Konfrontation mit ihnen belastet uns emotional. Doch sie konfrontieren uns auch mit uns selbst. Wir wollen nicht so sein, wie wir uns bei der Begegnung mit ihnen fühlen. Die Engel zeigen uns Aspekte unseres Selbst, die wir nicht sehen wollen. Auf der Suche nach einem Ausweg aus der Belastung überschreiten wir Grenzen und erobern so ein neues Gebiet im Land unserer Seele. Erlebnisse, die in der Gegenwart unnötig und verzichtbar erscheinen, entpuppen sich oftmals in der Rückschau als wichtige Lernerfahrung, für die wir dankbar sein können.

Eine gute Freundin erzählte mir in diesem Zusammenhang mal eine Zen-Geschichte:

»Eine alte Zen-Meisterin kommt auf ihrer Pilgerreise in ein Dorf. Es ist abends, sie ist müde und hungrig von der Wanderung. Sie klopft an die Türen der Häuser und bittet um Unterkunft für die Nacht. Doch überall schlägt man die Tür wieder zu. Kein Dorfbewohner ist bereit, sie aufzunehmen. So legt sie sich unter einen Kirschbaum auf dem freien Feld. Doch es ist kalt, sie friert und ist sehr hungrig, sodass sie nicht gut schlafen kann. Und gefährlich ist es wegen der wilden Tiere auch. Um Mitternacht wacht sie auf und erblickt über sich im Nachthimmel die vollends geöffneten Kirschblüten. Überwältigt von der Schönheit dieses Bildes, steht sie auf, verbeugt sich in die Richtung des Dorfes und sagt:

›Da sie so freundlich waren,
mir die Unterkunft zu verweigern,
fand ich mich unter Blüten wieder
in der Nacht des verschleierten Mondes.‹

Sie verspürt echte Dankbarkeit für die Menschen, die sie nicht aufgenommen haben. Deren herzlosem Verhalten verdankt sie diesen wunderbaren Anblick.«

Wenn du möchtest, darfst du dankbar sein

Du kannst über Probleme klagen.
Du kannst dich über Herausforderungen freuen.

Du kannst über Risiken und Gefahren klagen.
Du kannst dich über Chancen und Möglichkeiten freuen.
Du kannst über das Wetter klagen.
Du kannst dich über Wind und Regen, Sonne und Wärme freuen.

Du kannst über stürmische Zeiten klagen.
Du kannst dich über Bewegung und Veränderung freuen.

Du kannst über Langeweile klagen.
Du kannst dich über Ruhe und Erholung freuen.
Du kannst über Ungewissheit klagen.
Du kannst dich auf eine spannende Zukunft freuen.

Du kannst über andere Menschen klagen.
Du kannst dich darüber freuen, dass andere da sind, du nicht einsam bist.

Du kannst über deine Arbeit klagen.
Du kannst dich über Aufgaben freuen, die dich erfüllen.
Du kannst über deine Finanzen klagen.
Du kannst dich darüber freuen, dass du nicht hungern, nicht dürsten, nicht frieren musst.

Du kannst über deine Gesundheit klagen.
Du kannst dich darüber freuen, dass du sehen, hören, riechen und schmecken kannst.

Du kannst über dein Aussehen klagen.
Du kannst dich an deinem Körper erfreuen.
Du kannst über die Zustände und Umstände klagen.
Du kannst dich darüber freuen, dass du handeln, etwas verändern kannst.

Du kannst über das Schicksal anderer klagen.
Du kannst dich darüber freuen, dass du helfen kannst.

Du kannst über das Leben klagen.

Du kannst dich darüber freuen, dass du essen und trinken, tanzen und feiern, singen, lachen, träumen und lieben kannst.
Du kannst dich darüber freuen, dass du dein Leben erleben kannst.

Wenn du möchtest, darfst du dankbar sein.

Kapitel III
Wahrhaftigkeit

Willst du die Wahrheit, so werde ich dir die Wahrheit sagen:
Hör auf den verborgenen Klang, den wirklichen Klang in deinem Innern.

Kabir

In unserer Gesellschaft ist es üblich, sich nach dem Beruf eines Menschen zu erkundigen. Sobald jemand von einem Dritten erzählt, wird früher oder später die Frage gestellt: »Und was macht er (oder sie) beruflich?« Wir wollen uns ein Bild von jemandem machen und glauben, dies am besten mit der Information zu können, womit der Betreffende sein Geld verdient. Auf diese Weise füttern wir weiter unsere Vorurteile. Denn die Stellung sagt zwar möglicherweise etwas über die Ausbildung und die Höhe des Einkommens, jedoch rein gar nichts über den Charakter oder die Persönlichkeit eines Menschen aus. Und manchmal tun wir einem anderen mit unserer Einschätzung sogar unrecht.

Vor etwa zwanzig Jahren hielt ich mich selbst für den Superbullen aus dem Ruhrgebiet. Ich war ja Fahnder bei der Kripo in Duisburg und stolz darauf. Ich hatte Karina gerade kennengelernt und dachte, sie müsste mich ebenso toll finden wie ich mich selbst. Ich konnte nicht begreifen, dass ihr mein Job völlig schnuppe war. »Von mir aus kannst du Maurer oder Schornsteinfeger sein«, sagte sie regelmäßig. Das brachte mich zur Weißglut. Nicht, dass ich etwas gegen Maurer oder Schornsteinfeger gehabt hätte, aber ich glaubte schon, etwas Besonderes zu sein. Schließlich war mein Beruf die alleinige Quelle meines Selbstwertgefühls.

Im Gegensatz zu mir verwechselte Karina nie Arbeit mit Persönlichkeit. Die Menschen sind ihr wichtig, nicht die Rollen, die sie auf den diversen Bühnen des Lebens spielen. Karina war auch in dieser Hinsicht in ihrer Persönlichkeitsentwicklung immer schon weiter als ich. Damals verbrachten wir beide noch regelmäßig die Abende – und teils auch die Nächte – in diversen Kneipen. (Heute veranstalten wir zu Hause Meditationsabende, so ändern sich die Zeiten ...) Die meisten unserer Touren endeten in einer Gaststätte in unmittelbarer Nähe unserer Wohnung. Dort sahen wir regelmäßig einen Mann an einem Spielautomaten. Er sprach nicht, trank nur eine Cola und fütterte den Automaten mit Fünfmarkstücken. Sobald er fünfzig oder hundert Mark verspielt hatte, bezahlte er seine Cola und verließ den Laden so, wie er gekommen war: wortlos.

Eines Tages unterhielten wir uns mit den Wirtsleuten über den schweigenden Mann. Sie erzählten uns, dass auch er ein Polizist in Duisburg sei. Ich fragte, woher sie das wüssten? Er habe vor einigen Jahren mal mit ihnen gesprochen und dabei auch seinen Beruf erwähnt, antworteten sie.

»Das kann nicht sein«, erwiderte ich großspurig. »Ich kenne alle Polizisten in Duisburg, und den kenne ich nicht.« Mit diesen Worten begründete ich den Ruf des Mannes als Hochstapler. Einige Monate später fuhr ich mit Karina zum Einkaufen. Ich parkte am Straßenrand und blieb im Wagen sitzen, während Karina ausstieg, um schnell in einem Laden etwas zu besorgen. Hinter mir parkte ein Streifenwagen der Polizei. Als Karina wieder einstieg, sagte sie: »Übrigens, im Streifenwagen hinter dir sitzt der Hochstapler in Uniform …«

Selbstbilder sind die Vorurteile, die wir von uns selbst haben. Sie zeichnen immer nur einen kleinen Ausschnitt, eine Rolle, aber niemals das gesamte »Ich«. Das »Ich« ist zeitlich wie räumlich unbegrenzt. Es umfasst auch alle seine vergangenen und zukünftigen Aspekte. Auch solche, die es schon längst überwunden oder noch gar nicht erfahren hat. Die verschiedenen Bühnen ermöglichen dem Selbst, seine unterschiedlichen Facetten zu zeigen. Man darf die Rollen tauschen und sich verändern. Es gibt die Bühne der Partnerschaft, die Bühne des Berufs, der Jugend, des Alters und so weiter. Mit jeder Bühne wechselt es die Rolle.

Viele Bühnen müssen wir betreten. Niemand kann sich weigern, Kind zu sein oder älter zu werden. An der Rolle der Tochter oder des Sohnes kommt niemand vorbei. Die Rolle des Schülers ist ebenfalls nur schwer zu vermeiden.

Das war gerade für mich eine bittere Erfahrung. Auch der Körper weist uns Rollen zu: die Rolle des Kranken oder Gesunden, Groß- oder Kleinwüchsigen. Die Rolle des rothaarigen Jungen mit den dicken Brillengläsern hat sich auch niemand selbst geschrieben. Die Bühnen für diese Stücke sind bereits gebaut.

Auf manche Bühnen stellen uns die Eltern und Lehrer, andere Bühnen bereitet das Leben vor. Daneben aber gibt es selbstgebaute, auf denen der Erbauer sein eigenes, höchstpersönliches Drama aufführt. Er ist Bühnenbildner, Drehbuchautor, Regisseur und Hauptdarsteller in einem. Die Rolle ist ihm im wahrsten Sinne auf den Leib geschrieben. Der eine mimt den Macher, der alles im Griff hat, ein anderer den Versöhner, der für Harmonie sorgt, ein Dritter den Kümmerer, der für alle sorgt. Je nach Glaubenssatz spielt der eine den strahlenden und ein anderer den tragischen Helden. Es gibt den Starken, dem keiner was kann, und den Schwachen, dem alle was tun. Es gibt den Frommen, der Gott gefällt, und den Leidenden, der seine Last geduldig trägt. Es gibt den Gerechten, der für eine bessere Welt kämpft, und den kleinen Mann, der in der großen Welt nichts ändern kann. Die Rollen sind so unterschiedlich wie die Menschen selbst. Kein Drehbuch gleicht dem anderen. Zwar bemühen sich viele, den Part Dritter zu kopieren, ihr Drama nach deren Drehbüchern zu gestalten, dennoch ist jedes Skript einzigartig. Begegnen sich zwei Menschen auf einer Bühne, müssen sie sich an das Drehbuch halten. Ihre Rollen schreiben vor, wie sie zu agieren haben. Ein direkter Kontakt von Mensch zu Mensch ist kaum möglich, weil zwei Rollenbilder zwischen ihnen stehen. Intensive Begegnungen kommen erst dann zustande, wenn beide den Mut haben, ihre Masken abzulegen und ihr wahres Gesicht zu zeigen.

Ebenso wie im Film und am Theater verbirgt sich auch im Leben hinter der Maske der Rolle die Persönlichkeit des Darstellers. Manch einer spielt einen Part zwar so gut, dass er ihn mit seinem ganzen Selbst verwechselt. Eines Tages aber drängt das »wahre Ich« hervor und verlangt sein Recht. Es fordert die Aufmerksamkeit, die ihm lange Zeit verwehrt geblieben war. In diesem Moment beginnt eine Lebenskrise. Denn das »wahre Ich« mag sich an kein Drehbuch halten. Es fällt ihm schwer, auf der Bühne weiter mitzuspielen. Die Szene zu wechseln befriedigt das »wahre Ich« auch nicht. Es will gar keine Rolle spielen, sondern in seiner Ganzheit wahrgenommen werden. Das Dilemma ist: Es gibt keine universale Bühne, auf der das »wahre Ich« sich voll entfalten könnte. Jede Bühne ist nur für ein bestimmtes Stück gebaut. Lebensfreude ist die Lust am Weitermachen. Wenn man aber nicht weiß, was man tun soll, verschwindet auch die Freude. Und so kommt es einem vor, als käme man keinen Schritt weiter, obwohl man gerade vor einer großen (inneren) Veränderung steht. Die gefühlte Stagnation geht einher mit einem persönlichen Entwicklungssprung.

Im Neuen Testament wird die Begegnung Jesu mit dem Teufel beschrieben, der ihn während eines vierzig Tage dauernden Aufenthalts in der Wüste mit diversen Versuchungen konfrontiert. Jesus widersteht allen Versuchungen und findet so zu seiner wahren Bestimmung. Der griechische Name für »Teufel« lautet *diábolos*, was unter anderem »der Verwirrer« heißt. Er kommt zu jedem, der ihn ruft. Der Ruf ist immer die Frage »Wer bin ich wirklich?«.

Vor der Klarheit steht die Verwirrung, vor der Wahrheit steht der Zweifel. Das eine kann es ohne das andere nicht geben. Vor der Selbstfindung steht der Selbstzweifel. Alle Rollen werden infrage gestellt. In diesem Sinne muss jeder, wenn die Zeit reif ist, in die innere Wüste der Richtungs- und Orientierungslosigkeit. Sobald das »wahre Ich« erkannt hat, dass es die Rollen auf den Bühnen des Lebens spielen und dennoch authentisch sein kann, da das Problem nicht die Rolle selbst ist, sondern nur die Identifikation mit ihr, ist der Wüstentrip zu Ende.

Die folgende Übung setzt einen inneren Prozess der Bewusstwerdung in Gang. Wer bin ich *jetzt*? Bin ich momentan ein Schauspieler, der eine Rolle spielen muss, die meinem »wahren Ich« nicht entspricht, oder bin ich authentisch?

Besorg dir einen Ring. Der Ring soll in den nächsten Wochen Symbol für deine Rollen sein. Bevor du für einen Part die Bühne betrittst, zieh den Ring an. Sobald du die Rolle ablegst, befreie dein »wahres Ich« von ihm.

Frag dich: Wie sehe ich mich?

Was du glaubst, dass andere über dich denken, ist unwahr.
Was du über dich selbst denkst, ist wahr.

Was du glaubst, wie andere dich sehen, ist unwahr.
Wie du dich selbst siehst, ist wahr.

Was du glaubst, dass andere über dich sagen, ist unwahr.
Was du selbst von dir sagst, ist wahr.

Du bist, was du (von dir) denkst.
Du bist so, wie du dich siehst.

Frag dich: Was denke ich über mich? Wie sehe ich mich?

Wahr ist das Licht, in dem du dich siehst.
Wahr sind die Gedanken, die du über dich denkst.

Niemals kannst du das Licht eines anderen in dir wahrnehmen.
Du kannst nur dein eigenes Licht wahrnehmen.

Das Licht in dir ist deine Wahrheit.
Der Schatten in dir ist deine Wahrheit.

Frag dich: Was nehme ich in mir mehr wahr –
das Licht oder den Schatten?

Die Augen der anderen

Wer sich danach richtet, was andere über ihn denken (sollen), was andere von ihm glauben (sollen), erschafft sich ein »geliehenes« Selbstbild. Ich trainierte früher wie ein Wahnsinniger mit Gewichten, nur damit andere mir den harten Bullen auch an meinem Körperbau ansehen konnten. Auf die Zeichen meines Körpers achtete ich nicht. Oft signalisierte er durch Schmerzen in den Gelenken, dass ich es mit meinem Training übertreibe. Doch wollte ich die Wahrheit nicht erkennen. Heute hafte ich für diese Wahrheit mit regelmäßigen Schulterschmerzen. Dabei ist die Frage, was andere über mich denken, Unsinn. Sie denken nicht über mich nach, da sie zu sehr damit beschäftigt sind, sich selbst zu fragen, was andere über sie denken. Wahrhaftigkeit orientiert sich nicht an den Kriterien anderer.

Ein Kind ist stark abhängig von der Meinung der Erwachsenen. Eltern und Lehrer bestimmen in hohem Maße über das Wohl und Wehe des Kindes. Die Orientierung an der Meinung der anderen behalten viele auch später bei, wenn sie schon lange aus den Kinderschuhen herausgewachsen sind. Ich habe die Angst vor den Autoritätspersonen meiner Kindheit als Erwachsener auf andere Personen übertragen. Ich hatte als Kind den Glaubenssatz verinnerlicht, alle wollten mir was, alle wären nur darauf aus, mich bei verbotenem Tun zu entdecken. Dieser Glaubenssatz wirkte in mir noch lange Zeit nach. Obwohl (meistens) kein Grund dafür vorlag, war ich immer auf der Hut. Ich habe mir nie die Frage gestellt: »Ist das wirklich wahr?« Wahr jedoch war nur die Angst. Nicht das, wovor ich Angst hatte. Die Angst war der Schatten, auf den ich meinen Blick richtete.

Je freier und ungetrübter der Blick, desto mehr sehe ich das Wahre. Je weniger Glaubenssätze und Vorstellungen mir die Sicht versperren, desto weiter und klarer sehe ich die Welt. Meditation ist ein Weg, sich von (einschränkenden) Glaubenssätzen und Vorstellungen zu befreien. Meditation führt in die Akzeptanz des »Alles ist möglich«. In der Meditation komme ich zu der Erkenntnis, dass jeder Glaubenssatz allein in mir gültig ist und jedes innere Bild von mir selbst gemalt und jeden Tag aufs Neue restauriert wird. Ich bin der Maler meiner Bilder, ich bin der Einzige, der sie sieht. Die Bilder wirken in mir, sie sind somit meine Wirklichkeit. Ich hafte für meine Wahrheit, indem ich die Gefühle aushalten muss, die meine inneren Bilder verursachen. Egal, ob ich einem Mitmenschen gegenüber etwas anderes erzähle oder vorspiele, an meinen Gefühlen ändert es nichts. Die Haftung ist zwangsläufig, man kann ihr nicht entweichen. Wer Bilder der Angst malt, spürt Angst, wer Bilder der Dankbarkeit malt, spürt Dankbarkeit. Jeder haftet für seine Wahrheit, und niemand kann vor ihr flüchten.

Auch jeder Traum hat nur einen Zuschauer. Der Partner neben dem Träumenden kann die Bilder des Traums selbst nicht sehen. Ihre Wahrheit ist nur für einen gültig.

Ich halte viel von Menschen, die von ihrer Wahrheit begeistert sind. Mit ihrem Enthusiasmus können sie andere anstecken. Wer von etwas überzeugt ist, sollte auch voll und ganz dazu stehen dürfen. Das tue ich ebenso. Es hilft niemandem, wenn ich beispielsweise in meinen Seminaren meine Wahrheit verkünde und sie dabei immer wieder relativiere. Für mich ist klar, dass es sich dabei einzig und allein um *meine* Wirklichkeit handelt, die wiederum nur ein winzig kleiner Aspekt des Ganzen sein kann. Mir ist ebenso klar, dass ich morgen durchaus etwas ganz anderes glauben kann. Jeder Aspekt des Ganzen hat das Potenzial, auch zu meiner Wahrheit werden zu können. Voraussetzung dafür ist, dass ich die anderen Aspekte kennenlerne. Um sie in Erfahrung bringen zu können, brauche ich Menschen, die sie mir vermitteln. Am besten lernt man von solchen, die von ihrer Wahrheit begeistert sind.

Gefährlich wird es erst dann, wenn der Betreffende seine Realität für die einzig gültige hält. In den Tagen, da ich diese Zeilen schreibe, sorgt zum Beispiel die Entscheidung des Vatikans für öffentliche Aufregung, einige abtrünnige Bischöfe der Pius-Bruderschaft wieder in den Schoß der katholischen Kirche aufzunehmen. Die Pius-Bruderschaft ist sehr traditionsbewusst und lässt leider oftmals keine anderen Glaubensrichtungen zu. Ich hörte in diesem Zusammenhang die Meinung: »Die Wahrheit des Glaubens ist unveränderlich.« Ich glaube das nicht. Wäre es so, würden wir heute noch wie im Alten Testament beschrieben dem lieben Gott unseren erstgeborenen Sohn opfern müssen.

Ich habe einst Papst Benedikt XVI. für seine Rede im ehemaligen Konzentrationslager Auschwitz gelobt. Umso erschrockener war ich nun, dass er mit seiner Entscheidung auch einen notorischen Holocaustleugner rehabilitierte. Ich will mal zugunsten des alten Kardinals Ratzinger annehmen, dass er die menschenverachtenden Aussagen des betreffenden Bischofs nicht kannte.

Dazu fiel mir ein Witz ein, den mir ein katholischer Priester vor einigen Jahren erzählte: Der liebe Gott, Jesus und der Heilige Geist planen einen Betriebsausflug. Sie überlegen, wo sie gemeinsam hinfahren sollen. Der liebe Gott schlägt Jerusalem vor.

Jesus widerspricht: »Dort bin ich damals gekreuzigt worden, da kriegen mich keine zehn Pferde mehr hin.«

Die nächste Empfehlung Gottes lautet: »Dann lasst uns doch nach Rom fahren.«

In diesem Moment springt der Heilige Geist jubelnd auf und sagt: »Super, da war ich noch nie …!«

Der Meister der Liebe machte es seinen Schülern vor: Er schaute zum Himmel und sagte: »Von dort komme ich, und dorthin gehe ich. Das Licht der Sonne scheint auf die ganze Erde. Sie schien bereits, bevor du geboren wurdest, und sie wird weiter scheinen, wenn du gestorben bist. So wie das Licht der Sonne am Himmel bin ich. Ich bin das Licht der Welt. Und überall, wo ihr seid, werde ich auch sein. Ich bin bei euch alle Tage.«

Du kannst nach oben zum Himmel, zur Sonne schauen und das Licht und die Weite sehen. Das Licht und die Weite sind dann deine Wahrheit. Du kannst aber auch zum Boden schauen und den Schatten und die Begrenztheit sehen. Der Schatten und die Begrenztheit sind dann deine Wahrheit. Beides ist wahr. Der Himmel, das Licht und die Weite ebenso wie der Boden, der Schatten und die Grenze. Die Frage ist: Welche Wahrheit willst du haben? Wenn du es weißt, nimm sie dir. Durch deine Wahrnehmung bestimmst du deine Wahrheit.

Blick jeden Tag ganz bewusst in den Himmel. Schau in das Licht, schau in die unbegrenzte Weite. Mach dir klar: Indem du das Licht und die Weite des Himmels für dich wahrnimmst, erkennst du deine Wahrheit: Du siehst, was du bist: ewiges Licht und unbegrenzte Weite.

Innere Wahrheit – äußere Wahrheit

Auch in anderen spirituellen Richtungen gibt es Dogmatiker, die an absoluten Wahrheiten festhalten. So ist für mich Reiki eine der einfachsten Meditations- und Heilungstechniken überhaupt. Jeder Mensch ist in der Lage, sich selbst und andere zu berühren. Zu allen Zeiten und in allen Kulturen besaßen die Menschen die Fähigkeit, mittels Handauflegen die Selbstheilungskräfte in sich und anderen anzuregen. »Reiki« ist nur einer von unendlich vielen Namen für eine natürliche Begabung, die in jedem vorhanden ist. Dazu braucht man weder die Erlaubnis eines Reiki-Meisters noch irgendwelchen esoterischen

Überbau. Als ich diese Ansicht in einem Buch mit dem Titel *Ich bin berührt ...* veröffentlichte, fühlten sich einige Reiki-Traditionalisten nicht nur berührt, sondern vielmehr angegriffen. Sie wollten weiter festhalten an ihren geheimen Symbolen und komplizierten Einweihungsritualen, ohne die die Lebensenergie vermeintlich nicht fließen würde. Dementsprechend kritisch fiel die Rezension meines Buches in einem einschlägigen Magazin aus. Dass sie meine Thesen nicht voller Begeisterung annehmen würden, war mir bereits beim Schreiben des Manuskripts klar gewesen. Als ich die Besprechung in der Zeitschrift las, ärgerte ich mich dennoch ein wenig. Der eine Teil meines Egos fühlte sich geehrt, der andere war beleidigt.

Ein paar Monate später saß ich zwischen zwei Seminareinheiten in meinem Hotelzimmer in Schillig und las ein Buch von Tiziano Terzani, einem ehemaligen *Spiegel*-Korrespondenten, der lange Jahre in Asien gelebt und gearbeitet hatte. Das Buch heißt *Noch eine Runde auf dem Karussell.* Darin beschreibt Terzani seine Suche nach einer Heilungsmethode für seine Krebserkrankung. Er ließ sich in New York nach allen Regeln der schulmedizinischen Kunst behandeln und suchte gleichzeitig die besten Wunderheiler auf, von denen er Kenntnis erlangt hatte. Dabei nahm er sowohl die Rolle des betroffenen Patienten als auch die des kritischen Rechercheurs ein. Auf diesem Wege belegte er unter anderem ein Reiki-Seminar. Als renommierter Journalist war er es gewohnt, alle verfügbaren Informationen zu einem Thema aufzuspüren. Da er lange Jahre in Japan gelebt hatte, wusste er, dass die Japaner über großen Nationalstolz verfügen, der sie manchmal zu der Ansicht verleitet, alles Gute müsse japanischen Ursprungs sein. Terzani berichtet in seinem Buch von anderen meditativen Techniken, die gleichsam von den Japanern okkupiert worden waren. Das Gleiche vermutete er auch im Zusammenhang mit Reiki. Um der Sache auf den Grund zu gehen, setzte er sich mit einem japanischen Kollegen in Verbindung und bat diesen, ihm alle Informationen über einen gewissen Mikao Usui zu besorgen. Die Anhänger des traditionellen Reiki berufen sich auf die »reine« Lehre des Herrn Usui, der Anfang des letzten Jahrhunderts im Rahmen einer 21 Tage andauernden Meditation die heilsame Wirkung der »universellen Lebensenergie« in sich gespürt und anschließend seine Erfahrungen an seine Schüler weitergegeben haben soll. Manche legen auch heute noch Wert auf einen Stammbaum, der sich von ihrem Reiki-Meister in der Gegenwart über dessen Meister und so weiter bis hin zu Herrn Usui zurückverfolgen lässt. Nach einigen Wochen meldete sich der japanische Journalist bei Terzani und bestätigte dessen Vermutung: Es gäbe nicht einen verifizierbaren Hinweis auf das Leben eines Mikao Usui. Lediglich ein Grabstein mit dem Namen und den vermeintlichen Lebensdaten sei vorhanden.

Nun ist ein Grabstein nicht unbedingt Beweis für die tatsächliche Existenz eines Menschen. Auch in der Reiki-Szene gibt es viele unterschiedliche und zum Teil widersprüchliche Angaben über Person und Wirken des Mikao Usui. Für die einen war er ein einfacher Bauer, für die anderen ein studierter Theologe. Die einen behaupten, er war ein Buddhist, die anderen, er war Christ. Kurz gesagt: Nichts Genaues weiß man nicht. Das gilt für den historischen Jesus ebenso. Doch wirkte Jesus knapp zweitausend Jahre vor der Zeit des Herrn Usui.

Nun saß ich also an dem Ort meiner Reiki-Seminare und erfreute mich an den Recherchen des Tiziano Terzani. Seine Erkenntnisse waren wie Wasser auf die Mühlen meines beleidigten Egos, welches sofort beschloss, eines Tages ein weiteres Reiki-Buch zu schreiben und damit den Reiki-Fundamentalisten endgültig ihren jetzt schon äußerst instabilen Boden unter den Füßen wegzuziehen.

Um diese Idee wirken zu lassen, legte ich das Buch zur Seite und schaute aus dem Fenster meines Hotelzimmers. Dort sah ich zwei Männer den Deich hinaufsteigen. Dabei stützte der Jüngere den Älteren, für den der Aufstieg offensichtlich sehr beschwerlich war. Nach jedem Schritt legten die beiden eine kleine Pause ein, um Kraft für den nächsten zu sammeln. Ich beobachtete fasziniert, mit welcher Geduld und Achtsamkeit der Jüngere dem Alten half. Beide waren sehr gut gekleidet, sie trugen elegante Mäntel und Hüte. Während ihres Aufstiegs auf den Deich sah ich die beiden nur von hinten. Als sie oben angekommen waren, blieben sie stehen und schauten aufs Meer. Dann drehten sie sich um und blickten in Richtung Hotel. Nun konnte ich sie von vorn sehen. Es waren zwei Japaner …

Das war für mein kleines rachsüchtiges Ego das Zeichen, sich dünnzumachen. Mir wurde bewusst, wie kleingeistig ich vorher triumphiert hatte. Es ist vollkommen egal, ob die Legende um Herrn Usui historisch belegt ist oder nicht. Oft schon hatte ich selbst in Gesprächen über Glaubensfragen betont, dass es keine Rolle spielt, ob sich biblische Geschichten in der Realität genau wie beschrieben zugetragen haben oder nicht. Es kommt einzig auf die Botschaft, auf die innere Wahrheit des Gesagten an. So ist es meines Erachtens völlig unerheblich, ob Jesus tatsächlich leibhaftig von den Toten auferstanden ist oder auch nicht.

Jesus sagte seinen Schülern: »Nur wer bereit ist, sein Leben zu verlieren, wird es für ewig gewinnen.« Die Bereitschaft, zu sich selbst und seiner Wahrheit zu stehen und vor seinem Leben nicht wegzulaufen, zeigt sich in der Geschichte von der Kreuzigung und Auferstehung des Meisters der Liebe. Wer Angst vor dem Leiden hat, kann nicht vom Leid befreit werden. Wer jedoch mutig und entschlossen sein menschliches Schicksal annimmt, erfährt die Auferstehung des göttlichen Teils in sich. Das Schicksal des Menschen ist der Tod. Doch ist der Tod nicht das Ende des Lebens. Nach dem Tod des Körpers erfolgt die Auferstehung der Seele. Auch den verlorenen Sohn in dem Gleichnis, das Jesus erzählte, hat es de facto nie gegeben. Andererseits gibt es auf der Welt viele verlorene Söhne und Töchter. In diesem Sinne hat er doch existiert.

Immer wieder werden die großen Lehrer der Menschheit missverstanden. Sie lehren: »Lebe einfach.« Die Menschen verstehen: »Lebe in Armut und Askese.« Die Meister lehren: »Glaubt an mich und folgt mir nach.« Die Schüler verstehen: »Ich muss an die Existenz des Meisters glauben und danach streben, sein Leben zu kopieren.«

Einfach zu leben bedeutet, unkompliziert zu sein, nicht zu viel zu bewerten und zu interpretieren. Ein Beispiel: Ich gehe in ein Restaurant und bestelle mir etwas zu essen. Der Kellner bedient mich. Die einfache Wahrheit lautet: Ein Mensch bringt mir zu essen und zu trinken. Sobald ich meiner Beobachtung wertende Gedanken hinzufüge: »Es ist ja mein gutes Recht, schließlich bezahle ich auch dafür, der Kellner tut nur seinen Job, mit meinem Geld finanziere ich seinen Arbeitsplatz« – und dergleichen mehr –, wird mein Leben komplizierter. Die Botschaft der Meister lautet: »Lebe einfach. Werde Beobachter.«

»Glaubt an mich« heißt: »Glaube mir. Wenn du mir und meiner Botschaft nicht glaubst, kannst du von meiner Anwesenheit nicht profitieren.«

Ich hörte vor Kurzem die Predigt eines christlichen Fundamentalisten, der einer evangelischen Freikirche angehört. Er sprach: »Der christliche Glaube zeigt sich allein im Glauben an Jesus Christus.« Es gehe nicht um Werte. Man müsse nur an Jesus glauben, alles andere füge sich von allein. Diese Botschaft ist meines Erachtens nur für Menschen annehmbar, die des eigenständigen Denkens müde geworden sind. Fundamentalisten aller Religionen predigen einfache, absolute Wahrheiten. Sie sind immer sektiererisch, weil sie Menschen mit anderen Wahrheiten aus ihrer Gemeinschaft ausschließen und Ängste produzieren. Denn außerhalb der Gemeinschaft warte auf jeden die Verdammnis Gottes.

Der Meister der Liebe sprach: »Ich bin der Weg, die Wahrheit und das Leben. Folge mir nach: Mach es wie ich: Geh deinen Weg, erkenne deine Wahrheit und lebe dein Leben.«
Diese Wahrheit ist weder absolut und erst recht nicht einfach.

Wahrheit und Verantwortung

Das tägliche Krafttraining war früher Teil meines Selbstbilds. Ich sah mich als Kriminalbeamten, der auf den Straßen der Großstadt für das Gute und gegen das Böse kämpfte. So ein Kerl, wie ich einer war, musste einfach durchtrainiert sein. Eine weitere meiner Eigenschaften war Dogmatismus, und wenn ich mir etwas vorgenommen hatte, dann zog ich das auch durch. Diese Eigenschaft ist nicht generell schlecht. Dogmatiker sind oft diszipliniert und erreichen dadurch häufig ihre Ziele. Doch Selbstdisziplin kann auch zerstörerisch sein. Ich hatte mir einen eigenen Trainingsplan erstellt, an den ich mich konsequent hielt. Selbst dann, wenn mein Körper andere Bedürfnisse äußerte. Seinen Wunsch nach Ruhepausen ignorierte ich häufig. Auch die Pausen hatten sich strikt nach meinem Plan zu richten. Daher war ich ständig übertrainiert. Wie gesagt: Die Folgen davon hat meine rechte Schulter heute noch zu tragen.

Basis meines früheren Krafttrainings war das separate Training von Drück- und Zugmuskeln. An einem Tag trainierte ich die Muskeln, die benötigt werden, um ein Gewicht zu drücken, und am darauffolgenden Tag trainierte ich die Muskeln, die man braucht, um ein Gewicht zu ziehen. Wird die eine Muskelgruppe angespannt, wird die gegenüberliegende gestreckt. Spanne ich den Bizeps an, dehne ich zugleich den Trizeps – und umgekehrt. Spanne ich meine Brustmuskeln an, strecke ich meine Rückenmuskeln und so weiter. Ich kann nicht zugleich drücken und ziehen. Ebenso wenig, wie ich selben Moment gelassen *und* wütend, freudig *und* traurig, glücklich *und* unglücklich sein kann. Doch es wäre für meinen Körper fatal gewesen, wenn ich ausschließlich die »Drückmuskeln« trainiert hätte.

Auch der Emotionalkörper braucht ein Ganzkörpertraining. Wer nicht Traurigkeit empfinden kann, kann auch die Freude nicht empfinden. Ohne Tränen verkümmert auch das Lachen. Viele träumen von einem Leben in ständiger Liebe, ständiger Freude und ständiger Gelassenheit. Doch kann es das eine ohne das andere nicht geben. Ebenso wenig kann ich nur schöne, angenehme und liebevolle Gedanken haben. Ich muss auch die weniger schönen, weniger angenehmen und weniger liebevollen achten. Viele Anhänger des positiven Denkens glauben, dass diejenigen etwas falsch machen würden, die nicht reich und gesund sind oder ihren Wünschen entsprechend leben (können). »Du hast mit deinem Urlaub Pech gehabt? Bist wohl schon mit negativen Gedanken hingefahren …?« Ich hörte von zwei Geschäftspartnern, deren gemeinsames Projekt gescheitert war. Beide waren Anhänger des positiven Denkens. Nun beschuldigten sie sich gegenseitig, für das Scheitern verantwortlich zu sein. Schließlich, so meinten beide, müsste ja einer von ihnen das gemeinsame Projekt durch negative Gedanken bewusst oder unbewusst sabotiert haben. Dabei geht es im Leben nicht darum, dass alles nur toll, nur schön, nur super ist. Wir sind nicht hier, um nur das Bequeme, nur das Leichte, nur das Angenehme zu erfahren. Das ist nicht der Sinn unserer Lebensreise. Manchmal stehen wir an einem schönen Platz im Land unserer Seele. Wir freuen uns und genießen den Aufenthalt an diesem angenehmen Ort. Doch dann müssen wir weitergehen und gelangen an Plätze, an denen es nicht so schön ist. Und manchmal liegen Steine auf dem Weg. Im Umkehrschluss bedeutet das: Wenn wir unschöne Plätze und Steine sehen, sind wir auf dem Weg. Auf diesem lernen wir neue Aspekte unser selbst kennen. Auch Adam und Eva mussten raus aus ihrem Paradies. Denn jeder Aufenthalt, der zu lange dauert, führt zum Stillstand. Eines Tages werden die beiden zurückkehren, doch dann mit einem Haufen neuer und wichtiger Erfahrungen in ihrem Gepäck.

Vertreter des positiven Denkens raten oft zur Autosuggestion. Die Wiederholung bestimmter Affirmationen soll eine Veränderung herbeiführen. Ich persönlich bin kein Fan davon. Es ist sehr mühsam, sich immer das Gegenteil von dem einzureden, was man gerade fühlt. Auch glaube ich nicht, dass eine Selbstlüge durch Wiederholung zur eigenen Wahrheit werden kann. Solange die Gedanken nicht auf »fruchtbaren Boden« fallen, nutzen sie nichts. Wenn das Herz nicht glaubt, was einem der Verstand vorzugaukeln versucht, hilft kein noch so toller Satz. Erkenntnis kommt aus dem Herzen, nicht aus dem Verstand. Wir versuchen immer wieder, das Herz über den Verstand zu überzeugen. Der umgekehrte Weg ist der weitaus überzeugendere. Wahrhaftigkeit bedeutet, sich selbst gegenüber ehrlich zu sein. Wenn ich erfreut bin, gestehe ich es mir ein. Wenn ich zornig bin, gestehe ich es mir ein. Wenn ich glücklich bin, gestehe ich es mir ein. Wenn ich traurig bin, gestehe ich es mir ein. Wenn ich verliebt bin, gestehe ich es mir ein. Wenn es mir gut geht, gestehe ich es mir ein. Und wenn es mir schlecht geht, gestehe ich es mir ebenso ein.

Ein wahrhaftiger Mensch ist sich selbst treu. Hätte man mir damals die Frage gestellt: »Bist du dir treu?«, hätte ich geantwortet: »Klar doch, schließlich ziehe ich konsequent mein Ding durch.« Heute weiß ich, dass Treue zu sich selbst auch bedeutet, auf seine Bedürfnisse zu achten. Das gilt nicht nur für die Bedürfnisse des materiellen, sondern ebenso für die Bedürfnisse des emotionalen Körpers. Ich kann keine Empfindungen »aus Prinzip« fühlen. Ich kann mir keinen Plan erstellen, wie ich auf bestimmte Ereignisse gefühlsmäßig reagiere. Mein Anspruch, immer gleich zu denken, zu fühlen und zu handeln, engt mich ein. In der Enge kann sich mein Leben nicht entfalten. Wahrhaft lebendig bin ich nur dann, wenn ich mich nicht allein an Kriterien der Vergangenheit ausrichte. Nur dann kann ich mir treu und, damit verbunden, auch authentisch sein. Authentizität ist immer gegenwärtig. Ich muss auf die Fragen antworten, die mir das Leben stellt. Das kann niemand sonst für mich übernehmen. Ich kann zwar Ratschläge von anderen einholen, dem Leben antworten aber muss ich selbst. Für die Antwort bin nur ich verantwortlich. Ich kann zu meiner Wahrheit stehen oder aber mich selbst belügen. Beides liegt in meiner Verantwortung. Ebenso kann ich nicht auf die Fragen antworten, die einem anderen gestellt werden. Würde ich es dennoch tun, kämen meine Antworten nicht über die Qualität der Falschaussage hinaus. Deshalb sind die Antworten, die andere für uns geben, oftmals unbefriedigend. Antworten von Nichtverantwortlichen fehlt das Fundament. Die Fragen der Vergangenheit liegen hinter mir. Da mir die Fragen jetzt nicht mehr gestellt werden, ist die Antwort nutzlos. Und die Fragen der Zukunft kenne ich noch nicht. Wie also könnte ich jetzt schon wahrhaft antworten? Ich kann immer nur auf aktuelle Fragen reagieren. In diesem Sinne ist meine Verantwortung stets gegenwärtig.

Ein Zeuge vor Gericht muss die Wahrheit sagen. Ein Beschuldigter darf lügen, darf die Wahrheit in seinem Sinne verdrehen oder verschweigen. Dieses Recht hat ein Zeuge nicht. Da er vom Urteil des Richters nicht betroffen ist, kann der Zeuge die Wahrheit sagen, ohne Nachteiliges befürchten zu müssen. Nachteile entstehen ihm nur dann, wenn er nicht die Wahrheit sagt. Der Zeuge soll neutral beschreiben, wie es war. Der Zeuge hatte Abstand zu dem Geschehen. Er war vor, nicht in dem Bild. Wer im Bild des Geschehens ist, kann es nicht beschreiben. Er sieht es nicht ganz, da er selbst ein Teil von ihm ist. Ein Teil des Ganzen kann das Ganze nicht sehen. Erst wenn die Trennung zwischen dem Beobachter und dem Geschehen vollzogen ist, kann das Ganze erkannt werden.

Die folgende Übung eignet sich, einen inneren Abstand zu einem Geschehen herzustellen. Der innere Zeuge ist Bestandteil der Seele.

Schließ die Augen. Stell dir einen Stuhl, einen Sessel, einen Platz vor, auf dem du sitzt. Sieh dich vor deinem inneren Auge da sitzen.

Mach dir bewusst: Dieser Mensch dort auf seinem Platz ist ein Zeuge, ein Beobachter. Er ist neutral, unbeteiligt, seine Wahrnehmung ist frei von Urteil und Wertung.

Dieser Mensch bist du. Du bist ein Zeuge, ein Beobachter. Du bist neutral, unbeteiligt, deine Wahrnehmung ist frei von Urteil und Wertung.

Sieh dich auf deinem Platz sitzen. Mach dir klar: Ich bin ein Zeuge, ein Beobachter. Ich bin neutral, unbeteiligt, meine Wahrnehmung ist frei von Urteil und Wertung.

Nun denk an eine Situation in deinem Leben, die schon längere Zeit zurückliegt. Eine Situation, die sich vor einem oder mehreren Jahren ergeben hat, eine Situation, die dich berührt, bewegt hat, ein Geschehen, an dem du emotional stark beteiligt warst.

Doch mach dir klar: Jetzt, in diesem Moment, bist du ein Zeuge, ein Beobachter. Du bist neutral, unbeteiligt, deine Wahrnehmung ist frei von Urteil und Wertung.

Nun denk an eine Situation, die sich vor einigen Wochen oder Monaten ergeben hat, eine Situation, die dich berührt, bewegt hat, ein Geschehen, an dem du emotional stark beteiligt warst.

Doch mach dir klar: Jetzt, in diesem Moment, bist du ein Zeuge, ein Beobachter. Du bist neutral, unbeteiligt, deine Wahrnehmung ist frei von Urteil und Wertung.

Und jetzt denk an eine Situation in den letzten Tagen, eine, die sich gestern oder vorgestern ergeben, die dich berührt, bewegt hat, ein Geschehen, an dem du emotional stark beteiligt warst.

Doch mach dir klar: Jetzt, in diesem Moment, bist du ein Zeuge, ein Beobachter. Du bist neutral, unbeteiligt, deine Wahrnehmung ist frei von Urteil und Wertung.

Ja!

Wenn etwas für mich wahr ist, antworte ich mit Ja. »Ja« ist das Wort der Wahrhaftigkeit. Meine Bilder erzeugen in mir Resonanz, eine »(Gefühls-)Stimmung«. Wahrhaftigkeit ist somit immer ein Ja zu sich selbst. Wer in jedem Augenblick Ja zu sich sagt, bleibt sich treu. Wer Nein zu sich sagt, wird sich untreu, verleugnet sich.

Das Leben ist Bewegung. Bewegung verursacht Veränderung. Was gestern für mich stimmig war, muss es heute nicht mehr sein. Was jetzt in mir stimmig, was aktuell für dich wahr ist, kann morgen für und in uns anders sein. Sich selbst treu zu sein heißt, im Augenblick zu leben. Treue ist keine Konstante, die an äußeren Kriterien festzumachen wäre. Ein Mensch, der sich wirklich treu bleibt, scheint für die anderen oft untreu zu sein, weil er sich erlaubt, Ja zu seiner eigenen Bewegung, Ja zu seiner eigenen Veränderung zu sagen. Die Messlatte der anderen sind die Bilder der Vergangenheit. Wer sich selbst treu bleibt, gibt sich aber nicht auf. Sich selbst, seinem Leben treu zu bleiben bedeutet, in seinem Leben mitzumachen, sich nicht zu verweigern.

Man achte einmal darauf, wie oft am Tag man innerlich Ja und wie oft man Nein sagt. Wie hoch ist die Quote meines innerlichen Ja, und wie hoch ist die Quote meines Nein?

Je mehr ich Nein sage, desto weiter bin ich von meiner Wahrheit entfernt. Ich will nicht *wahr*haben, was ich gerade tue, fühle, denke. Das Ja ist leichter als das Nein. Entscheidend ist dabei nicht das Wort an sich, sondern vielmehr die innere Einstellung zu sich selbst, seinem Handeln, Denken und Fühlen. Ein gegenüber anderen ausgesprochenes Nein kann sehr wohl Ausdruck des inneren Ja zu sich selbst sein.

Die folgende Atemübung ist dazu geeignet, die Quote des Ja in mir zu erhöhen.

Schließ die Augen.
Bei jedem Atemzug denke: »Ja.«
Spür den Atem des Ja in dir.
Fühl die Schwingung des Ja in dir.
Hör die Stimme des Ja in dir.

Meine Gedanken – ja.
Meine Gefühle – ja.
Meine Worte – ja.

Meine Vergangenheit – ja.
Meine Gegenwart – ja.
Meine Zukunft – ja.

Meine Träume – ja.
Meine Liebe – ja.
Mein Leben – ja.

Du bist deiner Wahrheit, dir selbst und deinem Leben treu geblieben

Es gab Zeiten in deinem Leben, in denen du kämpfen musstest.
Zeiten, in denen es nicht einfach war für dich.
Und du hast gekämpft, hast dich nicht aufgegeben.
Du bist deiner Wahrheit, dir selbst und deinem Leben treu geblieben.

Es gab Zeiten in deinem Leben, in denen du dich verändern musstest.
Zeiten, in denen du nicht so weitermachen konntest wie bisher.
Und du hast dich verändert, hast dich nicht aufgegeben.
Du bist deiner Wahrheit, dir selbst und deinem Leben treu geblieben.

Es gab Zeiten in deinem Leben, in denen du dich von anderen trennen musstest.
Zeiten, in denen du nicht mehr bei den anderen bleiben konntest.
Und du hast dich getrennt, hast dich nicht aufgegeben.
Du bist deiner Wahrheit, dir selbst und deinem Leben treu geblieben.

Es gab Zeiten in deinem Leben, in denen du dich verschließen musstest.
Zeiten, in denen du dich nicht öffnen konntest, bei dir und für dich sein musstest.
Und du hast dich verschlossen, hast dich nicht aufgegeben.
Du bist deiner Wahrheit, dir selbst und deinem Leben treu geblieben.

Es gab Zeiten in deinem Leben, in denen du dich anderen offenbaren musstest.
Zeiten, in denen du dich nicht verschließen konntest.
Und du hast dich offenbart, hast dich nicht aufgegeben.

Du bist deiner Wahrheit, dir selbst und deinem Leben treu geblieben.

Es gab Zeiten in deinem Leben, in denen du um Hilfe bitten musstest.
Zeiten, in denen du es nicht allein hättest schaffen können.
Und du hast um Hilfe gebeten, hast dich nicht aufgegeben.
Du bist deiner Wahrheit, dir selbst und deinem Leben treu geblieben.

Es gab Zeiten in deinem Leben, in denen du dir Ruhe schenken musstest.
Zeiten, in denen du keine Kraft mehr hattest.
Und du hast dir Ruhe gegeben, hast dich nicht aufgegeben.
Du bist deiner Wahrheit, dir selbst und deinem Leben treu geblieben.

Es gab Zeiten in deinem Leben, in denen du deine Pläne aufgeben musstest.
Zeiten, in denen du einsehen musstest, dass es nicht so würde, wie du es dir gewünscht hast.
Und du hast deine Pläne fallen lassen, hast dich nicht aufgegeben.
Du bist deiner Wahrheit, dir selbst und deinem Leben treu geblieben.

Es gab Zeiten in deinem Leben, in denen du zweifeln musstest.
Zeiten, in denen du nicht wusstest, ob alles so richtig war, wie es war.
Und du hast gezweifelt, hast dich nicht aufgegeben.
Du bist deiner Wahrheit, dir selbst und deinem Leben treu geblieben.

Es gab Zeiten in deinem Leben, in denen du glücklich warst.
Zeiten, in denen du das Leben genießen konntest.
Und du hast es genossen, hast dich nicht aufgegeben.
Du bist deiner Wahrheit, dir selbst und deinem Leben treu geblieben.

Es gab Zeiten in deinem Leben, in denen du dich von Zwängen lösen musstest.
Zeiten, in denen du frei sein wolltest.
Und du hast dich befreit, hast dich nicht aufgegeben.
Du bist deiner Wahrheit, dir selbst und deinem Leben treu geblieben.

Es gab Zeiten in deinem Leben, in denen du dich verlieben musstest.
Zeiten, die voller Glück und Liebe waren.
Und du hast geliebt, hast dich glücklich gefühlt, hast dich nicht aufgegeben.
Du bist deiner Wahrheit, dir selbst und deinem Leben treu geblieben.

Kapitel IV
Sehnsucht

Wenn du hervorbringst, was in dir ist, wird es dich retten.
Wenn du nicht hervorbringst, was in dir ist, wird es dich zerstören.

Thomasevangelium

Am 14. März 2008 kam ich von einer Lesung aus Bielefeld. Es war spätabends. Ich fuhr auf der Autobahn, und der MSV Duisburg führte 1:0 im Auswärtsspiel bei Schalke 04. Ich wechselte von der rechten auf die linke Fahrspur. Von hinten kam mit mindestens zweihundert Sachen eine größere Limousine angeschossen, ich meine, es wäre ein Daimler gewesen, der links an mir vorbeifuhr. Nur: Da war eigentlich gar kein Platz mehr, denn auf dieser Spur fuhr ja schon ich. Ich erschrak sehr und hatte noch tagelang das Gefühl, wie durch ein Wunder verschont geblieben zu sein. Mir war klar: Mein Vertrag auf Erden war noch einmal verlängert worden.

In dieser Nacht stellte ich mir die Frage: »Wenn mein Leben jetzt zu Ende wäre, was wäre zu kurz gekommen?« In dieser Nacht spürte ich Sehnsucht: Sehnsucht nach meiner Frau, ihrer Umarmung, die Sehnsucht nach meinen Katzen, meinen Seminaren, meinen Meditationsabenden, die Sehnsucht nach all den Menschen, die zu uns kommen. Ich sehnte mich also nach all dem, was bereits da war.

Und genau das unterscheidet die Sehnsucht von der Suche. Suche ist immer die Fahndung nach dem, was (scheinbar) noch nicht existiert. Jemand anders soll mir bringen, was ich suche. Irgendwo muss es doch sein, irgendwer muss es doch haben, das, was ich suche. Ich erwarte einen Boten, der mir das Objekt meiner Suche liefert. Zumindest aber kann er mir das Versteck zeigen, an dem es verborgen liegt. Sehnsucht ist der Drang, es selbst in die Welt zu bringen. Ich bin der Bote, der es anderen liefern will. Ich bin der, der anderen das Versteck zeigen will. Ich will aufmerksam auf das machen, was in mir verborgen liegt. Suche ist die Ausschau nach dem Kurier, der das Gewünschte anliefern soll. Sehnsucht ist das Entsenden des Überbringers. Suche ist das Gefühl der Trennung. Sie zeigt an, dass sich der Suchende getrennt von dem betrachtet, was er sucht. Die Sehnsucht ist vielmehr das Gefühl der Verbindung. Ich bin stark verbunden mit dem Gefühl, das ich mir ersehne.

Mein Wunsch nach einem Sieg des MSV wurde an diesem Freitagabend übrigens nicht erfüllt. Schalke erzielte noch zwei Tore und gewann mit 2:1 …

Richte deinen Blick nach unten zum Boden. Schließ deine Hände zu Fäusten.

Nun mach dir klar: Wenn sich dein Körper in dieser Haltung befindet, bist du getrennt.

Du kannst nicht sehen, was in deinem Umfeld ist. Du kannst nicht berühren, was für dich da ist.

Wenn deine Seele in dieser Haltung ist, bist du getrennt vom Leben. Wenn du dich innerlich und äußerlich verschließt, kannst du keine Liebe spüren.

Nun heb deinen Kopf und öffne deine Hände. Löse dich aus der Haltung der Trennung. Öffne dich für dich selbst und für das Leben. Das ist die Haltung der Verbindung.

Und jetzt umarme dich. Du berührst dich, und somit berührst du dein Leben. Spür die Verbindung zu dir selbst. Spür die Verbindung zum Leben.

Frag dich: Wenn mein Leben jetzt zu Ende wäre

Ich sehne mich nach Liebe.
Ich sehne mich nach Zärtlichkeit.
Ich sehne mich nach Geborgenheit.
Ich sehne mich nach Freundschaft.

Frag dich einmal:
Was ist meine Sehnsucht?

Und dann frag dich:
Wenn mein Leben jetzt zu Ende wäre,
was wäre zu kurz gekommen?

Wegweiser der Seele

Sehnsucht ist nicht gleichbedeutend mit Wünschen. Wünsche sind Bilder des Kopfes. Die Bilder zeigen (erwünschte) Zustände. Die Sehnsucht aber ist mehr als der Wunsch nach einem Zustand von Gesundheit, Reichtum oder Harmonie. Die Sehnsucht ist ein tiefes Verlangen nach Hingabe. Sie will sich einem Gefühl »mit Haut und Haaren« hingeben. Die Sehnsucht nach Freiheit beispielsweise ist nicht einfach nur der Wunsch nach Freizügigkeit und Unabhängigkeit, sondern die Suche nach dem tiefen, inneren Gefühl der Freiheit. Das Gefühl ist bereits da, doch kann es sich (noch) nicht entfalten. Der Verstand weiß nicht, ob sich mit dem Zustand auch das entsprechende Gefühl einstellen wird. Er vermutet es, er hofft es. Er glaubt: »Wenn ich erst reich bin, werde ich sorglos sein«, »Wenn ich erst den Traumpartner gefunden habe, werde ich nicht mehr einsam sein« …

Der Wunsch nach Reichtum ist die Strategie des Verstandes auf seiner Suche nach dem Gefühl der Sorglosigkeit. Der Wunsch nach dem Traumpartner ist das Konzept des Verstandes auf seiner Suche nach dem Gefühl der Geborgenheit. Daher führen Wünsche oft zur Enttäuschung. Manch erfüllter Wunsch erweist sich als Mogelpackung, die das gesuchte Gefühl nicht enthält. Die Packung ist womöglich voller Gefühle, nur das gesuchte ist nicht dabei. Der Verstand hat den Suchenden auf einen Irrweg geführt.

Die Sehnsucht ist nicht auf der Suche nach dem Gefühl, sie fühlt es schon. Sie will das Gefühl ausweiten, nach innen und außen verbreiten. Erst wenn sich ein Wunsch mit dem gesuchten Gefühl verbindet, hat er die Chance, zur Sehnsucht zu werden.

Schillig ist der Ort, an dem unsere Seminare stattfinden. Bereits lange Jahre vor unserer Reiki- und Meditationsarbeit fuhren wir zweimal jährlich dorthin, einmal im Mai und einmal im September. Es waren jeweils zwei schöne Wochen. Tagsüber gingen wir bei gutem Wetter am Strand spazieren, bei schlechtem fütterten wir den Flipper in der Spielbude der Minigolfanlage mit Fünfmarkstücken. Jeden Abend verbrachten wir im »Strandlooper«, der einzigen Kneipe des Orts. Darin haben wir während all dieser Jahre sowohl Karinas Geburtstag im September als auch meinen im Mai gefeiert. Die Kneipe war ein wichtiger Ort in unserem Leben. 1994 eröffnete uns der Besitzer, dass er sie dichtmachen wolle. Er habe keine Lust mehr, und es gäbe Interessenten, die aus dem Laden ein Tagescafé oder eine Boutique machen wollten. Karina und ich – zugegeben: mehr ich – waren schockiert. Das ging gar nicht. Schließlich wollten wir noch viele Geburtstage feiern, und wir waren es nun mal gewohnt, das in diesem Lokal zu tun.

Also bot ich dem Besitzer an, den Laden zu pachten. Dann müsste er nicht mehr darin arbeiten und bekäme von mir die monatliche Pacht. Ich würde selbst weiter bei der Polizei arbeiten und ein oder zwei Angestellte hinter die Theke stellen. An den Wochenenden würde ich als Chef mal nach dem Rechten sehen.

Der Gedanke gefiel dem Mann, und er sagte zu. Auch ich fand Gefallen an dieser Vorstellung. Ich malte mir aus, wie ich während eines Dienstausflugs mit den Kollegen von der Polizei in *meine* eigene Kneipe einmarschieren würde. Absprachen wurden getroffen, der Pachtvertrag vorbereitet.

In der Nacht vor der Unterzeichnung wachte ich jedoch dreimal schweißgebadet auf. Und obwohl ich damals noch nichts mit Reiki und dergleichen zu tun hatte, war mir spätestens beim dritten Mal bewusst, dass meine innere Stimme mich warnen wollte.

Am nächsten Morgen, nach einem intensiven Gespräch mit Karina, sagten wir dem Besitzer ab. Heute weiß ich, dass dieser Entschluss sehr zum Wohle meines Lebens war. Der Pachtvertrag hätte mich langfristig gebunden, und mit großer Wahrscheinlichkeit wäre ich heute weder Reiki- und Meditationslehrer noch Buchautor. Der Wunsch, stolzer Besitzer einer Kneipe zu sein, war ein Gedankenbild, von dem ich damals glaubte, dass es mich glücklich machen würde. Doch in dieser Nacht überbrachte mir meine Seele über den Körper eine gegenteilige Botschaft und wies mich an, mein Glück auf einem anderen Weg zu suchen.

Heute habe ich es gefunden. Ich tue wieder das, was mich auch früher schon glücklich gemacht hatte: mit Gruppen intensiv arbeiten. Damals trainierte ich zehn Jahre lang in meiner Freizeit Fußballmannschaften. Meinen Urlaub verbrachte ich als Leiter dreiwöchiger Jugendfreizeiten. Beide Tätigkeiten hatten mich erfüllt. Ich war in diesen Jahren glücklich gewesen, weil ich meiner Sehnsucht gefolgt war. Auch heute arbeite ich wieder mit vielen Menschen: Ich leite Meditations- und Reiki-Gruppen. Ich habe das Gefühl wiedergefunden, das immer in mir war. Wo meine Freude ist, ist meine Wahrheit, wo meine Sehnsucht ist, ist meine Bestimmung.

Sieh dich selbst auf deinem Lebensweg.

Du blickst nach vorn in die Zukunft. Sie ist dir heute noch unbekannt. Du weißt nicht, was dich erwartet auf deinem Weg.

Stell dir vor und mach dir bewusst:

Vor dir geht ein Engel. Er weist dir den Weg.

Führe uns nicht in Versuchung

Die Arbeitsplatzbeschreibung meines Engels ist vielfältig. Manchmal sitzt er neben mir und gibt mir Kraft und Lebensfreude. Und wenn ich nervös bin, schenkt er mir Ruhe und Frieden. Auf der Suche nach der Erfüllung meines Lebens bin ich nicht allein.

Ich suche Liebe und Vertrauen. Ich suche Anerkennung und Aufmerksamkeit. Ich suche Frieden und Geborgenheit. Ich werde sie nicht finden, solange sich meine Sehnsucht auf das Außen fokussiert. Wie könnte ich die Achtung, die mir ein anderer erweist, spüren, wenn ich keine Selbstachtung fühlte? Und wie könnte ich einen anderen achten, wenn ich mich selbst nicht achtete? Die Suche beginnt und endet in mir selbst.

Jeden Morgen spreche ich im Rahmen meiner Reiki-Meditation das Vaterunser. Die Sätze sind meine Einstimmung in den Tag. Ich bin der Absender und der Adressat dieser Worte:

Vater unser, der du bist im Himmel.	Das Leben und die Liebe sind in dir!
Geheiligt sei dein Name.	Achte das Leben, achte dich!
Dein Reich komme.	Dein Leben erfüllt sich!
Dein Wille geschehe, wie im Himmel, so auf Erden.	Du wirst ernten, was du säst.
Unser täglich' Brot gib uns heute.	Pass auf dich auf, kümmere dich um dich selbst!

Vergib uns unsere Schuld.	Hab keine Schuldgefühle!
Wie auch wir vergeben unseren Schuldigern.	Sei nicht nachtragend!
Führe uns nicht in Versuchung.	Such dein Glück nicht woanders!
Sondern erlöse uns von dem Übel.	Triff deine Entscheidungen!
Denn dein ist das Reich und die Kraft und die Herrlichkeit, in Ewigkeit. Amen.	Du wirst immer begleitet und beschützt, du darfst vertrauen!

Die abendliche Rückschau vollziehe ich, wie in Kapitel I beschrieben, anhand der Zehn Gebote. Beide »Übungen«, das Vaterunser morgens und die Zehn Gebote abends, sind meine »Tagessäulen der Achtsamkeit«. Die zehn Sätze sprechen für sich, dürfen jedoch nicht missverstanden werden. »Pass auf dich auf, kümmere dich um dich selbst!« fordert nicht etwa dazu auf, nur noch um sein eigenes Wohl besorgt zu sein und auf all die anderen zu pfeifen. Es ist keineswegs der Appell, sich eine »Bankermentalität« zuzulegen, wie sie in den vergangenen Jahren grassierte – und der zufolge sich die Zocker, die ihr Unternehmen in Milliardenpleiten geführt haben, dennoch selbst reichlich mit Bonuszahlungen bedienten, während ihre Mitarbeiter den Job verloren und Schlimmeres mehr.

Die Suche beginnt und endet immer bei der eigenen Person. Solange ich danach strebe, ein anderer zu sein, kann ich mich selbst nicht finden. Solange ich mich danach sehne, in einer anderen Welt zu leben, kann ich meine Welt nicht finden. Wir sind in dieses Leben gekommen, um daran teilzunehmen. Wir werden die körperliche Welt am Tag unseres Todes wieder verlassen. Es besteht kein Grund, bereits jetzt nach dem Jenseits zu streben. Ich glaube, wer das versucht, wird genau das Gegenteil erreichen: Wenn eine Seele die Erfahrungen des menschlichen Lebens nicht machen konnte, weil sie während ihrer Inkarnation allem Weltlichen aus dem Weg gegangen ist und nur mit halbem Herzen bei der Sache war, wird sie nach dem körperlichen Tod nicht in der ewigen geistigen Glückseligkeit verweilen, sondern vielmehr eine erneute Reise in die Grobstofflichkeit antreten, und zwar so lange, bis sie das Gewünschte voll und ganz erfahren hat. Die Wünsche der Seele offenbaren sich in der Sehnsucht des Menschen.

Vom Suchen und Finden oder »Give me five!«

Meine Sehnsucht ist der tiefe Drang nach Entfaltung meines Potenzials, sie ist das Verlangen, meiner Bestimmung zu folgen, mein Lebenswerk zu erschaffen. Meine Sehnsucht ist Ausdruck purer Schöpferkraft. Schöpferkraft ist das Wesen des Göttlichen. In diesem Sinne könnte man sagen: Sehnsucht ist die Suche nach dem Göttlichen.

Jede Suche endet mit dem Finden. Wer gefunden hat, braucht nicht mehr zu suchen. Um finden zu können, muss ich allerdings an der richtigen Stelle suchen. Auch darf ich keine falsche Vorstellung vom Objekt meiner Suche haben. »Mach dir kein Bild von deinem Gott« ist auch ein Gebot der Achtsamkeit.

Die Vorstellungskraft des Menschen reicht nicht aus, um das Göttliche zu erfassen. Meine Vorstellung von Gott ist daher immer begrenzt. Der einzige Weg, diese Grenze zu sprengen und zum Göttlichen zu gelangen, ist, von allen Vorstellungen abzulassen. Der Bildermaler sitzt im Kopf. Mein Verstand schafft Grenzen, mein Herz strebt danach, die Grenzen zu überwinden. Auch der Nichtglaube an eine Existenz Gottes ist ein Bild, eine Vorstellung und somit eine Beschränkung. Selbst dann, wenn mein Verstand nicht an das Göttliche glaubt, kann mein Herz dennoch auf der Suche nach ihm sein.

Im Jahr 2007 besuchte uns ein tibetischer Lama. Den Kontakt hatte eine deutsche Frau geknüpft, die ihm eine Reise durch unser Land organisierte. Sie fragte telefonisch an, ob er vor Teilnehmern unserer Meditationsgruppen sprechen dürfe. Wie viele tibetische Mönche lebte auch er mit seinen Schülern im indischen Exil. Einmal im Jahr reiste er nach Europa, um Vorträge über den tibetischen Buddhismus zu halten und dabei Spendengelder für sein Kloster zu sammeln.

Die Organisatorin machte im Vorfeld viel Getue um den Besuch des Tibeters. Mehrfach rief sie an und erteilte uns Anweisungen. Blumenschmuck für den provisorischen Altar und vielerlei Kleinigkeiten mehr galt es zu besorgen. Zudem sollten bei seiner Ankunft »zwei oder drei starke Männer« anwesend sein, um das Gepäck des Mönchs zu tragen. Einen Tag vor dem Besuch rief sie ein weiteres Mal an und teilte uns mit, dass der Lama ausschließlich schwarzen Tee mit Milch, jedoch keine Büchsenmilch (!) trinke. Wir gaben uns reichlich Mühe, besorgten den erwünschten Altarschmuck und schwarzen Tee mit Milch (keine Büchsenmilch!); und mit uns warteten drei starke Männer auf die Ankunft des Mönchs samt Gefolge, der eine Stunde vor den geladenen Zuhörern eintreffen sollte.

Und so geschah es. Zum verabredeten Zeitpunkt erschien der Tibeter, ruhig und freundlich lächelnd, mit seinem Anhang: zwei hektischen Frauen, eine davon die Organisatorin, mit der wir vorher telefoniert hatten. Kaum hatte sie den ersten Schritt über unsere Türschwelle getan, übernahm sie das Kommando in der Wohnung. Sofort fragte sie nach den starken Männern. Horst, Frank und Holger, gestandene Reiki-Meister, krempelten in Erwartung des schweren Gepäcks ihre Ärmel hoch und begleiteten die Damen zu ihrem Wagen. Letztere kehrten in die Wohnung zurück, wie sie gegangen waren: mit leeren Händen. Horst und Frank trugen bei ihrer Rückkehr jeweils ein Plastiktütchen, Holger hatte ein kleines Meditationskissen unter dem Arm. Mein fünfjähriger Patensohn

Elias hätte alles zusammen bequem mit einer Hand transportieren können.

Während dieser Aktion hatte ich die Hauptperson des Abends in unseren Meditationsraum geführt. Wir plauderten ein wenig in schlechtem Englisch, und ich fragte ihn, ob ich ihm jetzt ein Tässchen schwarzen Tee mit Milch kredenzen dürfe. »Nein danke«, antwortete er, »ich habe gerade Kaffee getrunken.«

Nach unserem amüsanten Smalltalk begaben wir uns nach unten, wo die beiden Damen lautstark und aufgeregt herumhantierten und den provisorischen Altar aufbauten. »Habt ihr blauen Saft da?«, fragten sie mich.

Ich verneinte. »Apfel- und Orangensaft sind im Kühlschrank, aber leider kein Traubensaft. Ich könnte jedoch noch schnell losfahren und welchen besorgen«, bot ich mich an.

Der Tibeter, der den Dialog trotz mangelnder Deutschkenntnisse offenbar verstanden hatte, richtete ein ebenso kurzes wie bestimmtes Wort an sein Gefolge. Die beiden Damen verstummten sogleich.

»Okay«, sagte die eine etwas kleinlaut, »dann nehmen wir unseren.« Mit diesen Worten griff sie in eine der Plastiktüten und holte eine Flasche Traubensaft hervor.

Meist ist es nicht der Meister selbst, sondern es sind vielmehr seine Jünger, die so viel Tamtam um seine Person machen.

Es wurde dennoch ein gelungener Abend. Der Lama hielt seinen Vortrag, vollzog eine tibetische Meditationsübung und segnete jeden Teilnehmer einzeln. Anschließend warf er Reis über den Kopf der Gesegneten. Noch Wochen später hatten unsere Katzen Freude an den überall verstreuten Reiskörnern.

Die Organisatorin machte zum Abschluss viele Fotos: Lama mit Peter, Lama mit Karina, Lama mit Karina und Peter, Lama mit einem der Zuhörer, Lama mit mehreren Zuhörern und so weiter. Auch für sie hatte sich der Abend gelohnt. Es waren mehrere hundert Euro für das Kloster eingesammelt worden. Sie dankte uns überschwänglich dafür, dass wir unsere Wohnung für die Veranstaltung zur Verfügung gestellt hatten, und versprach, uns in den nächsten Wochen ein paar Abzüge der Fotos zu schicken. Darauf warten wir immer noch. Bis heute haben wir nichts mehr von den beiden Frauen gehört.

Der Lama selbst hielt den Kontakt zu Claudia, einer Zuhörerin, die für den Vortrag aus dem Norden Deutschlands nach Duisburg gekommen war. Ein Jahr später, auf seiner nächsten Deutschlandreise, machte er bei ihr für eine Woche Station. Sie wohnt in einem kleinen Dorf an der Küste, nur wenige Kilometer entfernt von meinem Seminarort Schillig. Er hielt dort ein oder zwei Vorträge und verbrachte die restliche Zeit beinah ausschließlich im Gästezimmer des Hauses. Claudia hatte sich ursprünglich vorgenommen, ihm die Natur und die Landschaft zu zeigen und natürlich auch einen Ausflug ans Meer zu machen. Dafür war er jedoch nicht zu haben. Er interessierte sich nur für seine Gebete, Meditationen und heiligen Bücher, für Sonne, Wind, Meer und Strand war er nicht empfänglich.

Tibetische Gelehrte haben das Bewusstsein erforscht. Sie kennen sich mit den Verhältnissen der geistigen Welt besser aus als die meisten Wissenschaftler der westlichen Welt. Die Tibeter haben mehrere Namen für das »Bewusstsein«, um seine verschiedenen Aspekte zu bezeichnen. Dafür ist ihr Wortschatz bezüglich technischer Dinge sehr begrenzt. Bei uns ist es umgekehrt. Wir verfügen über unzählige Begriffe für die verschiedensten technischen Gegenstände und Zusammenhänge, dafür haben wir keine sprachliche Vielfalt, um das »Bewusstsein« zu beschreiben. In der Begrenzung des sprachlichen Ausdrucks zeigt sich unsere eingeschränkte Vorstellungskraft. Ich persönlich glaube, dass diejenigen, die sich nur mit spirituellen, geistigen Themen beschäftigen, genauso wenig »heilig« werden können wie die, die allein nach Materiellem streben. »Heilig« bedeutet »allumfassend«. Ein Heiliger erkennt das Göttliche in »allem, was ist«.

Der Lama war es aus seiner Heimat gewohnt, dass die Menschen bei seinem Erscheinen herbeiströmten und ihm Verehrung entgegenbrachten, um auf diese Weise für ein besseres Karma zu sorgen. Nach ihrem Glauben wird jede gute Tat in diesem Leben in einer nächsten Inkarnation belohnt. An einem Tag während seines Aufenthalts ließ sich der Lama von Claudia zu einem Spaziergang durchs Dorf überreden. Wie in Indien kamen auch hier im Norden Deutschlands die Kinder auf der Straße angerannt. Aber nicht, um einen heiligen Mann um Auflösung angesammelten Karmas zu bitten, sondern einfach nur, um diesen freundlich lächelnden Fremden mit der außergewöhnlichen Ausstrahlung und Bekleidung näher zu betrachten. Der Lama war erfreut darüber, dass offenbar auch hier die Menschen Sinn für Karma haben, und hob segnend seine rechte Hand. Ein kleiner Junge, vielleicht zehn Jahre alt, schlug mit aller Kraft seine Handfläche auf die des Lamas: »Give me five!«

Wer finden will, muss an der richtigen Stelle suchen. Die Vergangenheit ist nicht mehr da, die Zukunft ist noch nicht da. Die Fülle meines Lebens befindet sich im Hier und Jetzt. Das ist die Botschaft der folgenden Übung.

> Schließ dreimal täglich für einen Moment die Augen. Leg deine rechte Hand aufs Herz und sag dir: »Dieser Tag erfüllt mein Leben.«

Karma – Sehnsucht statt Passion

Vor einigen Jahren lernte ich einen Mann kennen, dessen Sohn in Indien ums Leben gekommen war. Als ich ihn zum ersten Mal sah, war er in tiefster Depression gefangen. Er hatte eine Stiftung ins Leben gerufen, die den Namen seines Sohnes trug. Sie sollte behinderten Kindern in Indien eine Lebenschance geben und betrieb eine Schule, in der sie unterrichtet und medizinisch versorgt wurden. Diese Kinder hätten ohne die Einrichtung kaum eine Chance gehabt, das Erwachsenenalter zu erreichen. Und wenn eines von ihnen trotz seines gesundheitlichen Handicaps erwachsen geworden wäre, wäre es wohl verhungert, weil es ohne Ausbildung keine Arbeit hätte finden können.

Vor wenigen Wochen traf ich ihn wieder. Keine Spur mehr von Depression. Er erzählte mir stolz von Kindern, die an seiner Schule nicht mehr nur herumkrabbeln, weil sie aufgrund ihrer Krankheit nicht gehen konnten, sondern mittlerweile laufen, springen und lachen. Das medizinische Konzept sei aufgegangen. Die für dortige Verhältnisse typische Kinderkrankheit sei in dem Dorf, in dem sich die Schule befindet, beinah ausgerottet. Auch das pädagogische Konzept sei fortgeschritten. Mittlerweile würden auch Eltern ihre gesunden Kinder dort anmelden. »Es herrscht da eine unbeschreibliche Freude«, sagte mir der Mann.

Er hatte sich damals auf die Suche nach seinem Sohn begeben. Gefunden hat er etwas, an das er glauben, für das er hoffen, das er lieben kann. Er selbst hat den Glauben, die Hoffnung und die Liebe in die Welt gebracht. Und damit verbunden hat er Menschen gefunden, die an ihn glauben, die für ihn hoffen, die ihn lieben.

Manche Menschen und Traditionen glauben, dass der Mensch all das am eigenen Leibe erfahren muss, was er in früheren Leben anderen angetan hat. Das ist der Glaube an Passion. Karma aber ist nicht Passion, sondern vielmehr Aktion. Karma ist die Sehnsucht, etwas zu tun und dadurch den Ausgleich zu schaffen. Auch der Meister der Liebe lehrte seine Schüler das Karma. Er sagte: »Das Gesetz wird bis zum letzten Jota erfüllt werden.« Das bedeutet: Du kannst aus deinem Leben nicht flüchten, du kannst aus deinen vielen Leben nicht entkommen, du hast keine Chance zu entwischen. Aber du kannst dich deiner Sehnsucht stellen. Achte auf das, was dir die größte Freude bereitet. Das ist der Auftrag deiner Seele. Mit deiner Freude schaffst du den Ausgleich. Nur Freude schafft den Ausgleich für die Trauer, nur Liebe schafft den Ausgleich für den Hass. Wenn der Trauer eine weitere Trauer hinzugefügt wird, ist das eine Verdopplung und kein Ausgleich. Wird dem Streit ein weiterer hinzugefügt, geht er mit 2:0 in Führung. Das 1:1 wird durch den Frieden erzielt. Wenn du also ein streitbares Leben geführt hast, in dem der Frieden zu kurz kam, drängt es dich im nächsten Leben dazu, den Frieden zu erschaffen. Wenn du in einem Leben die Traurigkeit gesät hast, drängt es dich im nächsten dazu, die Freude zu säen. Wenn du Hass in die Welt gebracht hast, will die Seele die Liebe in die Welt bringen. Also achte deine Freude, beachte das, was aus dir hervordringen will, das, was dir Freude bereitet, das, was du liebst in dir, und du wirst den Ausgleich schaffen.

Ein Samariter fragte Jesus, was man tun müsse, um ins Himmelreich zu gelangen. Jesus sagte: »Du sollst den Herrn, deinen Gott, lieben von ganzem Herzen, mit allen Kräften, mit deinem ganzen Mut, und deinen Nächsten wie dich selbst.« Für Jesus war Gott gleichbedeutend mit Leben. Er gab den Menschen also den Rat, ihr Leben zu lieben, und zwar mit allem, was sie haben, mit allem, was sie investieren können. Das ist gemeint mit: »Bin ich bereit, alles zu geben?« – »Du sollst den Herrn, dein Leben, lieben von ganzem Herzen, mit allen Kräften, mit deinem ganzen Mut, und deinen Nächsten wie dich selbst.«

Das eine folgt aus dem anderen. Wenn du dein Leben liebst, liebst du auch das Leben deiner Mitmenschen. Wie könntest du gleichzeitig lieben und nicht lieben?

Aktive Karmaarbeit bedeutet, seine Freude zu leben.

Investiere in den nächsten Wochen bewusst in deine Freude.

Reinkarnation

Wenn es den Tod nicht gäbe, was wäre dann das höchste Gut? Mein jetziger Körper ist für mich der Beweis dafür, dass ich meine früheren Tode überlebt habe. Ich glaube seit jeher an die Reinkarnation, weil ich nie an der göttlichen Gerechtigkeit zweifelte. Ich konnte und wollte mir einfach nicht vorstellen, dass das Seelenheil eines Menschen von den Umständen eines einzigen körperlichen Lebens auf der Erde bestimmt wird. Ich konnte und wollte mir nicht vorstellen, dass ein Kind, welches nur wenige Tage leben darf, vor einen göttlichen Richterstuhl gestellt wird. Ich konnte und wollte mir nicht vorstellen, dass ein Mensch, der in einem reichen Land ein langes und gesundes Leben erfahren hat, anschließend nach den gleichen

Kriterien gerichtet wird wie einer, der ein kurzes, krankes Dasein in Armut hat fristen müssen.

Das göttliche Konzept der Wiedergeburt gibt dem Menschen die Gelegenheit, unbelastet von früheren Sorgen und Problemen ganz neu anzufangen. So neu anzufangen, dass er im nächsten Leben glaubt, es wäre sein erstes und (womöglich auch) letztes. Daher ist es für mich unverständlich, wenn manche dieses Geschenk ausschlagen und sich im Rahmen einer Rückführung die alten Sorgen und Probleme wieder aufladen. Viele Zeitgenossen stöbern ihr halbes Leben lang im Wühltisch ihrer Sorgen und Probleme. Auf den täglichen Stadtrundfahrten durch ihr inneres Sodom und Gomorrha erkunden sie jeden Winkel. Das göttliche Konzept der Reinkarnation ermöglicht der Seele, in neuen Leben neue Erfahrungen zu machen. Die Wiederverkörperung ist eine Chance, in anderen Wühltischen zu graben und andere Städte zu bereisen.

Wenn der Meister der Liebe lehrte, dass das Gesetz Gottes bis zum letzten Jota erfüllt würde, bedeutet dies, dass jede Seele die Chance hat, das ganze Alphabet des Lebens zu erfahren, und nicht nur einen Buchstaben. Das Gesetz der Reinkarnation besagt, dass jede Seele oftmals inkarnieren darf. Es bedeutet nicht, dass sie es muss. Manche glauben, die Seele habe wieder auf die Welt zu kommen, um alte Schulden zu begleichen. Die Schulden seien das Karma, das aufgelöst werden müsste. Wenn kein Karma mehr vorhanden wäre, fände der Zyklus der Wiedergeburten seinen Abschluss. Ich bin einigen begegnet, die mir voller Stolz mitteilten, das jetzige Leben sei ihr letztes auf der Erde. Danach müssten sie nicht mehr hierher. Ich hingegen glaube, dass ich aus freien Stücken hier bin und nicht, weil ich es muss. Ich darf mein Leben leben und bin dankbar dafür. Meines Erachtens ist der Glaube an karmische Verstrickungen die beste Methode, darin verstrickt zu bleiben. Der Glaube ans Karma ist der Blick nach hinten. Mein Lebensweg aber führt mich nach vorn. Solange ich rückwärts schaue, laufe ich blind herum. Womöglich laufe ich gegen eine Laterne, die ich nicht gesehen habe, weil ich ja in die falsche Richtung blicke. Und dann behaupte ich, mein Zusammenstoß mit der Laterne sei karmisch bedingt. Dabei war er nur Zeichen meiner gegenwärtigen Unachtsamkeit.

Jeder Mensch hat unzählige Male in einem Körper gelebt. Ich habe ein paar Erinnerungen an sogenannte frühere Inkarnationen. Nicht durch Rückführungen, sondern durchs Leben. Und heute, in diesem Leben, stehe ich davor und denke: »Okay. Und jetzt?« Und genau das ist die richtige Frage: »Und jetzt?« Alles ist *jetzt* vorhanden, meine Fähigkeiten, meine Talente, meine Gefühle, Gedanken, Sorgen, Probleme und Freuden. Es ist alles *jetzt* vorhanden, weil ich *jetzt* damit leben soll, *jetzt* damit leben darf, mich *jetzt* dadurch entwickeln kann.

Man entfernt sich von früheren Inkarnationen ebenso, wie man sich von seiner Kindheit entfernt. Zwar wirken vergangene Leben ebenso prägend auf die Seele ein wie die Kindheit im jetzigen, doch wer legt als Erwachsener Wert auf die Feststellung, welche Rolle er im Kindergarten gespielt hat? Wer berichtet mit Stolz, dass er im Sandkastenalter der Cowboy oder die Prinzessin war? In diesem Sinne antworte ich manchen, die mir von ihren früheren Wiedergeburten erzählen: »Es interessiert mich nicht, wer du früher warst, mich interessiert, wer du jetzt bist! Ob du früher Karl der Große oder eine Amöbe warst, macht für mich nicht den geringsten Unterschied. Ich freue mich über deine jetzige Anwesenheit in meinem Leben.«

Dein Auftrag

Der Meister der Liebe sprach:
Du sollst dein Leben lieben von ganzem Herzen, mit allen Kräften, mit all deinem Mut,
und deinen Nächsten wie dich selbst.

Sieh auf das, was du liebst. Was du liebst zu tun, was du liebst zu berühren, was du liebst zu sehen und zu hören. Und mach dir klar: Das zu lieben ist dein Auftrag.

Der Meister der Liebe sprach:
Du sollst dein Leben lieben, von ganzem Herzen, mit allen Kräften, mit all deinem Mut,
und deinen Nächsten wie dich selbst.

Sieh auf das, was dir Freude bereitet. Was dich freut zu tun, was dich freut zu berühren, was dich freut zu sehen und zu hören. Das ist dein Auftrag.

Der Meister der Liebe sprach:
Du sollst dein Leben lieben, von ganzem Herzen, mit allen Kräften, mit all deinem Mut,
und deinen Nächsten wie dich selbst.

Kapitel V
Leidenschaft

Durch die Leidenschaft lebt der Mensch, durch die Vernunft existiert er bloß.
Nicolas de Chamfort

In jedem Menschen brennt das Feuer des Lebens. Manche leben wie eine Kerze, die geschützt in einem Glas steht. Ihre Flamme leuchtet beständig und gleichmäßig, nichts bringt sie aus der Ruhe. Andere wiederum brennen wie ein Feuer im Wind. Ihr Leben ist voller Leidenschaft.

Der Meister der Liebe sprach zu seinen Schülern: »Nur wer bereit ist, sein Leben zu verlieren, wird es auf ewig gewinnen.« Der Meister der Liebe lehrte sie, dass nur der Mensch etwas bekommen kann, der auch bereit ist, etwas zu geben, dass nur der Mensch alles bekommen kann, der bereit ist, alles zu geben. Der Meister der Liebe erklärte, dass nur der Freude empfinden kann, der vor dem Leiden nicht zurückschreckt.

Das heißt nicht, dass ich leiden muss oder leiden werde. Aber ich muss bereit sein zu leiden, wenn ich es mit mir und meinem Leben ernst meine. Sofern ich nicht bereit bin, für eine Sache zu leiden, ist sie nicht meine Sache. Bin ich nicht bereit, für eine Ehe zu leiden, ist sie nicht meine Ehe. Bin ich nicht bereit, für eine Partnerschaft zu leiden, ist sie nicht meine Partnerschaft. Bin ich nicht bereit, für einen Beruf zu leiden, ist er nicht mein Beruf. Bin ich nicht bereit, für eine Wahrheit zu leiden, ist sie nicht meine Wahrheit.

Kürzlich traf ich auf dem Büroflur eine Mitarbeiterin, die vor etlichen Jahren einen Schlaganfall erlitten hatte. Sie erzählte mir, dass sie trotz ihres Handicaps niemals auf ihren Führerschein verzichten wollte, weil sie wahnsinnig gern Auto fährt. Und dann sagte sie die Sätze, die ich mir an diesem Tag hinter die Ohren schreiben musste: »Was ich auch tue, ich tu's mit Leidenschaft, in der Arbeit, in der Familie, in der Freizeit. Ich habe festgestellt, dass weniger schiefläuft, wenn man alles mit Leidenschaft erledigt.«

Mit diesen Worten erteilte sie mir eine Lektion, ohne es zu wissen. Denn seit ich Reiki-Lehrer bin, hadere ich mit meiner Arbeit als Polizist. Mein Bestreben seit zehn Jahren ist, eines Tages nicht mehr meinen Beruf ausüben zu müssen, um mich stattdessen mehr meiner Berufung widmen zu können. Für meine Arbeit als Reiki-Lehrer und Autor bin ich bereit, alles zu geben. Und in diesem Bereich meines Lebens bekomme ich auch viel zurück. Viel Freude und Liebe. In meinem Beruf bin ich nicht mehr bereit, alles zu geben. Und folgerichtig erhalte ich in diesem Bereich meines Lebens auch wenig zurück. Wenig Freude und wenig Liebe. Als Polizist zu sein noch meine

Leidenschaft war, hat mich dies erfüllt. Heute ist es anders.

Die Worte meiner Kollegin machten mir wieder bewusst, dass auch mein Beruf ein Teil meines Lebens ist. Wie könnte mein Herz ganz erfüllt werden, wenn ich einen Teil meines Lebens nur mit halbem Herzen lebte? Noch brauche ich den Job, um meinen Unterhalt zu finanzieren. Er ermöglicht mir, in meiner Freizeit das zu tun, was mir Spaß macht. Vielleicht würden mir meine Seminare nicht mehr so viel Freude bereiten, wenn ich davon leben müsste. Heute ist es so, dass ich mich über jede Anmeldung eines Teilnehmers freue. Doch wäre es nicht tragisch, wenn mal ein Seminar mangels Nachfrage nicht stattfände.

Leidenschaft bedeutet, auch die unangenehmen Seiten meines Lebens anzunehmen. Ich bin bereit, alles Notwendige für mich und meine Sache zu tun, auch die Aufgaben zu erledigen, die mir mehr Last sind, als dass sie Freude bereiten. Das Lästige, aber Unerlässliche ist der Teil meiner Freude, der mein Leiden schafft. Ich neige dazu, manche Angelegenheiten schnell zu erledigen, damit ich Zeit für andere Aufgaben habe. »Ich mache schnell das Katzenklo, dann hab ich's hinter mir.« Mit der gleichen Einstellung versucht man, eine lästige Fliege zu verscheuchen. Wer zu viele Arbeiten mit dieser Einstellung erledigt, lebt oberflächlich. Leidenschaft jedoch ist niemals oberflächlich. Wer sein Leben passioniert lebt, geht tief hinein in die Erfahrungen des täglichen Daseins. Ein Mensch voller Leidenschaft lebt intensiv.

Wir sind kreative Wesen. Unsere Bestimmung ist das Kreieren. Das Erschaffen von Freude und Liebe. In uns selbst und damit verbunden in anderen. Es ist ein Akt der Nächstenliebe, in sich selbst Freude und Liebe zum Leben zu erwecken. Es fällt schwer, sich an einem freudlosen Menschen zu erfreuen. Es fällt schwer, einen lieblosen Menschen zu lieben.

Leidenschaft bedeutet nicht, ernst zu sein. Aber es bedeutet, es ernst zu meinen mit dem, was man tun, was man erschaffen möchte. Leidenschaft bedeutet, es mit sich selbst und seinem Leben ernst zu meinen.

Mach in den nächsten Tagen Nägel mit Köpfen! Tu etwas, was du schon länger tun wolltest. Du hast es bislang vor dir her und immer wieder aufgeschoben. Doch nun handelst du. Du zeigst Gott, der Welt und dir selbst durch dein Tun, dass du es ernst meinst.

Frag dich: Hat es sich gelohnt?

Blick einmal zurück auf dein bisheriges Leben.
Schau auf die Vergangenheit.

Vieles hast du erlebt, vieles hast du getan.
Du hast nicht nur Freude, sondern auch Leid erfahren.

Du hast sowohl Kummer als auch Schmerz empfunden.
Und manchmal warst du an der Grenze deiner Kraft.

Und nun frag dich:
Hat es sich gelohnt?

Hingabe statt Anziehung

In den letzten Jahren sind gute Bücher erschienen, die den Menschen das fundamentale Gesetz der Anziehung wieder bewusst machen. »Wie innen, so außen«, lautet die wahre Botschaft, die offenbar bei vielen in Vergessenheit geraten ist. Menschen, die bisher glaubten, Opfer willkürlicher Ereignisse und Umstände zu sein, konnten mit Hilfe dieser Bücher von ihren einschränkenden Glaubenssätzen befreit werden. »Du hast es selbst in der Hand«, ist die wahre Botschaft, die auch ich in meinen Seminaren vermittle. Doch ist es nicht sinnvoll, seine Ausstrahlung zu verändern, *um* etwas zu erreichen. Das ist erfolgsorientiert und daher nicht immer gut. Ändere *einfach* deine Ausstrahlung ohne Ehrgeiz und Erfolgsstreben, und du ziehst an, was auch zu dir kommen soll – das ist eine bessere Anwendung dieser Technik. Das Gesetz der Anziehung wirkt so, wie es in den Büchern beschrieben steht. Kein Wort darin ist falsch. Doch können viele damit nicht umgehen. Für manche ist es auch die falsche Medizin. Zum Beispiel für mich. Ich bin in manchen Bereichen sehr ehrgeizig. Dieser Ehrgeiz tut mir nicht gut. Die Technik, nun gewollt Gegenstände oder Erfahrungen anzuziehen, ist für mich Gift. Ich brauche eine andere Medikation, die auf den Prinzipien des Loslassens beruhen. »Kapituliere!

Lass es einfach geschehen«, lautet meine Medizin. Es gilt, auch das Gesetz der Anziehung einfach geschehen zu lassen. Schließlich ist es nur ein Paragraf von vielen im Gesetzbuch des Göttlichen.

Wer mit Hilfe einer Technik etwas in sein Leben heranziehen möchte, richtet damit seine Achtsamkeit auf den Mangel. Auch wenn man so tut, als ob es schon da wäre – wie es die Ratgeber empfehlen –, weiß das Unterbewusstsein dennoch, dass es noch nicht da ist. Gerade der Versuch, »so zu tun, als ob«, ist Ausdruck dessen, dass es in Wahrheit noch gar nicht da ist. Zudem beruhen die meisten Bestellungen beim Universum auf alten Bildern. Kaum jemand ordert das Unbekannte. Jeder will das, wovon er glaubt, dass es ihn glücklich machen würde. Richte ich meine Achtsamkeit auf alte Bilder, verharre ich in meiner Vergangenheit. Mit meinen Vorstellungen blockiere ich die Zukunft. Die Bilder stehen vor mir und verhindern, dass ich weitergehen kann. Die Sperre ist so wirkungsvoll, dass selbst das, was zu mir kommen will, nicht anlangen kann. Dabei können nur neue Bilder mein Leben spannend machen. Und neue Bilder stehen nicht in alten Katalogen.

Das Gesetz der Anziehung wirkt zu meinem Wohle nur gemeinsam mit dem Gesetz der Hingabe. »Hingabe« ist ein anderes Wort für »Leidenschaft«. Wer etwas wirklich will, ist auch bereit, dafür Opfer zu bringen. Leidenschaft ist ein Gefühl. Mit schönen Gedanken allein kann ich meine Realität nicht erschaffen. Zuerst muss der Drang da sein, der Drang, etwas zu tun, etwas zu erschaffen. Dann erst, im zweiten Schritt, entsteht aus dem Drang die Vision, das innere Bild. Nun kommt es darauf an, das Bild, die Vision, nicht durch negative Gedanken zu zerstören. Wer die Vision hingegen mit befreienden Gedanken stärkt (»Ich will es, ich kann es, ich darf es«), bringt sie in Form. Die Vision formiert sich, manifestiert sich und wird zur Lebenserfahrung.

Visionen ohne Gefühlsuntergrund sind reine Kopfbilder, die vom Lebensziel der Seele wegführen und auch dann, wenn sie sich manifestieren sollten, den Menschen nicht glücklich machen können. Wer auf das Bekommen aus ist, lebt die nehmende Energierichtung. Buddha und Jesus lehrten ihre Schüler nicht das Gesetz der Anziehung (das sie zweifelsohne kannten), sondern brachten ihnen die Botschaft der Hingabe. Sie sagten, es komme nicht so sehr darauf an, bestimmte Produkte oder Umstände in sein Leben heranzuziehen, sondern darauf, sich seinem Leben hinzugeben. Hingabe ist die Gegenrichtung der Anziehung. In diesem Sinne sind auf der spirituellen Autobahn zur Zeit viele Geisterfahrer unterwegs. Hingabe ist die Bereitschaft, seine Lebensaufgabe anzunehmen und nicht gegen sie anzukämpfen.

Das Gleichnis von Jesus in der Wüste handelt von der Versuchung. Der Teufel zeigte ihm alle schönen und prächtigen Reichtümer, die auf Jesus warteten. Er brauchte nur Ja zu sagen. Er hat aber nicht Ja gesagt zu der Möglichkeit, sich ein tolles Leben zu erschaffen, sondern er hat Ja dazu gesagt, sich seinem Leben hinzugeben. Dem Leben, für das er bestimmt war. Er hat Ja gesagt zu der Aufgabe, für die er die Reise in sein körperliches Leben angetreten ist. Und wenn du Ja zu der Aufgabe sagst, dann wird all das zu dir kommen, was für dich bestimmt ist. Die Lilien auf dem Feld leben das Leben, das für sie bestimmt ist. Und Gott sorgt für sie. Die Vögel am Himmel leben das Leben, das für sie bestimmt ist. Und Gott sorgt für sie. Kein Kaiser trägt schönere Kleider als die Lilien auf dem Feld, sagte Jesus.

Die Kaiser von damals sind die Erfolgsmenschen von heute. Viele werden nun bestärkt, nach noch mehr Erfolg zu streben. Mancher lädt mit Hilfe von mehr oder weniger geheimen Anziehungstechniken Gäste in sein Haus. Die Frage ist jedoch, ob die Gäste auch kommen *wollen*? Ein Besucher, der nicht freiwillig da ist, wird dem Gastgeber keine wahre Freude bereiten können.

Gott ist mit den Tüchtigen

Die Sehnsucht will mein Dasein mit Inhalt erfüllen, die Leidenschaft gibt mir die Kraft, meinen Willen in die Tat umzusetzen. Alles Leben strebt nach Werterfüllung. Wenn ich mein Leben nicht mit Inhalt fülle, erfüllt es mich. Es gibt kein Vakuum. Wenn ich meinen Lebensinhalt nicht erschaffe, konfrontiert mich das Leben eben mit dem Inhalt, den es selbst erschafft. Wenn ich es nicht mit Freude fülle, dann füllt es mich halt mit Leid.

Das Leben selbst unterscheidet nicht zwischen Gewinnern und Verlierern. Jede Erfahrung zählt gleichermaßen.

Das Leben strebt danach, sich selbst zu erfahren, sich selbst zu spüren. Ihm ist es egal, ob ich als lebendiges Wesen Freude oder Kummer, Liebe oder Hass, Glück oder Schmerz empfinde. Das Leben selbst hat nur ein Ziel: Es will empfinden. Sein Sinn besteht nicht darin, so viel Angenehmes wie möglich oder, wie mancher religiöser Eiferer glaubt, Unangenehmes zu erfahren. Im Himmel werden keine Noten verteilt. Aber der Himmel gibt denen Hilfestellung, die es mit sich und ihrer Wahrheit ernst meinen. Er unterstützt die Tüchtigen, die ihr Leben selbst erfüllen.

Gottvertrauen ist nicht der feste Glaube an das Gelingen. Gottvertrauen kann durchaus auch mit Ängsten und Zweifeln verbunden sein. Das Gegenteil von Vertrauen ist das Misstrauen, nicht der Zweifel. Wer zweifelt, ist sich nicht sicher, ob alles nach seinen Wünschen läuft. Wer misstraut, ist sich fast sicher, dass nicht alles seinen Vorstellungen entspricht. Ich kann auf Gott vertrauen und dennoch daran zweifeln, dass das Ergebnis meines Handelns meinen Hoffnungen entspricht. Gottvertrauen bedeutet, es trotzdem zu tun. Ich vertraue darauf, dass ich nicht allein bin und notfalls aufgefangen werde, wenn ich scheitere.

Das Göttliche hilft denen, die »es« *trotzdem* machen, und zwar mit Leidenschaft: trotz der (vermeintlich) ungünstigen Umstände, trotz aller Hindernisse. Das Göttliche trägt die, die keine Bedingungen stellen. Das Göttliche macht keine Deals. Verträge nach dem Motto

»Wenn …, erst dann …« sind mit ihm nicht zu schließen. Gott lässt sich auf keinen Handel ein, er macht Geschenke. Geschenke kann man nicht einfordern. Gott schenkt aus freien Stücken, auf Forderungen reagiert er nicht. Wer es aber ernst meint mit seinen Vorhaben, führt sie durch, egal, wie die Umstände sich darstellen. Zeige ich dem Göttlichen auf diese Weise meine Ernsthaftigkeit, hilft es mir. Es richtet dann die Umstände meinen Absichten gemäß ein.

Doch ich muss die Vorleistung bringen, nicht das Göttliche. Gott ist mit den Tüchtigen.

Sieh einmal, wo und wann in deinem Leben du den Umständen getrotzt hast.
Sieh einmal, wo und wann in deinem Leben du dich durchgesetzt hast.
Sieh einmal, wo und wann in deinem Leben du dich nicht hast beirren lassen.
Sieh einmal, wo und wann in deinem Leben du dir selbst mehr als anderen getraut hast.
Sieh einmal, wo und wann in deinem Leben du dich getraut hast.
Sieh einmal, wo und wann in deinem Leben du dich selbst gelebt hast.

Ein Teilnehmer meiner Kurse sagte einmal, er habe in seinem Leben grundsätzlich alles »trotzdem« gemacht. Er habe immer das Gegenteil von dem getan, was andere von ihm erwarteten.

Trotz ist aber keine Lebenseinstellung. Es geht hier nicht darum, es immer »anders« *als andere* zu machen. Es geht vielmehr darum, es immer auf die *eigene* Weise zu tun, unabhängig davon, *wie andere* es machen. Wer stets das Gegenteil dessen tut, was ein Dritter erwartet, orientiert sich ebenso an diesem wie derjenige, dessen Handeln immer den Erwartungen eines anderen entspricht. Der »grundsätzlich Trotzige« ist genauso angepasst wie der »grundsätzlich Hörige«.

Colin Dedekind war ein Sangoma, ein Medizinmann aus Südafrika – ein außergewöhnlicher Medizinmann, denn im Gegensatz zu den meisten anderen Sangomas hatte er eine weiße Hautfarbe. Colins Ahnen waren Deutsche; sein Urgroßvater war als Missionar nach Südafrika ausgewandert und hatte dort eine christliche Gemeinde gegründet. In dem Dorf leben heutzutage neben den einheimischen Zulus viele Weiße deutscher Herkunft. Die meisten von ihnen betrachten die Zulus als Menschen zweiter Klasse. Im Gegensatz zu »ihrem« Christentum halten sie den Glauben der Zulus für Aberglauben, und deren Zeremonien empfinden sie als Hokuspokus.

Nicht so Colin. Er war offen für beide Traditionen und fühlte sich als Jugendlicher von den Lehren der einheimischen Sangomas angezogen. Er wurde von den Zulus aufgenommen und absolvierte bei ihnen eine mehrjährige Ausbildung, bis er selbst ein Sangoma war.

Colin erregte Aufsehen über die Grenzen seines Dorfes hinaus. Ein Fernsehteam der ARD drehte einen Film über ihn, der bereits mehrfach unter dem Titel »Weißer Mann – schwarze Kunst« im Deutschen Fernsehen ausgestrahlt wurde. Karina und ich lernten Colin 2001 persönlich kennen. Der Kontakt war über eine Seminarteilnehmerin hergestellt worden, die Colin kannte und ihn nach Deutschland eingeladen hatte. Colin war noch nie zuvor in dem Land seiner Ahnen gewesen. Während seines ersten – und, wie sich später herausstellen sollte, auch letzten – Aufenthalts in Deutschland kam er zweimal zu uns nach Hause. Er war eine beeindruckende Persönlichkeit und der Schwarm aller Frauen: Er war 24 Jahre jung, zwei Meter groß und hatte lange blonde Haare. Bei seinem ersten Besuch kam er in Jeans und Lederjacke und fragte zunächst, wo er sich umziehen könnte. Wir zeigten ihm unser Arbeitszimmer und den Meditationsraum, in dem er anschließend vor geladenen Gästen einen Vortrag halten sollte. Als die Gäste kamen, trug Colin seine Sangoma-Tracht.

Der Abend war für alle beeindruckend. Colin machte die große Show, er räucherte wie wild mit fürchterlich riechendem Kraut, warf Knochen und gab vielen Zuhörern eine persönliche Botschaft.

Bei seinem zweiten Besuch eine Woche später waren wir nur ein kleiner Kreis. Karina und ich hatten die Gelegenheit, ausführlicher und persönlicher mit ihm zu sprechen. Dabei sagte er, dass er sich auch zum christlichen Glauben zugehörig fühle und unbedingt einmal in seinem Leben das Land seiner Väter aufsuchen wollte. Als er spätabends unsere Wohnung verließ, verabredeten wir, dass er uns ein Jahr später wieder besuchen würde. Dazu kam es nicht mehr. Wieder in Südafrika, starb Colin vier Wochen nach seiner Rückkehr infolge eines Autounfalls. Er war allein mit seinem Hund unterwegs, als der Wagen von der Fahrbahn abkam. Colin war wohl auf der Stelle tot, sein Hund auf dem Beifahrersitz blieb unverletzt.

Die christliche Gemeinde in seinem Dorf verweigerte Colin einen Platz auf dem Friedhof, den einst sein Großvater angelegt hatte und auf dem auch sein Vater beerdigt war. In den Augen der meisten Gemeindemitglieder war Colin ein Abtrünniger, obwohl etliche von ihnen sich mit ihren gesundheitlichen Beschwerden auch an ihn gewandt hatten. Nur wenige gaben vor den Fernsehkameras zu, dass Colin ihnen mit seinen Heilkräutern und Gebeten geholfen hätte. Die meisten Christen zeigten sich empört über das schwarze Schaf der Gemeinde. Colins Mutter erklärte dem Filmteam, dass er manchmal traurig war angesichts der Intoleranz der weißen Dorfbewohner, von denen etliche mit ihm verwandt waren. Doch er hatte den Mut, seiner Wahrheit zu folgen, ohne sich von anderen beirren zu lassen. Colin war bereit gewesen, für seine Wahrheit auch zu leiden.

Einige Monate später war ich bei Erich, einem spirituellen Medium, von dem im nächsten Kapitel noch die Rede sein wird. Während der Sitzung erzählte er mir von einem jungen Mann aus der geistigen Welt, der sich ab und an in unserem Meditationsraum aufhalten und dort beten würde. Aufgrund der Beschreibung musste ich an Colin denken. Erich sagte weiter, wir sollten eine Sonnenblume in die hintere rechte Ecke des Raums stellen. Erich kannte Colin nicht, ich hatte ihm auch nichts von dessen Besuch bei uns erzählt. Er konnte also nicht wissen, dass Colin bei seinem Vortrag genau dort gesessen hatte.

Als ich wieder zu Hause war, riefen Karina und ich die Seminarteilnehmerin an, über die wir Colin kennengelernt hatten. Sie sagte, dass er, immer wenn er in Südafrika jemanden besuchte, den Gastgebern als Dank für die Einladung eine Sonnenblume mitbrachte.

Tu in den nächsten Tagen etwas »trotzdem«. Tu, was du tun möchtest, obwohl die Umstände nicht günstig sind.

Trennung und Leiden

Das Gefühl der Trennung verursacht Leid. Ein einsamer Mensch darbt, weil er sich getrennt von anderen fühlt. Wer hingegen »all-ein« ist, fühlt die Verbindung zu sich und anderen. Er ist der Mittelpunkt der Welt.

Wenn der Verstand trennt zwischen »Das muss ich tun« und »Das (andere) will ich tun«, leidet das Herz. Verbinden sich hingegen »Müssen« und »Wollen«, vermehren sich meine glücklichen Momente.

Nach buddhistischer Lehre führen Gier, Hass und Intoleranz ins Leid. Die Gier trennt mich von dem, was ich nicht habe, der Hass trennt mich von der Liebe, die Intoleranz trennt mich von dem, was ich nicht dulde. Doch ich bin der Boss: Ich kann entscheiden, ob ich gierig oder dankbar sein will, ob ich hassen oder lieben will, ob ich akzeptierend oder unversöhnlich sein will.

Nach christlichem Glauben ist es die Sünde, die ins Leiden führt. Ein sündiges Leben trennt mich von der himmlischen Glückseligkeit. Der Begriff »Sünde« bedeutet »Verfehlung«. Ich verfehle Gott, meine Wahrheit und mich selbst. Ich bin nicht wach, nicht anwesend, höre deshalb die Stimme des Göttlichen nicht in mir, die meine Wahrheit spricht. Die Sünde trennt mich von meiner Wahrheit.

Die Furcht vor dem Tod verursacht Leid. Die Überwindung der Angst besteht in der Erkenntnis, dass Leben und Tod in Wahrheit eins sind. Der Glaube an eine Weiterexistenz des »Ich« nach dem körperlichen Tod ist das Fundament einer jeden Religion. Ein Trost für Angehörige ist der Glaube, mit dem geliebten Menschen auch nach dessen Tod weiterhin verbunden zu sein. Wer an die unwiderrufliche Auslöschung des Lebens durch den Tod und somit an die unüberwindbare Trennung zwischen den Lebenden und den Toten glaubt, leidet vermutlich mehr als der, der die Hoffnung auf ein Wiedersehen in sich trägt. Carlos Castaneda beschreibt in einem seiner Bücher den Tod als Person mit zwei Gesichtern. Das eine Gesicht ist der Totenkopf, das andere Gesicht ein weiser Mann mit weißem Bart. Das erste ist abschreckend, das zweite vertrauenerweckend. Castaneda beschreibt den Tod als Gefährten, der den Menschen ständig begleitet. Immer ist der Tod bei mir, jederzeit kann er mich auf seine Seite ziehen. Er ist ein mächtiger Gefährte, er hat die Macht, mich in jedem Moment aus meiner gewohnten Erfahrung zu reißen. Das Wissen, dass mich der Tod auf Schritt und Tritt begleitet, ist durchaus furchterregend. Andererseits liegt darin auch eine Chance: Wenn ich einen solch machtvollen Begleiter an meiner Seite habe, kann ich ihn auch um Rat fragen. Und eines ist laut Castaneda gewiss: Der Tod wird mir keine Belanglosigkeiten erzählen, er wird mir vielmehr das Wesentliche aufzeigen. Er wird mich lehren, mit Leidenschaft im Augenblick zu leben. Denn sobald er mich auf seine Seite zieht, habe ich in diesem Leben keine Zukunft mehr.

Es gibt keinen intensiveren Moment als den jetzigen Moment. Erinnerungen verblassen, Zukunftsträume können sich in Wohlgefallen auflösen. Der aktuelle Augenblick aber ist immer da. Im Hier und Jetzt verbinden sich Vergangenheit, Gegenwart und Zukunft zur Ewigkeit. Solange ich denke: »Früher war es besser«, trenne ich meine Vergangenheit von der Gegenwart. Solange ich hoffe: »Eines Tages werde ich glücklich sein«, trenne ich meine Zukunft von der Gegenwart. Vergangenheit und Zukunft sind beliebte Fluchtorte für Menschen, die die Intensität der Gegenwart nicht aushalten können.

Durch Meditation kann man lernen, im Hier und Jetzt zu leben. Durch Meditation wird man stärker, so stark, dass man den Augenblick ertragen kann. Viele Meditationstechniken beruhen auf der Achtsamkeit des Atems. Immer dann, wenn ich auf meinen Atem achte, bin ich bewusst im jetzigen Moment. Die Beachtung des Atems verbindet mich mit dem Hier und Jetzt.

Achte auf den Fluss deines Atems. Mach dir bewusst:
Jeder Moment ist ein Kraftwerk für den nächsten Moment.
Es gibt keinen Stillstand und keine Endzeit.
Spür die Energie des Augenblicks.
Verbinde dich mit dem Kraftwerk des jetzigen Moments.

Blind Date

Jedes körperliche Leben ist eine Reise, die in der geistigen Welt beginnt und dort auch wieder endet. Ein Rundtrip sozusagen. Die Seele geht auf große Fahrt, um das Abenteuer des Lebens mit Leidenschaft zu erfahren.

So auch du auf deiner Reise.

Für jede Seele wird exklusiv ein eigenes Programm zusammengestellt, das ihren Wünschen und Bedürfnissen entspricht. Sobald die Seele die Reise angetreten hat, vergisst sie, was sie gebucht hat. Sie reist vermeintlich ins Unbekannte, weiß nicht, was sie erwartet.

So auch du auf deiner Reise.

Die Seele vergisst ebenso, was hinter ihr liegt, sie vergisst, wo ihr Zuhause ist und was sie dort zurückgelassen hat. Sie erhält die Gelegenheit, alles Unangenehme und Sorgenbehaftete hinter sich zu lassen. So weit hinter sich, dass sie sich nicht daran erinnern kann.

So auch du auf deiner Reise.

Aber dafür muss sie ebenso das Angenehme und Liebgewonnene zurücklassen. So weit hinter sich, dass sie sich nicht daran erinnern kann. Das Einzige, was die Seele auf ihrer Reise sicher weiß, ist, dass sie wieder zurückkehren wird.

So auch du auf deiner Reise.

Die Seele begegnet alten Freunden, die zur gleichen Zeit ebenfalls auf Reisen sind. Sie hat zuvor Verabredungen getroffen, die immer eingehalten werden. Alle wissen: Wir werden uns nicht erinnern, aber wir werden uns erkennen.

So auch du auf deiner Reise.

Manchen bist du schon begegnet. Ihr wart verabredet. Ihr habt euch nicht erinnert, aber ihr habt euch erkannt. Andere werden noch kommen. Ihr seid verabredet. Ihr werdet euch nicht erinnern, aber ihr werdet euch erkennen.

So auch du auf deiner Reise.

Der Körper ist das Gewand der Seele, das sie für ihre Reise ausgewählt hat. Auf jeder Reise trägt die Seele ein anderes Gewand. In jedem Leben siehst du anders aus. Doch was immer gleich sein wird, was sich niemals verändern wird, ist der Ausdruck deiner Augen. Die Augen sind die

Fenster der Seele. An den Augen erkennt die Seele ihre alten Freunde wieder.

So auch du auf deiner Reise.

Kapitel VI
Entschlossenheit

Fang heute an, kühn zu handeln. In dem Moment, wo du dich einer Sache wirklich verschreibst, rückt der Himmel in deine Reichweite!

Johann Wolfgang von Goethe

Ich habe den Schlüssel. Den Schlüssel der katholischen Kirche St. Marien in Schillig. Ich erhielt ihn vor fast zehn Jahren von Jens, dem Priester der Gemeinde. Er war offen für die Inhalte meiner Seminare und ließ es all die Jahre zu, dass ich mit meinen Gruppen in der Kirche meditiere und tanze. Der Schlüssel ist für mich das Symbol der Erlaubnis, in dem katholischen Gotteshaus Reiki-Einweihungen durchzuführen. Im Jahr 2006 erfuhr ich, dass Jens in eine andere Gemeinde innerhalb des Bistums Münster versetzt werden und ein neuer Priester kommen sollte. Als ich die Mitteilung erhielt, überfiel mich sofort die Sorge, ob ich »meinen« Kirchenschlüssel behalten dürfte. »Wie wird der Nachfolger darüber denken?«, fragte ich mich. »Wie viele katholische Priester mag es geben, die in ihrer Kirche Reiki-Einweihungen zulassen?«

Es war Juli, und der neue Priester sollte im Oktober seinen Dienst antreten. Ich hatte also noch etwas Zeit. Als alter Kriminalbeamter beschloss ich, in der Sache weiter zu ermitteln. Ich fuhr nach Schillig in der Hoffnung, vor Ort Informationen über den zukünftigen Priester zu erhalten. »Was ist das für ein Typ? Wie ist er drauf?« Die Antworten auf diese Fragen sollten mir einen Weg aufzeigen, wie ich den Schlüssel der Kirche behalten könnte.

Mein erster »Zeuge« war Jens. Doch er konnte mir nichts Wesentliches über seinen Nachfolger sagen. Nur so viel: Er heißt Lars und war früher evangelischer Pfarrer, bevor er zum katholischen Glauben konvertierte. Diese Information beeindruckte mich. Auch ein evangelischer Pfarrer muss wieder die Schulbank drücken, wenn er katholischer Priester werden will. Zudem nimmt er in Kauf, dass nicht all seine evangelischen Freunde diesen Schritt gutheißen. Dazu gehören Entschlossenheit, Mut und Leidenschaft.

Mein erstes Ermittlungsergebnis verhieß demnach nichts Gutes. Nach meiner Erfahrung sind viele Konvertiten Fundamentalisten. Der Glaube an eine neue Wahrheit muss groß sein, bevor man die alte aufgibt. Der neue Glaube braucht ein tragendes Fundament. Auch der Apostel Paulus war ein Konvertit. Allein ihm ist es zu verdanken, dass sich das Christentum über den ganzen Erdball ausbreiten konnte. Vor seiner »Umschulung« vom Saulus zum Paulus hatte er mit der gleichen Leidenschaft die Christen verfolgt. Als Saulus fanatisch, als Paulus fanatisch … Ein katholischer Eiferer würde mir den Schlüssel mit Sicherheit aus den Händen reißen, dachte ich.

Schillig ist ein Paradies für Nordseeurlauber. Die katholische Gemeinde dort engagiert sich sehr in der Touristenseelsorge. Jens führte ebenso Kneipengottesdienste wie Meditationen am Strand durch. Da ich meine spirituelle Dienstreise mitten in den Sommerferien angetreten hatte, war auch diesmal viel los. In der Begegnungsstätte der Gemeinde sollte am nächsten Abend eine Veranstaltung stattfinden, bei der jedermann die Gelegenheit bekam, sich zehn Minuten lang vor Publikum zu präsentieren. »Ab in die Mitte« hieß das Programm. Wer wollte, konnte auf einem Stuhl im Zentrum des Zuhörerkreises Platz nehmen und etwas vortragen, -singen oder -spielen. Jens fragte mich, ob ich nicht Lust hätte, die Veranstaltung mit einer kleinen Lesung aus meinem ersten Buch zu eröffnen. Da ich nur selten eine Gelegenheit auslasse, für meine Sache zu werben, sagte ich zu. Am nächsten Abend waren knapp zwanzig Menschen in der Begegnungsstätte. Aus den ursprünglich geplanten zehn Minuten, die ich lesen wollte, wurde eine halbe Stunde. Nachdem ich meinen verdienten Applaus eingesackt hatte, setzte ich mich zu den Zuhörern in den Kreis.

Ein älterer Herr stand auf, ging in die Mitte und setzte sich auf den Stuhl. »Ich möchte euch eine Geschichte von Petrus im Himmel erzählen«, begann er seinen Vortrag. Und dann sprach er von einem gutmütigen älteren Herrn, der im Himmel auf seinem Sessel sitze und ab und an von den Engeln geärgert werde. Sie meinten es aber nicht böse, seien einfach nur lebenslustig, und auch Petrus, mittlerweile weise geworden, nehme ihnen ihre Streiche nicht übel. Nun ist er nicht nur weise, sondern auch ein wenig müde geworden. Die Tätigkeit eines Türstehers ist anstrengend, und man darf nicht vergessen, dass Petrus diesen Job bereits seit zweitausend Jahre macht. Das geht nicht spurlos an einem vorbei. Eines Tages also, nachdem er wieder mal in seinem Sessel eingedöst ist, stehlen die kleinen Engel ihm den Schlüssel für die Himmelspforte. Mit dem Schlüssel öffnen sie die Tür und begeben sich hinab auf die Erde. Dort toben sie herum und verlieren den Schlüssel …

Spätestens an dieser Stelle wurde ich hellhörig. Ich bin hier, weil ich Angst habe, den Schlüssel für die Kirche zu verlieren, dachte ich. Mir wurde klar, dass dieser Mann, ohne es selbst zu wissen, die Geschichte nur für mich erzählt. Aufmerksam hörte ich weiter zu.

Nach vergeblicher Suche kehren die Engel durch die – Gott sei Dank – noch geöffnete Pforte in den Himmel zurück, wecken den in seinem Sessel schlafenden Petrus auf und beichten ihr Missgeschick. Kopfschüttelnd erhebt sich der alte Apostel und begibt sich nun persönlich nach unten auf die Erde. Dort sucht er ein Feld mit Schlüsselblumen auf, pflückt eine Blume, führt sie an seinen Mund, flüstert ein Wort, und – »Pling!« – hält er den goldenen Schlüssel der Himmelspforte in seinen Händen. Niemand weiß, welches Wort Petrus zu der Blume gesprochen hatte, damit diese sich in einen echten Schlüssel verwandelte, beendete der Herr in der Mitte die Geschichte. Dann stand er auf und setzte sich zu den Zuhörern in den Kreis. Ich hatte für den Augenblick meine Sprache verloren, aber Erkenntnis gewonnen. Denn ich wusste, welches Wort der alte Meister ausgesprochen hatte. Mir war klar geworden, dass ich keine komplizierte Strategie austüfteln musste, um mein Anliegen durchzusetzen, sondern dass ich einfach nur »ent*schloss*en« den neuen Priester aufsuchen und »Bitte« sagen sollte.

Im Oktober bat ich Lars also um ein Gespräch. Da sein Büro bis unter die Decke mit Umzugskartons voll stand, gingen wir in die Kirche. Dort erzählte ich von meinen Seminaren. Ich sprach über Meditation, Reiki und Religion. Ich führte aus, dass die Menschen den christlichen Kirchen davonlaufen und in die Esoterik flüchten würden. Ich hingegen würde sie auf den esoterischen Kongressen wieder einsammeln und zurück in die Kirche führen. Lars hörte schweigend zu. Ich hörte nicht auf zu sprechen und dachte: »Peter, du redest dich hier um Kopf und Kragen.« Zum Schluss sagte ich, dass der Höhepunkt meiner Seminare die Meditation und das Tanzen am Samstagabend in der Kirche sei und dass ich ihn darum bitten möchte, dies auch weiter tun zu dürfen.

»Sie sind dazu herzlich eingeladen«, antwortete er.

Frag dich: Welche Entscheidungen habe ich getroffen?

Welche Entscheidungen habe ich in der letzten Zeit getroffen?
Welche Entschlüsse habe ich gefasst?

Und
welche Entscheidungen habe ich nicht getroffen?
Welche Entschlüsse stehen noch aus?

Und
welches Problem beschäftigt mich zur Zeit, für das es keine Entscheidung gibt?
Welche Sorge bedrückt mich, für die es scheinbar keine Lösung gibt?

Schlüssel für das Himmelreich

»Ich will dir des Himmelreichs Schlüssel geben: Alles, was du auf Erden binden wirst, soll auch im Himmel gebunden sein; und alles, was du auf Erden lösen wirst, soll auch im Himmel los sein.«

Dieser Text aus dem Matthäusevangelium war nicht nur an den Apostel Petrus gerichtet, sondern beschreibt ein göttliches Gesetz, das für alle Menschen gilt. Jedermann hat den Schlüssel, mit dem er die Türen zu seinem Himmelreich öffnen oder verschließen kann. Eine Tür kann von innen wie von außen geöffnet oder verschlossen werden. Das gilt für die Türen in meiner Wohnung ebenso wie für die in meinem Herzen. Ich kann mich innerlich öffnen oder verschließen, kann Gefühle zulassen oder unterdrücken. Und ich kann im Außen agieren, mit meinen Worten und Taten Probleme lösen oder auch Probleme schaffen.

Jede meiner Handlungen ist unwiderruflich. Niemals kann ich eine Tat rückgängig machen, ebenso wenig, wie ich einen gedachten Gedanken, ein gesprochenes Wort für nichtig erklären kann. Zwar vermag ich einem zerstörerischen Gedanken einen aufbauenden hinterherzuschicken, einem verletzenden Wort ein heilendes hinzuzufügen und manchmal eine Tat durch eine nächste auszugleichen, niemals aber wird es mir gelingen, einmal Gedachtes in Nichtgedachtes, einmal Gesagtes in Ungesagtes und einmal Vollbrachtes in Nichtvollbrachtes zu verwandeln. Der Gedanke ist wirklich, das Wort ist wirklich, die Tat ist wirklich. Durch meine Gedanken, Worte und Taten erschaffe ich Wirklichkeiten, angenehme wie unangenehme. Mein freier Wille ermöglicht es mir, mich für den einen oder anderen Gedanken, für das eine oder das andere Wort, für die eine oder andere Tat zu entscheiden. Mein freier Wille ist der Schlüssel für das Himmelreich.

Was ich im Außen bewirke, wirkt auch in meinem Inneren. Rituale funktionieren nach diesem Prinzip: Die äußere Handlung beeinflusst die innere Einstellung. So ist zum Beispiel das Ritual der Beerdigung wichtig für die innere Trauerarbeit eines Menschen. Der Wert der Religionen besteht auch darin, dass sie Rituale für die traurigen wie für die fröhlichen Momente des Lebens vermitteln. Auf diese Weise wirken Religionen therapeutisch. Eine Gesellschaft ohne Rituale läuft Gefahr, an Geist und Seele zu erkranken. Die Finanzkrise seit dem Jahr 2008 war meines Erachtens auch ein Krankheitssymptom einer Gesellschaft, deren heiligstes Ziel wirtschaftliches Wachstum zu sein schien. Mit ihren Predigten gegen vermeintliche Servicewüsten kämpften manche Meinungsführer für Ladenöffnungszeiten rund um die Uhr. Die Sonntage sollten sich nicht mehr von Montagen unterscheiden. Feste Zeiten der Besinnung waren in ihren Augen ein Luxus, den man sich auch wirtschaftlich leisten musste. Dagegen wehrten sich mehr oder weniger erfolgreich die Kirchen, deren Gottesdienste und Rituale bei vielen erst wieder angesagt waren, nachdem sie durch die wirtschaftliche Krise ihren äußeren wie inneren Halt verloren hatten.

Die Wirkung eines Rituals beruht auf dem Bewusstsein der Teilnehmer. Und in dieser Hinsicht haben auch die Kirchen in der Vergangenheit Fehler gemacht. Sie gaukelten den Menschen vor, ihre Rituale wären unverzichtbar für den Eintritt ins Himmelreich. Viele litten unter der Angst, plötzlich vor der Himmelspforte zu stehen, ohne zuvor die Sterbesakramente erhalten zu haben. Als Jugendlicher traf ich auf einen Pfarrer, der tatsächlich die Meinung vertrat, ein ungetaufter Mensch könne nicht in den Himmel kommen. Für ihn war der Glaube an Jesus Christus die einzig mögliche Eintrittskarte für das Paradies. Ich fragte ihn damals, was denn mit den Seelen passiert sei, die vor Jesus Christus gelebt hätten? »Keine Chance«, sagte er. Das ewige Leben gelte nur für gläubige Christen. Gott sei Dank war dieser Pfarrer bereits in meiner Jugendzeit »von gestern«. Gerade religiöse Rituale sollten den Menschen von seiner Angst befreien, statt Ängste zu schaffen.

Rituale, die ohne Bewusstsein und ohne Entschlossenheit durchgeführt werden, verkümmern zur bloßen Disziplin. Viele Disziplinen, die wir im Alltag aufführen, haben wir von anderen übernommen und nicht mehr hinterfragt. Wir sind überzeugt, dass es richtig ist, es so zu tun, wie wir es gelernt haben. Auch dann, wenn uns diese Disziplin nicht guttut. Ich erinnere mich an einen Kollegen, der die Angewohnheit hatte, sämtliche Telefonhörer in seinem Büro mit irgendeinem Chemiezeug zu reinigen, sobald das Telefon von jemand anderem benutzt worden war. Kaum hatte ein Besucher den Hörer aufgelegt, zog er Tuch und Spray aus der Schublade und vernichtete die Bakterien auf dem Telefongehäuse. Bewundernswert war lediglich der Umstand, wie wenig er sich darum scherte, was der andere in diesem Moment dachte. Ich glaube aber, dass auch mein Kollege selbst sein Ritual der Reinigung als zwanghaft empfand. Er war von seiner Disziplin gefangen. Eine Disziplin, die auf Freiwilligkeit beruht, nimmt nicht gefangen, sondern stärkt die innere Freiheit. Meine tägliche Reiki-Übung beispielsweise hilft mir, Entschlüsse zu fassen. Die Disziplin der Meditation führt zur Klarheit. Klarheit ist die Voraussetzung für Entschlossenheit.

Verbinde dich mit einem Problem, das dich beschäftigt, einer Sorge, die dich zur Zeit bedrückt. Nun stell dir einen Schlüssel vor. Noch weißt du nicht, auf welches Schloss er passt. Aber du weißt, es ist der Schlüssel zur Lösung deines Problems. Mit seiner Hilfe kannst du dich entschließen. Du kannst darauf vertrauen, dass dir das Schloss begegnen wird, dann, wenn die Zeit reif ist. Wenn der Zeitpunkt gekommen ist, wirst du vor einer verschlossenen Tür stehen, die dir den Weg versperrt. Und dann erinnere dich: Du hast den Schlüssel.

Wenn du dich entscheidest, siehst du die Tür

Im Jahr 2002 jedoch verhalf mir weniger die Klarheit als vielmehr nebliger Zigarrenrauch zur Entschlossenheit. Zu dieser Zeit befand ich mich in einem Dilemma. Ich hatte den besten Job, den die Polizei bietet. Ich war seit acht Jahren Angehöriger der Zielfahndung, einer Einheit, die weltweit nach Verbrechern fahndet. Zugleich war ich seit drei Jahren Reiki- und Meditationslehrer. Diese Arbeit expandierte. Die Gruppen wurden immer größer und die Anzahl der Seminare immer mehr. Ich wusste nicht, was ich tun sollte. Hätte ich von meiner Arbeit als freiberuflicher Reiki-Lehrer leben können, wäre es mir nicht schwergefallen, bei der Polizei zu kündigen. Das aber war nicht der Fall. Solange ich jedoch dort arbeiten musste, wollte ich nicht in den Innendienst wechseln. Schließlich war ich weit gekommen, nicht jeder Polizist erhält die Chance, in Ausübung seines Dienstes viele Länder zu bereisen.

So beschloss ich, Erich einen Besuch abzustatten. Erich steht in Kontakt zu seinem Geistführer, der so nett ist, auch anderen Menschen Rat zu geben. Im esoterischen Bereich arbeiten viele Scharlatane und ebenso viele, die nicht wissen, dass sie Scharlatane sind. Aber es gibt auch viele seriöse und gute Medien. Erich ist eins von ihnen. Sein Geistführer ist ein Indianer, der die Angewohnheit hat, Zigarre zu rauchen. Sobald Erich den Kontakt zu ihm hergestellt hat, nutzt dieser die Zeit der momentanen Körperlichkeit, um sich eins von den stinkenden Dingern anzuzünden. (Vielleicht ist das der Deal zwischen Erich und seinem Geistführer: Du arbeitest durch mich und darfst dafür Zigarren rauchen, die man in der geistigen Welt aufgrund der geringen Nachfrage nicht kaufen kann …) Von meiner Reiki-Lehrerin Christa, die selbst ein Medium war und über die ich Erich kennengelernt hatte, war ich auf diesen Umstand vorbereitet worden: »Zieh dir alte Klamotten an, wenn du zu ihm gehst. Hinterher riechst du wie eine Zigarrenkiste …«

Die Sitzung war imposant. Während der Filmmusik zu »Der mit dem Wolf tanzt«, die aus großen Boxen erklang, fiel Erich allmählich in Trance. Ich lag mit dem Rücken auf einer bequemen Liege und starrte in dem schwach abgedunkelten Raum zur Decke. Als ich unverständliches indianisches Gemurmel hörte und Zigarrenrauch in sämtliche Poren meiner sieben Chakren geblasen wurde, wusste ich, dass die Kontaktaufnahme zwischen Erich und seinem Geistführer erfolgreich hergestellt war.

»Du sitzt auf einem Platz um ein Lagerfeuer«, begann der Indianer. »Um dich herum sitzen Menschen und hören dir zu.«

Mit diesem Bild konnte ich etwas anfangen. Bei meinen Meditationsabenden sitzen wir im Kreis, und in der Mitte ist zumeist eine Kerze angezündet.

»Um den Platz herum stehen Wigwams«, fuhr der Indianer fort. »Die Wigwams stehen so dicht, dass du keinen Weg hinaus siehst.«

Mit dieser Aussage konnte ich ebenfalls etwas anfangen. Sie beschrieb mein derzeitiges Gefühl der Ausweglosigkeit.

»Du musst dich entscheiden«, sagte Erichs Geistführer.

An dieser Stelle war Ende mit meinem Verständnis. »Wie kann ich mich entscheiden, wenn ich keinen Ausweg sehe?«, fragte ich. »Zeig mir zwei Türen und fordere mich auf, mich für die eine oder andere zu entscheiden. Das macht Sinn. Wenn ich aber keine Tür sehen kann, wie soll ich mich dann für eine entscheiden können?«

»Wenn du dich entscheidest, siehst du die Tür«, sagte der Indianer und blies mir Zigarrenrauch in mein Drittes Auge.

Wenige Wochen nach der Sitzung hatte ich mich entschieden. Ich ließ mich in den Innendienst versetzen. Die neue Tätigkeit schaffte mir Freiräume. Ich musste nun keine Angst mehr haben, dass ein polizeilicher Wochenendeinsatz zeitlich mit einem Reiki-Seminar kollidierte. Da ich keine wechselnden Dienstzeiten mehr hatte, nur noch tagsüber im Büro sein musste, konnte ich die Anzahl meiner Meditationsabende und abendlichen Vorträge erhöhen. Nun war ich zwar kein »echter Polizist« mehr, konnte auch keine Karriere mehr machen, aber ich war innerlich frei. Ich hatte mich ent-schlossen.

Mach dir in den nächsten Wochen bewusst: Immer dann, wenn du eine äußere Tür öffnest, öffnest du zugleich eine Tür in deinem Inneren. Halt mindestens einmal täglich inne, bevor du eine Tür aufschließt, und sag dir: »Ich entschließe mich.«

Man mache aus der Übung kein Problem und überlege vor der Tür nicht erst: »Steht zur Zeit eine Entscheidung an? Ist überhaupt ein Entschluss fällig?« Es einfach nur zu tun, das ist der Trick, der im Übrigen für alle Übungen in diesem Buch gilt. Ihre Wirkung entfaltet sich nur durch das Tun. Die Gedanken werden durch die Tat ersetzt.

Der Kraftpunkt ist die Gegenwart

Ein Entschluss, den ich in der Gegenwart treffe, beeinflusst meine Zukunft. Mein Fokus jedoch muss im Jetzt bleiben. Wer sich bei seinen Entscheidungen zu sehr auf Künftiges fixiert, wird oftmals enttäuscht. Die Entfernung zwischen Gegenwart und Ziel ist häufig zu groß. Das ist zum Beispiel das Dilemma vieler Teilnehmer von TV-Castingshows. Der Entschluss, eines Tages »Superstar« zu werden, lässt sich nur schwerlich umsetzen. Auch Picasso konnte sich nicht entschließen, ein berühmter Maler zu werden. Er konnte sich »nur« dafür entscheiden zu malen. Dieser täglich wiederkehrende Entschluss führte letztendlich zu seiner Berühmtheit. Wäre Berühmtheit sein Ziel gewesen, hätte er es vermutlich verfehlt.

Zukunftsbilder taugen als Antrieb nicht viel. Sie haben zu wenig Schubkraft. Viel mehr Potenzial bieten Erinnerungen an Abläufe und Ereignisse, die bereits geschehen sind und die man selbst erlebt hat. Diese inneren Bilder haben weitaus stärkere Kraft, Realitäten zu erschaffen, weil sie gefühlsgeladen sind.

Anfang der achtziger Jahre machte ich meinen Fußballtrainerschein. Während des drei Wochen dauernden Lehrgangs war ein früherer Bundesligaprofi mein Zimmerkollege, der sowohl für den MSV Duisburg als auch für Schalke 04 gespielt hatte. Er erzählte mir eines Abends, wie ihn als kleinen Jungen beim Fußballspiel ein Ball im Gesicht getroffen hatte. Er war dabei hingefallen und musste weinen. Die anderen Kinder standen um ihn herum und lachten ihn aus. Der körperliche Schmerz ging schnell vorbei, doch die seelische Verletzung brauchte eine längere Heilungszeit.

Nach Überwindung der Traurigkeit kam die Wut, und aus der Wut entstand der Entschluss, so gut Fußball spielen zu können, dass er niemals mehr dabei ausgelacht werden konnte. Das war sein Antrieb. Er trainierte täglich, und eines Tages lief er zum ersten Mal in ein Stadion mit 30 000 Zuschauern ein.

»Ich hatte die Situation aus meiner Kindheit längst vergessen, aber in diesem Moment, beim Einlaufen ins Stadion, fiel sie mir wieder ein«, erzählte er. Das innere Bild, das in dem kleinen Jungen entstanden war, wirkte, auch wenn es nicht mehr in seinem Kopf war. Gefühle verfügen über eine stärkere Kraft als Gedanken. Bloße Gedankenbilder haben nicht das nötige Potenzial, Wirklichkeit zu werden.

Das ist auch das Manko des »positiven Denkens«. Solange die Gedanken im Kopf verbleiben und ihnen nicht gestattet wird, sich in Gefühle zu verwandeln, funktioniert die Technik nicht. Viele Anhänger des positiven Denkens sind aus Sorge vor den (vermeintlich) schlechten Gefühlen so sehr auf ihren Verstand und auf ihre Gedanken fixiert, dass sie alle Regungen (und damit auch die angenehmen) blockieren.

Nicht dass man mich falsch versteht: Ich habe nichts gegen positive Gedanken. Ich habe aber auch nichts gegen negative. Problematisch wird es erst dann, wenn Letztere Ausdruck meiner Glaubenssätze sind. Glaubenssätze wirken in der Aura und ziehen Entsprechendes an. Dasselbe gilt ebenso für die aufbauenden, sprich positiven Gedanken. Auch sie entwickeln ihre magnetischen Kräfte nur dann, wenn sie meine Glaubenssätze widerspiegeln. Leider kann man nicht einfach einen Glaubenssatz *gedanklich* gegen einen anderen austauschen. Glaubenssätze beruhen auf inneren Bildern, die der Verstand ab und an zu Gedanken formuliert. All meine Kindheitserfahrungen beispielsweise sind als innere Bilder in mir gespeichert. Manche dieser Erlebnisse sind mir gedanklich nicht mehr bewusst.

Dennoch haben sich einige von ihnen zu meinen Glaubenssätzen entwickelt. Innere Bilder wirken auch ohne gedankliche Formulierung. Es hilft also nicht, nur die Formulierung zu ändern, wenn die inneren Bilder dieselben bleiben. Wirkungsvoller sind daher (meditative) Übungen. Das *Tun* wird zu meiner neuen Erfahrung. Auf diese Weise füge ich meinem Inneren neue Bilder hinzu. Sie haben das Potenzial, sich zu neuen Glaubenssätzen zu entwickeln.

Wer mit Ehrgeiz nur noch positiv denken will, wird es nicht schaffen. Ich habe einige Gruppen kennengelernt, deren Mitglieder das positive Denken praktizierten. Feuerwerke der Lebensfreude konnte ich bei ihnen nicht beobachten. Mir schien, dass manche von ihnen zum Hüter und Bewerter der eigenen und fremden Gedanken geworden waren. Jeder ausgesprochene Satz, der von einem Hauch von Pessimismus geprägt war, wurde von ihnen sofort gefasst und unter Anklage gestellt. Gedankensheriffs sind kopflastig. Ihr Revier ist der Verstand. Lebensfreude hingegen ist immer eine Herzensangelegenheit.

Worte, die das Herz nicht erreichen, bewirken nicht viel. Aus diesem Grund empfehle ich bei manchen Übungen, die rechte Hand aufs Herz zu legen und einen bestimmten Gedanken mehrfach wie ein Mantra zu wiederholen. Die Übung dauert nur ein paar Minuten. Für den Rest des Tages gilt: Alle Gedanken dürfen kommen und wieder gehen. Der Trick ist, weder die »guten« noch die »schlechten« zu erzwingen, sondern mit allen einverstanden zu sein.

Wie so viele Raucher hatte auch ich mich oft »entschlossen«, mit der Qualmerei aufzuhören. Die nötige Schubkraft erhielt mein Entschluss jedoch erst durch die Befürchtung, nie wieder sprechen zu können. Die Angst wurde durch eine Kehlkopfentzündung ausgelöst, die zwar als Nachwirkung einer Erkältung vordergründig nichts mit dem Tabakkonsum zu tun hatte, aber dennoch in mir das Bild erzeugte, ich könnte womöglich eines Tages nicht mehr sprechen und somit keine Seminare mehr leiten. Seitdem habe ich keine Zigarette mehr angerührt. Mein inneres Bild war gefühlsgeladen und deshalb voller Schöpferkraft.

Jedes starke Gefühl birgt in sich die Kraft, Wirklichkeiten zu erschaffen. Das gilt für die Angst, die Wut und den Hass ebenso wie für die Dankbarkeit, die Freude und die Liebe.

Ein Entschluss muss Herz und Bauch erreichen. Entschlüsse, die im Kopf stecken bleiben, taugen nichts. Das Herz versorgt den Entschluss mit Energie, der Bauch ist das Zentrum der Tat. Die Gedanken müssen Worte und die Worte müssen Taten werden.

Manchmal aber ist die Zeit noch nicht reif für den Entschluss. In einen Zug kann ich auch erst dann einsteigen, wenn er vor mir auf dem Bahnsteig hält. Stehe ich im Bahnhof und sehe den Zug einfahren, ist das noch nicht möglich. Es ist dafür zu früh. Stehe ich dort und sehe ihn wegfahren, ist es dafür zu spät. Es gibt eine begrenzte Zeit für meinen Entschluss, in diesen Zug zu steigen. Sobald er vor mir hält, muss ich mutig sein. Ich darf nicht zu lange zaudern. Und ebenso gibt es in vielen Bereichen des Lebens Zeitpunkte, in denen ich Entscheidungen treffen kann. Bin ich zu früh oder zu spät, habe ich keine Chance. Bei der Deutschen Bahn kann ich Rückfahrkarten kaufen, für die Züge des Lebens hingegen gibt es nur One-Way-Tickets. Da es für sie auch keine Fahrpläne gibt, weiß ich nicht, wohin mein Zug wirklich fährt. Außerdem fährt kein Zugbegleiter mit, der mir sagen könnte, wann und wo der nächste Halt ist, an dem ich notfalls wieder aussteigen könnte. Ich weiß noch nicht einmal, ob der Zug, in den ich einsteige, jemals wieder anhalten wird. Aufgrund dieser Unwägbarkeiten ist es zuweilen nicht leicht, eine Entscheidung zu treffen. Manchen Menschen fällt es so schwer, dass sie nirgendwo einsteigen. Aus Angst, den falschen Zug zu erwischen, hängen sie lieber jahrelang auf dem Bahnsteig herum. Sobald ich eine Entscheidung getroffen habe, darf ich sie nicht mehr in Frage stellen. Ich muss darauf vertrauen, dass mein Entschluss richtig ist. Ich brauche Selbstvertrauen.

Selbstvertrauen ist das Vertrauen in die eigenen Entscheidungen. Ich vertraue den Entschlüssen, die ich gefasst habe und noch treffen werde. Ich weiß: Egal, in welche Situation ich auch geraten werde, ich werde präsent sein. Ich werde präsent sein mit meinen Gedanken und Gefühlen, mit meinen Worten und Taten. Und dann werde ich eine richtige Entscheidung treffen. Sie wird richtig sein, weil sie die Richtung bestimmt, in die ich weitergehen werde.

Gottvertrauen ist das Vertrauen, dass ich nicht allein bin, auch wenn ich mich manchmal allein fühle. Ich kann darauf vertrauen, dass immer Hilfe da sein wird. Hilfe in Form von Menschen, in Form von Ereignissen und Gelegenheiten. Gottvertrauen ist das Vertrauen, dass ich getragen werde, wenn ich nicht mehr allein gehen kann. Es ist das Vertrauen, dass mir der Weg gezeigt wird, wenn ich nicht mehr weiterweiß. Es ist das Vertrauen, dass die Türen eingebaut werden, wenn ich vor undurchdringbaren Wänden stehe.

Mach dir bewusst, was du in den nächsten Tagen tun möchtest. Nun leg deine rechte Hand aufs Herz. Denk beim Einatmen: »Ich …«, beim Ausatmen: »… will«, beim Einatmen: »Ich …«, beim Ausatmen: »… kann«, beim Einatmen: »Ich …«, beim Ausatmen: »… darf«. Beim vierten Atemzug fängst du wieder von vorn an: »Ich will, ich kann, ich darf.«

Wege und Ziele

Man unterscheide nicht zwischen guten und schlechten Zielen. Kein Ziel ist grundsätzlich erstrebenswert. So hatte ich lange Jahre das Ziel, so schnell wie möglich aus meinem Polizeiberuf aussteigen zu können, um mich mehr meinen spirituellen Tätigkeiten widmen zu können. Marina, eine Kollegin, hatte das Ziel, so schnell wie möglich den Polizeiberuf wieder ausüben zu können. Ihre Erkrankung hinderte sie daran, genau den Alltag zu erleben, den ich am liebsten nicht mehr erleben wollte. Mein Ziel, nicht mehr Polizist zu sein, war weder gut noch schlecht, weder erstrebenswert noch unerstrebenswert. Wäre ich wie Marina krank geworden und könnte nun meinen Beruf nicht mehr ausüben, würde ich jetzt sagen: Ich habe erreicht, was ich wollte, aber auf diese Weise wollte ich es nicht ... Wer zu sehr auf Ziele fixiert ist, wird manchmal überrascht sein, welchen Weg er einschlägt, um das Ziel zu erreichen. Einer meiner Freunde hatte das Gefühl, seine persönliche Fortentwicklung ginge zu schnell. Er beschloss, es mal langsamer angehen zu lassen. Beim nächsten Fußballspiel prallte er mit einem Gegenspieler zusammen, dabei machte seine Kniescheibe einen Ausflug in Richtung Oberschenkel, und er lag sechs Wochen lang flach. Schnelle Fortbewegung war in dieser Zeit nicht möglich. Er hatte sein Ziel erreicht.

Man frage sich einmal: Welche Informationen sende ich an meinen Körper? Welche Informationen sende ich an meinen Geist? Welche Informationen sende ich an meine Seele?

Und dann mache man sich bewusst: Für den Körper sind die Informationen Entschlüsse. Für den Geist sind die Informationen Entschlüsse. Für die Seele sind die Informationen Entschlüsse. Alle drei fragen: »Was soll ich tun?«

Wenn ich unachtsam mit meinem Körper umgehe, sende ich die Information: »Ich brauche dich nicht.« Der Körper fragt sich, wie er meinen Entschluss in die Tat umsetzen kann.

Wenn ich meinen Verstand verneble, sende ich die Information: »Geh weg.« Der Geist fragt sich, wie er meinen Entschluss in die Tat umsetzen kann.

Wenn ich meine Seele verletze, sende ich die Information: »Ich verachte dich.« Die Seele fragt, wie sie meinen Entschluss in die Tat umsetzen kann.

Man achte also mehr auf die Wege als auf die Ziele. Wer seine Aufmerksamkeit nur auf den Weg legt, kommt automatisch zu dem Ziel, das am Ende dieses Weges liegt. Wer hingegen nur das Ergebnis im Blick hat, kommt leicht ins Stolpern.

Das gilt ebenso für die Praxis der Meditation. Viele wollen meditieren, um etwas zu erreichen. Die einen wollen erleuchtet, andere wollen gelassen werden und so weiter. Nun ist das Streben nach Erleuchtung die beste Technik, sie zu verhindern. Auch ist Meditation kein Weg, dauerhaft angenehme Gefühle in sich zu spüren. Meditation ist vielmehr ein Eintauchen in das gegenwärtige Gefühl. Ich will es nicht verändern, sondern in all seinen Facetten wahrnehmen. In der Meditation laufe ich vor dem Gefühl nicht weg, sondern werde eins mit ihm. Und dabei stelle ich fest, dass kein Gefühl starr und fest ist, sondern alle ständig in Bewegung und veränderlich sind.

Man setze sich beim Meditieren keine Ziele, sondern mache einfach nur die Übung – »und gut ist's«. Das Ergebnis stellt sich von selbst ein. Wer jahrelang täglich meditiert, ist auf einem anderen Weg als jemand, der jeden Tag zu viel Alkohol trinkt. Dementsprechend unterschiedlich sind auch die Ziele, die beide erreichen. Ich bin jahrelang einen »dritten Weg« gegangen, habe täglich meditiert und zu viel Alkohol getrunken.

Erfolgreiche Entschlüsse konzentrieren sich nur auf das Tun beziehungsweise auf das Nichttun. Die Frage lautet keineswegs: »Was will ich erreichen?«, sondern: »Was will ich tun, was will ich nicht tun?« Wenn ich das Ergebnis offenlasse, entstehen Perspektiven. Alles ist möglich. Ich darf überrascht werden. Wenn ich zu sehr auf ein Ziel fixiert bin, erfahre ich häufig Enttäuschung. Und wenn das Ziel meinen Vorstellungen entspricht, stelle ich fest, dass ich mich darüber nicht so richtig freuen kann. Denn es fehlt die Überraschung, es fehlt das Staunen.

Kinder beherrschen die Kunst der Freude besser als die Erwachsenen. Das liegt daran, dass Kinder jeden Tag Neues entdecken, worüber sie staunen können. Sie leben im Abenteuerland. Wir Erwachsenen hingegen sind oft in unserem Alltagstrott gefangen, leben im Land der Wiederholung. Ich kenne Polizeikollegen, die stolz darauf sind, »alte Hasen« zu sein. »Ich habe schon alles gesehen«, sagen sie. Eine schlechte Voraussetzung für die Freude. »Entschluss« ist ein anderes Wort für »Öffnung«. Durch meinen Entschluss öffne ich mich neuen Erfahrungen und Möglichkeiten.

Lebe einfach: Achte in den nächsten Wochen nur auf dein Tun. Formuliere keine Ziele und analysiere keine Ergebnisse. Richte deine Aufmerksamkeit nur auf Tätigkeiten. Auf diese Weise wird dein Leben einfacher, unkomplizierter.

Wenn du vor einer Entscheidung stehst, denk am Abend als letztes Wort vor dem Einschlafen: »Entschlossenheit«, und denk es auch am Morgen als erstes Wort nach dem Aufwachen.

So sei es

Sieh, wie du anderen Menschen begegnen möchtest.
Stell es dir vor und sei dir bewusst:
Wenn du es wirklich willst und wenn du
wahrhaft an dich glaubst,
wirst du es schaffen.

Sieh, wie du deinen Liebsten begegnen möchtest.
Stell es dir vor und sei dir bewusst:
Wenn du es wirklich willst und wenn du
wahrhaft an dich glaubst,
wirst du es schaffen.

Sieh, wie du deiner Arbeit begegnen möchtest.
Stell es dir vor und sei dir bewusst:
Wenn du es wirklich willst und wenn du
wahrhaft an dich glaubst,
wirst du es schaffen.

Sieh, wie du den Herausforderungen deines Lebens begegnen möchtest.
Stell es dir vor und sei dir bewusst:
Wenn du es wirklich willst und wenn du
wahrhaft an dich glaubst,
wirst du es schaffen.

Sieh, wie du deiner Freude begegnen möchtest.
Stell es dir vor und sei dir bewusst:

Wenn du es wirklich willst und wenn du
wahrhaft an dich glaubst,
wirst du es schaffen.

Sieh, wie du deinen Träumen begegnen möchtest.
Stell es dir vor und sei dir bewusst:
Wenn du es wirklich willst und wenn du
wahrhaft an dich glaubst,
wirst du es schaffen.

Sieh, wie du dir selbst begegnen möchtest.
Stell es dir vor und sei dir bewusst:
Wenn du es wirklich willst und wenn du
wahrhaft an dich glaubst,
wirst du es schaffen.

Kapitel VII
Leichtigkeit

Nicht weil die Dinge schwierig sind, wagen wir sie nicht, sondern weil wir sie nicht wagen, sind sie schwierig.

Seneca

Im vergangenen Jahr stand bei Karina eine Knieoperation an. Obwohl es sich nur um einen vergleichsweise kleinen Eingriff handelte, hatte ich im Vorfeld Angst, dass es zu Komplikationen kommen könnte. Zwar bemühte ich mich, nach außen keinerlei Zweifel an einem problemlosen Verlauf der Operation zu zeigen, im Innersten jedoch bedrückte mich die Sorge um Karina.

Einige Tage vor dem besagten Termin gingen wir gemeinsam in die MSV-Arena und schauten uns das Ligaspiel gegen den 1. FC Nürnberg an. Der MSV war überlegen, stürmte ein ums andere Mal auf das Nürnberger Tor, blieb aber erfolglos. In den letzten zehn Minuten wendete sich das Blatt: Die Nürnberger wurden stärker und übernahmen das Kommando auf dem Spielfeld. Wenige Minuten vor Schluss, es stand immer noch 0:0, sagte Karina: »Wenn die das noch verlieren, geh ich hier nie wieder hin.« Sie hatte den Satz kaum ausgesprochen, als Nürnberg das 0:1 erzielte. Die Nürnberger Fans rasteten aus und feierten ihren vermeintlichen Sieg.

Ich war konsterniert, wandte mich an Karina und fragte: »Wie kannst du so was sagen?« Sie bezog meine Frage lediglich auf das Spiel, aber der Fußball war mir in diesem Augenblick vollkommen egal. Ich hatte nur Angst um sie. Ich dachte daran, dass ich während der gesamten Zeit gebetet hatte: »Lieber Gott, lass uns noch viele Spiele gemeinsam sehen«, und nun kündigt sie an, im Falle einer Niederlage nie mehr mit mir hierhinzugehen.

Nun bin ich nicht sonderlich abergläubisch, sehe es eher wie ein englischer Fußballtrainer, der anlässlich einer Weltmeisterschaft einmal sagte, er hüte sich vor Aberglauben, weil das Unglück bringe. Ich habe jedoch gelernt, dass man bei Befürchtungen und Wünschen auf seine Worte achten sollte, denn sie könnten in Erfüllung gehen. Und oft geschieht es auf andere Weise, als man es gemeint hat. Ich war innerlich in Aufruhr, schickte Stoßgebete zum Himmel, Karina möge in den wenigen Minuten bis zum Abpfiff ihren Spruch zurücknehmen.

Zweimal fragte ich flehend: »Das meinst du doch bitte nicht ernst?«

»Na klar doch«, erklärte sie unbekümmert. »Wie können die sich bloß das Spiel noch aus der Hand nehmen lassen? Unbegreiflich«, schwadronierte sie voller Unverständnis für die MSV-Mannschaft. »Wenn sie verlieren, haben sie es wirklich nicht verdient, dass ich wiederkomme.«

Die letzte Minute lief, der Schiedsrichter hatte bereits die Pfeife zum Schlusspfiff im Mund, als ein Duisburger Kicker mit dem Mut der Verzweiflung den Ball aus 45 Metern in den Nürnberger Strafraum hämmerte und Kouemaha, der Nationalstürmer Kameruns in unseren Reihen, ihn mit einem spektakulären Flugkopfball ins Nürnberger Tor bugsierte. Die Frankenfans verstummten augenblicklich, und das Duisburger Publikum flippte aus. Ich jagte ein Dankesgebet nach dem anderen in den Himmel und beantragte dort, Kouemaha mit sofortiger Wirkung zum Erzengel zu befördern.

Immer noch dachte ich nur an die bevorstehende Operation. Der Ausgleichstreffer war für mich das Zeichen, dass alles gut ausgehen würde. Nie zuvor war ich so erleichtert über ein Unentschieden gewesen wie in diesem Moment. Glücklich schaute ich Karina an. »Jetzt gehst du weiterhin mit mir hierhin?«, fragte ich sie.

»Na klar doch«, sagte sie. »Schließlich war ich mir sicher, dass die Jungs noch ein Tor schießen …«

Mit Recht könnte man sagen, dass Karinas Knieoperation und das Spiel zwei unterschiedliche Ereignisse seien, die man nicht miteinander in Beziehung setzen dürfe. Die thematische Verbindung hatte ich selbst durch meine Angst hergestellt. Der gute Verlauf der Operation später war statistisch gesehen normal, und der Ausgleichstreffer unseres Vereins in sprichwörtlich letzter Minute eben ein Zufall. Doch wie sagte schon Albert Schweitzer? »Der Zufall ist ein Pseudonym, das der liebe Gott wählt, wenn er anonym bleiben will.«

Sorgen und Ärger sind es, die uns das Leben schwer machen. Erleichterung stellt sich immer dann ein, wenn uns eine Sorge abgenommen wird oder wir von einem Ärger loslassen können. Eine alte Dame sagte einmal im Rückblick auf ihr Leben, 99 Prozent ihrer Befürchtungen seien niemals eingetreten. Das zeigt einerseits, dass wir uns oft unnötig sorgen, andererseits aber auch, dass wir mit unseren Sorgen weniger Schlechtes anziehen, als uns manche Verfechter des positiven Denkens glauben machen wollen. Die gute Nachricht lautet also: Selbst die Sorge, man zöge Negatives an, wenn man sich sorgt, ist (häufig) unbegründet.

Der Ärger schaut nach hinten in die Vergangenheit, die Sorge blickt nach vorn in die Zukunft. Daher ist es einfacher, von Ärger als von Sorge loszulassen. Ich kann leichter etwas hinter mir lassen, was bereits passé ist, als etwas innerlich zu bewältigen, was mir noch bevorsteht. Bei Ärger helfen meditative Techniken, sofern man sie anwenden möchte. Das heißt nicht, dass man sie anwenden muss. Manchmal tut es gut, seinem Ärger Luft zu machen. Das allein reicht oft schon aus, sich von ihm zu befreien. Wer hingegen seinen Ärger vor sich und anderen verleugnet, kann ihn nicht überwinden.

In spirituellen Kreisen neigen manche dazu, nach außen so zu tun, als könne sie nichts mehr ärgern. Im Bemühen, ihren Ärger nicht zu offenbaren, halten sie ihn innerlich fest. Es ist kein guter Vorsatz, sich niemals mehr zu ärgern. Wenn ich mich nicht mehr ärgern könnte, hätte ich den Zustand der Unberührbarkeit erreicht. Nichts könnte mich dann noch so tangieren, dass es mich ärgert. Unberührbarkeit bedeutet im Umkehrschluss aber auch, dass mich nichts mehr so berühren könnte, dass es mich freut.

Ich für meinen Teil nehme mit möglichst viel Leichtigkeit so intensiv an meinem Leben teil, dass ich weder an Freude noch an Ärger vorbeikomme. Ich glaube auch, dass ich einen Menschen nicht mehr lieben kann, wenn ich nicht mehr fähig bin, mich auch über ihn zu ärgern. Liebe kann ohne Berührung nicht existieren.

Manchmal aber halte ich zu lange an meinem Ärger fest. Karina sagt dann: »Wende doch einfach mal eine der vielen Übungen an, die du anderen in deinen Seminaren vermittelst.«

Darauf antwortet mein trotziges inneres Kind: »Ich will mich aber ärgern!« Nur das Stampfen mit den Füßen habe ich mittlerweile aufgegeben … Sobald ich aber merke, dass sich mein Ärger gegen mich wendet und in mir zerstörerisch wirkt, beherzige ich ihren Ratschlag und versuche, mit Hilfe einer Übung meinen Frieden mit dem Vergangenen zu schließen.

Frag dich: Was fällt mir schwer, was fällt mir leicht?

Was fällt mir schwer?
Was fällt mir schwer zu tun?
Was fällt mir schwer zu fühlen?

Was fällt mir schwer auszusprechen?
Was fällt mir schwer zu lassen?

In welchem Bereich meines Lebens spüre ich den Gegenwind?
Was sind meine Schwierigkeiten?
Und was fällt mir leicht?
Was fällt mir leicht zu tun?
Was fällt mir leicht zu fühlen?
Was fällt mir leicht auszusprechen?
Was fällt mir leicht zu lassen?

In welchem Bereich meines Lebens spüre ich den Rückenwind?
Was ist meine Leichtigkeit?

Folge deiner Bestimmung

Wenn ich für eine verschlossene Tür den passenden Schlüssel habe, kann ich sie leicht öffnen. Hab ich keinen oder einen falschen, muss ich entweder hoffen, dass ein anderer sie aufmacht, oder ich muss sie eintreten. Das macht zwar manchmal mehr Spaß, wie ich aus meiner aktiven Polizeiarbeit weiß, ist aber schwieriger. Wer seiner Bestimmung folgt, erhält den Schlüssel für sein Glück. Mich kann in meinem Leben nur das glücklich machen, was auch für mich bestimmt ist. Es muss wahrhaft meine Sache sein. Die Bestimmung zeigt mir meine Sehnsucht.

Die Sehnsucht ist die Stimme meiner Seele. Sie sagt mir, was für mich bestimmt ist und was nicht. Ein Mensch, der seiner Bestimmung folgt, spürt die Kraft des Lebens hinter sich. Er wird angeschoben und lebt leichter. Wer seiner Bestimmung nicht folgt, kämpft mit einem Leben, welches nicht das seine ist. Es kostet viel Kraft, die Stimme der Sehnsucht zu unterdrücken und ein Dasein zu fristen, das sich nicht im Einklang mit der Bestimmung befindet.

Die Kunst der Leichtigkeit besteht darin, die Ernsthaftigkeit der Leidenschaft und die Willensstärke der Entschlossenheit mit dem Spielerischen zu verbinden. Leichtigkeit bedeutet, das Leben leicht zu *nehmen*, und nicht, sich das Leben »leicht zu *machen*«, indem man vor seinen Problemen wegläuft. Das »Leichte« führt nicht immer zum Wachstum. Wer Muskeln aufbauen will, muss Gewichte heben. Das gilt für die körperlichen ebenso wie für die geistigen und seelischen. Aber man kann die Gewichte mit der inneren Einstellung der Leichtigkeit heben. Ein Kraftsportler, der Freude am Gewichtheben hat, spürt die Leichtigkeit in sich, wenn er schwere Hanteln hebt. So ging es mir früher auch. Heute jedoch hadere ich bereits dann, wenn ich einen Kasten Mineralwasser aus dem Keller holen muss. Die Kunst, mir das Leben schwer zu machen, beherrsche ich auch heute noch. In dieser Disziplin habe ich eine enorme Leichtigkeit entwickelt. Ich kann ohne Mühe die einfachsten Angelegenheiten hochgradig verkomplizieren, und es gelingt mir spielerisch, die flachsten Täler als höchste Berge zu visualisieren.

Aber ich kann aus meinem Leben nicht flüchten. Es holt mich immer wieder ein. Und oftmals entwickelt sich die Flucht zu einem weitaus schwerwiegenderen Problem als das, vor dem ich weglaufe. Je schneller ich flüchte, desto mehr Speed geben die Herausforderungen, um mich einzuholen. Je mehr ich meine Probleme ignorieren will, desto größer werden sie, um auf sich aufmerksam zu machen. Je mehr ich meine Probleme von mir schieben will, desto stärker werden sie, um standhaft zu bleiben. Leichtigkeit ist keine »Hallodri«-Einstellung, alles auf die leichte Schulter zu nehmen. Leichtigkeit bedeutet vielmehr, nicht im Widerstand zum eigenen Leben zu leben. Es muss mich nicht zu meinem Glück zwingen. Vielmehr bin ich ohne Zwang dazu bereit, mich meiner Sehnsucht und den sich daraus ergebenden Herausforderungen meines Daseins zu stellen. Ich verwende keine Kraft darauf, sie zu vermeiden oder gegen sie anzukämpfen.

Ab und zu neige ich dazu, Projekte in Angriff zu nehmen, die nicht für mich bestimmt sind. Sie gehören nicht zum Auftrag meiner Seele und werden daher von ihr auch nicht mit Energie versorgt. Auch meine geistigen Begleiter verweigern bei diesen Vorhaben ihre Hilfe. Das hat nichts mit dem Plan selbst zu tun, entscheidend ist keineswegs, ob die Sache gut oder schlecht ist. Meine geistigen Helfer haben nichts gegen das Projekt an sich. Sie haben nur etwas dagegen, dass *ich* es vorhabe. Das Vorhaben stimmt nicht, weil es eben nicht für mich bestimmt ist. Zunächst fühlt sich die Idee gut an, ich spüre ein wenig Rückenwind. Nähme ich mir allerdings die Zeit, etwas tiefer in mich hineinzufühlen, könnte ich die Stimme meiner Seele hören, die mich vor ihm bewahren möchte. Sie sagt mir, dass der vermeintliche Rückenwind nur ein Luftzug auf dem hohen Turm meines Luftschlosses ist.

Andererseits gibt es auch Projekte, von denen ich mich befreien möchte, obwohl sie für mich bestimmt sind. Die vermeintliche Last – in Wahrheit eine Herausforderung, die für mein seelisches Wachstum wichtig ist – scheint mir zu schwer zu sein, sodass ich die Brocken hinwerfen will. Würde ich jedoch tiefer in mich hineinfühlen, könnte ich die Stimme meiner Seele hören, die mich vor dem Aufgeben bewahren möchte. Sie sagt mir, dass der vermeintliche Gegenwind von den Flügeln der Engel kommt, die mich auf meinem Weg begleiten.

Das Lied »Einsamkeit« von Schiller beginnt mit dem Satz: »Wenn dich alles verlassen hat, kommt das Alleinsein. Wenn du alles verlassen hast, kommt die Einsamkeit.« Ähnlich verhält es sich, wenn ich den Weg verlasse, der für mich vorgesehen ist. Es gibt viele Wege, die richtig sind, doch nicht alle sind für mich bestimmt. Ein Projekt beispielsweise, mit dem ich mich tatkräftig gegen den Hunger in der Welt einsetze, ist immer gut und richtig. Dennoch kann es sein, dass ich nicht dazu berufen bin. Ich bin vielleicht – oder sogar gewiss – dazu berufen, Menschen Reiki und Meditation zu vermitteln, zumindest im Moment. Vielleicht kommt im Laufe meines Lebens ein Auftrag meiner Seele hinzu, von dem ich jetzt noch nichts ahne. Viele Jahre habe ich mit Kindern und Jugendlichen gearbeitet. Auch damals hatte ich nicht den blassesten Schimmer von den Tätigkeiten, die mich heute erfüllen.

Ein Projekt, das nicht für mich bestimmt ist, wird mich nicht glücklich machen können. Nun könnte man sagen: »Was zählt mein persönliches Glück, wenn es um den Hunger in der Welt geht?« Ich glaube aber, dass beides miteinander verbunden ist. Ich kann die Welt nur mit dem beglücken, was auch mich selbst glücklich macht. Ich kann wahrhaft nur die Freude nach außen tragen, die auch in mir selbst lebt. Jeder Mensch erhält im Lauf seines Lebens mindestens einen großen Auftrag, der zum Wohl aller ist. Manches Leid ist auch deshalb in unserer Welt, weil viele nicht auf die Stimme ihres Herzens hören und nicht tun, wozu sie berufen sind. Wichtige Aufträge werden einfach nicht erfüllt, da viele sich nicht trauen, der Stimme ihres Herzens zu folgen. Auch aus diesem Grunde sind so viele unglücklich. Wer berufen ist, wird die Stimme vernehmen können. Wer die Stimme hört und ihr nicht folgt, verlässt den Weg des Glücks.

Wer sich mit Gewalt von einer vermeintlichen Sorge befreien möchte, spürt zunächst eine Erleichterung, die sich jedoch manchmal als Fälschung entpuppt. Eine Art »Pseudoerleichterung«. Es ist die Erleichterung des freien Falls nach dem Absprung. Das Erklimmen des Berges war mühevoll, man sieht die Klippe und springt. Während des Flugs spürt man keinen Widerstand. Es ist also leichter als vorher. Doch nach der Leichtigkeit des Flugs erfährt man die Härte des Aufpralls. Und dann stellt man fest, dass man sich in einem tiefen Tal befindet. Um sich aus der Enge des Tals zu befreien, muss man erneut den Aufstieg wagen. Und dieser Aufstieg ist meist anstrengender als der, der einen zum Absprung bewogen hat. Ich hörte beispielsweise vom Vorsitzenden einer Partei, der in Rotweinlaune vorschnell die Brocken hingeworfen hatte und sich anschließend auf dem Scherbenhaufen seiner politischen Karriere wiederfand. Danach hat er in einer anderen Partei versucht, den Berg wieder zu erklimmen.

Wer zu früh aufgibt, bringt sich um das Gefühl, etwas vollbracht zu haben. Ich habe einmal mitten in der Saison meinen Job als Trainer einer Jugendmannschaft hingeschmissen, weil ich glaubte, mit der Mannschaft nicht den erwünschten Erfolg zu haben. Die ersten Tage nach meinem Rücktritt waren wie ein Urlaub: Ich genoss die freie Zeit, die ich nun zur Verfügung hatte. Doch bereits nach einer Woche fühlte ich eine innere Leere. Es war nicht »voll-bracht«. Wenn ich heute, mehr als zwanzig Jahre danach, an diese Zeit zurückdenke, habe ich immer noch das Gefühl, etwas nicht vollendet zu haben. Auch wenn ich damals mit der Mannschaft als Tabellenletzter abgestiegen wäre, hätte ich die Sache dennoch zu Ende bringen und sie damit auch in meinem Inneren abschließen können. Ich hätte es vollbracht.

Setz dich auf eine Schaukel. Während du wie ein Kind schaukelst, denk über deine Bestimmung nach. Am Anfang fällt es schwer, du musst Kraft aufbringen, um die Schaukel mit deinem Körper in Schwung zu bringen. Wenn sie aber erst mal in Gang gekommen ist, musst du nicht mehr so viel tun, es fällt dir leicht, den »Drive« beizubehalten und sogar zu erhöhen. Und ebenso ist es, wenn du die Kraft aufgewandt hast, deiner Bestimmung, deiner Sehnsucht zu folgen. Zu Beginn musst du Widerstand überwinden, aber dann bekommt dein Leben Elan.

Die magische Einstellung

Eine Meeresschildkröte lässt sich treiben, wenn die Welle von vorn kommt. Hat sie aber die Welle im Rücken und spürt sie die Schubkraft des Wassers, paddelt sie wie verrückt. Und so ist es gut: Wenn du im Leben Gegenwind bekommst, lass dich treiben und sieh, wohin dich das Leben stellt. Versuch nicht zu flüchten, und führ keinen Vermeidungskampf. Spürst du aber Rückenwind, nutz ihn und lauf, so schnell du kannst.

Seth, eine geistige Wesenheit, die sich durch Jane Roberts offenbarte, sprach von der »magischen Einstellung«. Die magische Einstellung beruht auf der Erkenntnis, dass die äußere, materielle Welt mit der inneren Welt des Bewusstseins verwoben ist. So wie alles Irdische strebt auch das Geistige unaufhaltsam nach Werterfüllung. Die stetige

Verwandlung der äußeren Welt, der Wechsel der Jahreszeiten, das Vergehen und Aufblühen der Natur und so fort entsprechen dem Fortstreben der inneren Welt. Der menschliche Intellekt ist selbst ein Produkt dieses Strebens nach Werterfüllung. So wenig, wie ein Bild seinen Maler zu erfassen vermag, kann der Verstand erkennen, wer oder was das Leben in Schwung gebracht hat. Manche Vorgänge mag er zwar beschreiben, er kann sie aber nicht erklären. Er wird den Wechsel der Meeresgezeiten beschreiben und statistische Erhebungen anstellen, er zieht auf der Grundlage seiner Beobachtungen Rückschlüsse auf bestimmte Zusammenhänge, aber er wird niemals die Frage nach der ersten Ursache, die alles in Gang brachte, beantworten können. Die Frage nach dem »Warum« wird für den Verstand immer ein Rätsel bleiben. Aus jeder wissenschaftlichen Erkenntnis ergeben sich mindestens zwei weitere Fragen.

Seth empfiehlt, sich immer wieder die Mühelosigkeit zu vergegenwärtigen, in der sich das Leben entfaltet und verändert. Wir tragen oft schwer an sorgenvollen Gedanken, der Denkprozess als solcher jedoch vollzieht sich dabei mühelos. Die Kraft, die für den Schwung der Gedanken sorgt, ist unabhängig von ihrem Inhalt.

Eine gute Übung besteht darin, den Inhalt der Gedanken beiseitezuschieben und sich mit der Kraft zu verbinden, die das Denken selbst verursacht. Die magische Einstellung beruht mehr auf Intuition als auf intellektuellen Konzepten. Mein Intellekt kann zwar erkennen, ob das Ergebnis einer Rechenaufgabe stimmt, er kann logische Zusammenhänge und Widersprüche ausmachen. Er wird aber nicht fühlen, was für mich stimmig ist und was nicht. In dieser Frage sind Herz und Bauch kompetenter.

Wenn ich schlafe, übernimmt mein (Unter-)Bewusstsein das Kommando über die Themen, die mich beschäftigen. In meinen Träumen schafft es Ordnung in das Chaos, das der Verstand im Wachzustand hinterlassen hat. Der Ratio ist diese Ordnung fremd, sie vermisst Strukturen, Kriterien und Strategien. Das Bewusstsein kommt ohne aus.

Das Leben wird auch leichter, sobald man zulassen kann, dass Fragen offenbleiben. Es gibt Zeitgenossen, die werden wahnsinnig, wenn sie nicht alles verstehen, alles erklären können. Kontrollfreaks müssen alles und jeden im Griff haben. Sie brauchen Regeln und Richtlinien, an denen sie sich orientieren können. Alles muss begründet sein. Ich kenne mich da aus, Kontrolle war lange Jahre meine Spezialdisziplin. Nicht umsonst habe ich den Beruf des Polizisten gewählt. Doch durch Kontrolle wird das Leben eng. Ich muss alles auf das kontrollierbare Maß einschränken und überschaubar halten. Schließlich kann ich nicht überall sein.

Lebensfreude braucht Luft zum Atmen. Ich muss also offen sein. Je enger meine Grenzen sind, desto weniger kann sich meine Lebensfreude entfalten. Offenheit ist die Akzeptanz, dass ich nicht mehr alles kontrollieren, alles verstehen, alles erklären kann. Lebensfreude beruht nicht zuletzt auf Neugierde. Wer für sich alle Fragen beantwortet hat, verliert die Freude am Leben. Wenn ich meinen

Kopf mit zu viel Wissen vollstopfe, wird mein Leben nicht leichter. Und wenn ich zu viele Gedanken mit mir herumschleppe, muss ich Ballast abwerfen, um den Gipfel meines Lebens zu besteigen. Wissen hält vom Fühlen ab. Auch im spirituellen Bereich streben viele nach Wissen. Sie wollen Erkenntnis und sehen nicht, dass zu viel Erkenntnis von der Wahrheit wegführt. Die Wahrheit liegt in den Gefühlen. Sobald ich mir Gedanken über ein Gefühl machen will, verliere ich es. Da auch Glück ein Gefühl ist, führen alle meine Gedanken, die ich mir mache, wie ich denn nun zu meinem Glück gelangen könnte, in Wahrheit von meinem Glück weg.

Alan Watts, ein westlicher Meister des Zen, antwortete einmal auf die Frage »Was ist der Sinn des Lebens?«: »Der Sinn des Lebens ist, die Frage ›Was ist der Sinn des Lebens?‹ zu stellen.« Das heißt im Umkehrschluss: Sobald ich die Frage nach dem Sinn des Lebens für mich endgültig beantwortet hätte, würde mein Leben sinnlos.

Man gehe also ab und zu mal mit der inneren Einstellung in den Tag: »Ich lasse es zu, dass heute Fragen offenbleiben. Und je mehr Fragen offenbleiben, desto lebendiger ist mein Leben.«

Stell dir vor, du sitzt an einem Fluss. Dieser Fluss nimmt all deine Gedanken mit. Mit jedem Ausatmen fällt ein Gedanke in den Fluss.

Loslassen

Ein Gewicht festhalten fällt schwer, ein Gewicht loslassen fällt leicht. Leider nur beim Krafttraining. Im Leben ist es umgekehrt. Da fällt das Festhalten an Altem leichter als das Loslassen. Das Dilemma des Loslassens ist, dass ich es nicht *wollen* kann. Solange ich loslassen will, halte ich in Wahrheit fest. Das Paradox des Loslassens ist die Akzeptanz des Ewigwährenden. Erst wenn ich akzeptieren kann, dass die Last für immer bei mir bleiben könnte, lasse ich wirklich los. Akzeptanz ist die Technik der Leichtigkeit. Wer akzeptieren kann, dass es nicht nur die eigene, sondern auch noch andere Wahrheiten gibt, muss nicht mehr für seine Sicht der Dinge kämpfen. Dogmatiker haben es schwer. Sie müssen nicht nur gegen widersprechende Meinungen anderer, sondern auch noch gegen ihre eigenen, dem Dogma widersprechende Gedanken angehen. Denn das Dilemma von vielen Gedanken ist, dass sie immer den Gegengedanken im Schlepptau haben. Gedanken der Hoffnung werden von Gedanken der Befürchtung begleitet, Gedanken des Vertrauens werden von Gedanken des Zweifels begleitet. Wer auch das akzeptieren kann, lebt leichter.

Professor Viktor E. Frankl war ein Wiener Neurologe und Psychiater, der aus einer jüdischen Beamtenfamilie stammte und mehrere Konzentrationslager überlebt hat, unter anderem Auschwitz. Seine Erfahrungen in den Lagern hat er in dem Buch … *trotzdem Ja zum Leben sagen* beschrieben. Darin sagt er, er habe in diesen Jahren gelernt, dass man am besten überleben kann, wenn man nicht bestrebt ist, sein Schicksal zu erzwingen. Er berichtet in dem Buch von Menschen, die in den Lagern versucht hatten, die für sie beste Möglichkeit zum Überleben zu sichern. Bei den Selektionen durch die Lagerwärter, die verschiedene Trupps von Häftlingen für Zwangsarbeiten zusammenstellten, hatten viele Häftlinge probiert, sich in den vermeintlich »besseren« Trupp zu schmuggeln. Oft jedoch hatte sich die vermeintlich günstigere Wahl später als die schlechtere Alternative herausgestellt. Viele dieser Häftlinge seien nicht mehr lebend zurückgekehrt. Er hingegen habe sich immer den Entscheidungen der Aufseher hingegeben in der Hoffnung, es habe schon irgendeinen Sinn, dass es nun so kommt, wie es kommt.

In dem Buch erzählt Frankl das Märchen vom Gevatter Tod, den der Diener eines reichen und mächtigen Persers beim »Lustwandeln« durch den Garten sieht. Der Diener erschrickt beim Anblick des ungebetenen Gastes und bittet seinen Herrn um das schnellste Pferd, mit dem er eilends nach Teheran flüchten könne. Der Herr gewährt ihm seine Bitte, und der Diener galoppiert davon, um noch des Abends am Ziel anzukommen.

Auf dem Rückweg zum Haus trifft der Herr selbst auf den Tod und stellt ihn zur Rede: »Warum hast du meinen Diener so erschreckt, warum hast du ihm gedroht?«

Darauf antwortet der Tod: »Ich habe ihm doch nicht gedroht! Ich wollte ihn auch gar nicht erschrecken. Ich habe wohl nur erstaunt getan, weil ich überrascht war, ihn noch hier zu sehen, wo ich ihn doch heute abends in Teheran treffen soll!«

Das Schicksal anzunehmen hat nichts damit zu tun, sich seinem Schicksal zu ergeben. Das eine ist Kapitulation, das andere Resignation. Beides ist nicht dasselbe. Die Annahme lässt mir innerhalb des Schicksals Handlungsfreiheit. In der Resignation gebe ich alles Handeln auf. Die weiße Fahne der Kapitulation ist die einzige Waffe, die in der Lage ist, den Frieden zu schaffen. Alle anderen Waffen verlängern den Krieg. Kapitulation ist die Annahme des Schicksals, die zur Veränderung führt. Kapitulation ist die Veränderung von Krieg zu Frieden. Resignation ist keine Veränderung, sondern ein Verharren in der Situation. Der Resignierende glaubt im Gegensatz zum Kapitulierenden nicht an eine Zeit des Friedens, die dem Krieg folgt. Der Resignierende ergibt sich vielmehr dem Krieg. Resignation ist Passivität, Kapitulation hingegen eine aktive Handlung. Die Kapitulation eröffnet neue Perspektiven. Die Resignation glaubt nicht mehr an bessere Aussichten, sie hat keine Hoffnung mehr.

Nimm einen Stein und halt ihn in der Hand. Dieser Stein ist das Symbol deiner derzeitigen Angst, deiner aktuellen Sorge, an der du schwer zu tragen hast. Du wünschst dir ein wenig Leichtigkeit im Umgang mit dieser Sorge, dieser Angst. Nun spann deine Faust an, die den Stein umgibt. Mach dir bewusst: Du hältst nun deine Sorge fest.

Und jetzt achte auf deinen Atem. Stell dir vor, wie du mit jedem Atemzug Leichtigkeit einsaugst. Die Leichtigkeit füllt dich, deinen Körper, deine Aura, deine Seele immer mehr aus. Wie Luft, die sich in einem Raum verteilt, breitet sich auch die Leichtigkeit in dir aus. Und wenn die Leichtigkeit deine Hände erreicht hat, gib dem Impuls nach und lass deine Angst, deine Sorge fallen.

Vom rechten Zeitpunkt

An manchen Tagen erreichen wir unsere Ziele mit Leichtigkeit. An anderen Tagen wiederum will nichts gelingen, obwohl wir genau das Gleiche tun. Der Grund, dass es uns heute leicht und morgen schwer fällt, liegt nicht in der Tätigkeit selbst oder an unserem Geschick. Es ist eine Frage des rechten Zeitpunkts.

Im *Kleinen Prinzen* von Antoine de Saint-Exupéry gibt es die Episode von einem König, der auf Wunsch des Prinzen einen Sonnenuntergang befehlen will. Der König gibt sich überzeugt davon, dass die Sonne deshalb untergeht, weil er die Order dazu gibt. Dieser Herrscher ist ein Meister für günstige Bedingungen: Für ihn ist es selbstverständlich, dass er nach einem Blick auf den Kalender den Zeitpunkt hierfür auf »heute Abend gegen sieben Uhr vierzig« legt …

Tatsächlich gibt es Phasen, in denen ein Projekt oder ein Vorhaben trotz aller Mühe einfach nicht gelingen will. Wenige Tage später jedoch klappt alles wie am Schnürchen. Jede Zeit hat ihre eigene, individuelle Qualität. Das gilt für die Jahrtausende und Jahrhunderte ebenso wie für die einzelnen Tage, Stunden und Minuten. Wenn ich etwas zur falschen Zeit probiere, wird es mir nicht gelingen. Ist die Zeit aber reif, dann habe ich den erwünschten Erfolg, und zwar mit Leichtigkeit.

Manche geben ihren Projekten auch zu wenig Zeit. Sie verlieren zu schnell die Nerven, wenn es nicht sofort nach ihren Wünschen läuft. Wer zu rasch aufgibt, hat oft nicht erkannt, dass die Zeit eine Kraft, ein »Werkstoff« ist, aus dem das Projekt entsteht. Entziehe ich dem Projekt den Stoff, kann es nicht wachsen und gedeihen. Zeit ist reine Energie. Wer bereit ist, Zeit in seine Vorhaben zu investieren, steigert ihren Wert. Das Wertvolle wächst auch durch Beständigkeit.

Ich empfehle den Teilnehmern meiner Seminare, ihrer Reiki-Meditationsübung einen festen Ort und einen festen Zeitpunkt zuzuweisen. »Mach jeden Tag zur gleichen Zeit am gleichen Ort die gleiche Übung«, lautet meine Botschaft. »Nur dann lernst du ihre wirklichen Tiefen kennen. Nur wenn du sie täglich ausführst, kannst du ihre Wirkung auch täglich spüren. Wenn du sie fünf Jahre lang jeden Tag machst, weißt du, wie sie nach fünf Jahren wirkt. Wenn du sie zehn Jahre lang täglich machst, weißt du, wie sie nach zehn Jahren wirkt.«

Eine Seminarteilnehmerin sagte vor Kurzem: »Jeden Tag zur gleichen Zeit am gleichen Ort – wie soll ich das denn schaffen? Ich bin Stewardess und werde ausschließlich für Langstreckenflüge eingesetzt. Ich bin heute in New York, morgen in Frankfurt und übermorgen in Melbourne.«

»Der Ort, an dem die Übung wirkt, bist du selbst. Und da der einzig existierende Zeitpunkt der jetzige Moment ist, kannst du diese beiden Kriterien überall und jederzeit erfüllen«, antwortete ich spontan. »Die tägliche Wiederholung der Übung jedoch ist unverzichtbar und auch für einen Weltenbummler machbar.«

Wir beide waren dankbar: ich, weil mir diese weisen Worte zur rechten Zeit eingefallen waren, und die Seminarteilnehmerin, weil ihr eine Entscheidung zwischen »meditieren und Job kündigen« oder »nicht meditieren und Job behalten« erspart geblieben war.

Zeit ist Bewegung, Zeit ist Veränderung, Zeit ist Fortstreben. Was wir als Zeit empfinden, ist in Wahrheit reine Schöpferkraft. Bewegung und Veränderung sind Ausdruck und Wirkung dieser Schöpferkraft. Tatsächlich gibt es nur einen existierenden Zeitpunkt, der voller Energie ist. Jedes Wesen im Universum spürt Bewegung und Veränderung in sich und existiert dennoch nur in diesem einen Augenblick. Jedes Geschöpf ist Teil dieses einen Moments, der unaufhörlich nach Bewegung und Veränderung strebt. Jedes Geschöpf ist ein Teil der Zeit. Solange es Zeit, die Schöpferkraft, gibt, so lange wird es Geschöpfe geben.

Manche Menschen haben Angst vor der Zeit. Sie möchten nicht altern, sie wollen sich nicht verändern. Sie kämpfen gegen die Zeit. Hilfreich könnte für sie sein, sich bewusst zu machen, dass Zeit kein äußerer Gegner, sondern eine innere Kraft ist. Sie existiert nicht getrennt von mir. Ich bin die Zeit. Solange es Zeit, die Schöpferkraft, gibt, so lange wird es auch mich geben.

Oft höre ich: »Die Zeit läuft mir davon.« Besser wäre der Glaubenssatz: »Die Zeit schiebt mich an.« Und oft höre ich (auch aus meinem eigenen Mund): »Ich habe keine Zeit.« Besser wäre der Glaubenssatz: »Ich habe immer Zeit.« Denn so ist es. Die Zeit ist ja nicht weg, nur weil ich im Moment anderweitig beschäftigt bin.

Eine Kollegin bei der Polizei hat auf ihrem Schreibtisch einen Zettel liegen. Darauf steht: »Nimm dir die Zeit, die andere haben.« Der Zettel liegt offen und ist für jeden sichtbar, der sie in ihrem Büro besucht. Er ist eine kleine Anklage an die Mitarbeiter ihrer Dienststelle, die ihrer Wahrnehmung nach nicht so viel arbeiten wie sie, sondern öfter mal eine kleine Verschnaufpause einlegen. Der Glaubenssatz, der hinter diesem Spruch steht, lautet: »Andere haben Zeit, ich nicht, also muss ich sie mir stehlen.« Dabei kann es hilfreich sein, das Thema »Zeit« einmal mit anderen Augen zu betrachten. Da niemandem die Zeit gehört, kann sie keiner verschenken oder verlieren. Die Zeit ist einfach da. Immer. So wie die Sonne. Auch die Sonne gehört niemandem, und keiner kann sie verschenken oder verlieren. Und wenn ich die Sonne nachts nicht sehe, ist sie dennoch da.

Ich nehme sie laufend in einer anderen Qualität wahr. Im Sommer wärmt sie mich mehr als im Winter, mal strahlt sie mich aus dem ungetrübten blauen Himmel an, mal ist sie von Wolken verdeckt. Auch die Zeit spüre ich immer wieder anders. Manchmal empfinde ich sie als schneller, manchmal als langsamer, ab und an drückt sie, und zuweilen verrinnt sie.

So wie die Jahrtausende und Jahrhunderte sich voneinander unterscheiden, so hat auch jeder Tag und jede Stunde eine andere Qualität. Es gibt Kulturen, die die Zeit nicht als linear verlaufend betrachten, sondern als kreisförmig. So wie der Kreislauf der Sonne und der Planeten verläuft für sie auch die Zeit in Zyklen. Diese Vorstellung ist das Fundament der Astrologie. Verkürzt ausgedrückt, ist jeder Zeitpunkt ein neuer Standort, den der Mensch in Bezug auf die Gestirne einnimmt. Die Qualität des Zeitpunkts entscheidet mit über das Gelingen oder Scheitern eines Vorhabens. Eine Seele, die als Mensch auf der Erde einen bestimmten Auftrag erfüllen soll, muss sich zu einem energetisch entsprechenden (Qualitäts-)Zeit- und Raumpunkt auf die Erde begeben. Der geschulte Astrologe kann somit durch das Studium der Geburtsstunde und des Geburtsorts die Bestimmung eines Menschen erkennen.

Es gibt Zeitqualitäten der Bewegung und der Ruhe, Qualitäten des Aufbruchs und der Ankunft. In der westlichen Welt haben wir das Gespür für die unterschiedlichen Zeitqualitäten verloren. Wir versuchen, sie unseren Vorhaben anzupassen, statt umgekehrt ein Gefühl dafür zu entwickeln, welcher Moment günstig und welcher ungünstig ist. Wir organisieren uns mit den Methoden des Verstandes, der die Zeit zwar in quantitative Einheiten unterteilen, aber keine ihrer Qualitäten spüren kann. Unser Zeitmanagement orientiert sich nach den Kriterien der Gesellschaft, die auf wirtschaftliches Wachstum und Profit ausgerichtet ist. Wir streben danach, von den saisonalen Gegebenheiten unabhängig zu werden, und sind es gewohnt, dass man in den Supermärkten Erdbeeren auch im Winter kaufen kann. Das Gebot der Achtsamkeit, den Sabbat zu heiligen, betrachten wir als ein Relikt der Vergangenheit, das wir uns heutzutage nicht mehr leisten können. Doch innerlich spüren wir, dass unsere strategisch ausgerichteten Lebenskonzepte nicht länger funktionieren. Die Zeit nimmt nun eine andere, neue Qualität an. Wir erleben eine Phase des Umbruchs. Vieles läuft aus dem Ruder, manch einer beklagt sich über chaotische Zustände. Wir begreifen, dass Zeit mehr ist, als wir an unseren Uhren ablesen können.

Vor wenigen Wochen wurde mir wieder bewusst, dass Zeit und Raum miteinander verwoben sind. Vor einem Vortrag in Berlin suchte ich die dortige Friedenskirche auf. Im Gegensatz zu vielen anderen Kirchen, die aus Angst vor Diebstählen ihre Pforten meist verschlossen halten, ist dieses Gotteshaus offen. Auch außerhalb der Gottesdienste ist sie gut besucht. Doch im Gegensatz zum Kölner Dom, in dem es ständig von Touristen nur so wimmelt, herrscht an diesem Ort die Stille. Ich setzte mich in eine der Bänke und schloss die Augen. Ein unglaubliches Gefühl von Frieden durchflutete mich. Es war, als wenn die Zeit stillstünde.

Auch in Wohnhäusern gibt es »Zeit-Räume«. Man achte einmal darauf: In jeder Wohnung ist ein Zimmer, in dem man sich während des Aufenthalts mehr an die Vergangenheit erinnert als in den anderen Räumen. Ebenso gibt es in jeder Wohnung einen Raum, in dem man sich mehr als in den anderen Gedanken über die Zukunft macht. Die wenigsten Wohnungen aber haben einen Raum der Gegenwart.

Karina und ich richteten 1999 bei unserem Einzug in die neue Wohnung einen Meditationsraum ein. Die Ausstattung besteht aus Teppichboden, Sitzkissen und ein paar Bildern an den Wänden. Anfangs fragten unsere Bekannten, welche Möbel wir denn in dieses Zimmer stellen wollten? »Keine«, antworteten wir. »Der Raum bleibt leer.« Aus erstem Unverständnis wurde im Laufe der Zeit Akzeptanz. Mittlerweile haben einige von ihnen selbst einen Meditationsraum eingerichtet, den sie für sich als Ort der Zuflucht und Erholung zu schätzen wissen. Es muss kein ganzes Zimmer sein, eine Meditationsecke reicht aus. Entscheidend ist, dass dieser Wohnbereich ausschließlich für die Meditation genutzt wird. Die Tätigkeit des Menschen prägt die Atmosphäre eines Raums. Die Atmosphäre des Raums wiederum wirkt auf den Menschen ein. Ein Meditationsraum ist immer ein Bereich der Gegenwart. Hier lösen sich Gefühle des Ärgers und der Sorge auf. Ärger ist nach hinten in die Vergangenheit gerichtet, Sorge ist nach vorn in die Zukunft gerichtet. Die Gegenwart ist der natürliche Feind von Ärger und Sorge. Der Begriff »Meditation« enthält den Wortbestandteil »Medi«, der auf das lateinische *medium* (»die Mitte«) zurückgeführt werden kann. Die Praxis der Meditation leitet uns in die eigene innere Mitte und – damit verbunden – in die Mitte zwischen Vergangenheit und Zukunft.

Leg drei Uhren in verschiedene Räume. Die erste stellst du zurück, sodass sie nachgeht. Die zweite stellst du vor, sodass sie vorgeht. Bei der dritten entfernst du die Batterie, sodass sie stillsteht.

Die erste Uhr liegt im Raum der Vergangenheit, die zweite im Raum der Zukunft, die dritte im Raum der ewigen Gegenwart. Und dann geh einmal am Tag bewusst vom Raum der Vergangenheit in den Raum der Zukunft. Zuletzt gehst du in den Raum der Gegenwart. Setz dich dort hin und meditiere.

Und immer geht es weiter

Stell dir einen Weg vor.
Sieh dich selbst auf diesem Weg.
Mach dir klar: Es ist der Weg deines Lebens.

Nun dreh dich um und blick zurück.
Schau auf den Weg, der hinter dir liegt.
Schau auf den Weg, den du schon gegangen bist.
Manchmal war der Weg steil und schwer.
Manchmal war es mühsam, den Weg zu gehen.
Doch immer ging es weiter. Immer ging dein Leben weiter.

Manchmal fiel es dir leicht, den Weg zu gehen.
Manchmal dachtest du, niemand könnte dich aufhalten auf deinem Weg.
Und immer ging es weiter. Immer ging dein Leben weiter.

Manchmal lagen Hindernisse auf dem Weg.
Manchmal dachtest du, es sei zu schwer, sie aus dem Weg zu räumen.
Doch immer ging es weiter. Immer ging dein Leben weiter.

Manchmal war es schön auf deinem Weg.
Manchmal dachtest du: »Hier ist es gut, hier möchte ich bleiben.«
Doch immer ging es weiter. Immer ging dein Leben weiter.

Manchmal kamst du an eine Grenze, die dir den Weg versperrte.
Manchmal dachtest du: »Es ist vorbei, ich kann nicht weitergehen auf meinem Weg.«
Doch immer ging es weiter. Immer ging dein Leben weiter.

Stell dir einen Weg vor.
Sieh dich selbst auf diesem Weg.
Mach dir klar: Es ist der Weg deines Lebens.

Nun sieh nach vorn:
Schau auf den Weg, der vor dir liegt.
Schau auf den Weg, den du noch gehen wirst.

Oftmals wird der Weg steil und schwer.
Oftmals wird es mühsam sein, den Weg zu gehen.
Doch immer geht es weiter. Immer geht dein Leben weiter.

Oftmals wird es dir leichtfallen, den Weg zu gehen.
Oftmals wirst du glauben, niemand könnte dich aufhalten auf deinem Weg.
Und immer geht es weiter. Immer geht dein Leben weiter.

Oftmals werden Hindernisse auf dem Weg liegen.
Oftmals wirst du glauben, es sei zu schwer, sie aus dem Weg zu räumen.
Doch immer geht es weiter. Immer geht dein Leben weiter.

Oftmals wird es schön sein auf deinem Weg.
Oftmals wirst du sagen: »Hier ist es gut, hier möchte ich bleiben.«
Doch immer geht es weiter. Immer geht dein Leben weiter.

Oftmals wirst du an eine Grenze kommen, die dir den Weg versperrt.
Oftmals wirst du glauben: »Es ist vorbei, ich kann nicht weitergehen auf meinem Weg.«
Doch immer geht es weiter. Immer geht dein Leben weiter.

Kapitel VIII
Sanftmut

Hüte dich vor dem Zorn eines sanftmütigen Mannes.

John Dryden

In früheren Zeiten habe ich vieles getan, um den weichen Kern in mir zu verbergen. Mein Selbstbild war das des harten Bullen, den kaum etwas erschüttern kann. Deshalb hatte ich eine Mauer um mich herumgebaut, die mich vor meinen Gefühlen und denen anderer schützen sollte. Eine Mauer ist hart. Wer eine Mauer um sich baut, ist geschützt, aber von Härte umgeben. Sich zu öffnen erfordert Mut. Man könnte verletzt werden. Man könnte aber auch geliebt werden. Durch das Tor könnten Feinde kommen, durch das Tor könnten Freunde kommen. Ich muss den Mut haben, es zu riskieren. Ich brauche Mut, um sanft zu sein. Misstrauen schützt manchmal vor Enttäuschung. Doch Misstrauen schützt auch vor Erfahrung, vor Nähe, vor Liebe …

Eine meiner letzten Amtshandlungen als Zielfahnder war eine Dienstreise nach München zur Fernsehsendung »Aktenzeichen XY ungelöst«. Ich wollte einem größeren Publikum noch einen Kunden auf meiner Fahndungsliste vorstellen, dessen Spuren sich vermeintlich im Nirwana aufgelöst hatten, um möglicherweise einen Hinweis auf seinen Aufenthaltsort zu erhalten. Zwar wird die Sendung abends live ausgestrahlt, manche Beiträge werden aber bereits tagsüber aufgezeichnet. Zusammen mit etlichen anderen Kollegen aus verschiedenen Teilen Deutschlands hielt ich mich also fast den ganzen Tag vor der Sendung im Studio auf. Die meiste Zeit saß ich auf meinem Stuhl, beobachtete das Treiben und langweilte mich. Ich hatte viel Zeit zum Sinnieren. Ich ließ die acht Jahre Revue passieren, die ich bei der Zielfahndung des Landeskriminalamts erlebt hatte. Wenn ich nicht auf die spirituellen Pfade gelangt wäre, hätte ich den Job vermutlich niemals aufgegeben. Doch jetzt schien diese Polizeiwelt nicht mehr meine zu sein. Es war für mich schwierig, meinen Beruf mit meiner – zu diesem Zeitpunkt bereits drei Jahre währenden – Tätigkeit als Meditations- und Reiki-Lehrer innerlich unter einen Hut zu bekommen. Zwar gelang es mir ganz gut, mich bei meinen Teilnehmern als Polizist zu outen, mich aber umgekehrt in Polizeikreisen als Reiki-Lehrer vorzustellen wäre mir zu diesem Zeitpunkt nicht möglich gewesen. Die Angst, in den Augen der Kollegen als »esoterisch durchgeknallt« zu gelten, war eine innerliche Mauer, die ich noch nicht überwinden konnte.

Als ich genau über dieses Thema nachdachte, sah ich, wie auf der gegenüberliegenden Seite des Studios eine Hauptkommissarin der Hamburger Mordkommission aufstand, sich hinter ihren Kommissarkollegen stellte und ihm die Hände auf Stirn (in »esoterisch durchgeknallten« Kreisen auch »Stirnchakra« oder »Drittes Auge« genannt) und Hinterkopf legte. »Das sieht verdammt nochmal nach Reiki aus!«, dachte ich verblüfft und nahm mir vor, sie in einer stillen Ecke des Studios abzupassen und danach zu fragen. Vielleicht ist sie sogar eine Kandidatin für ein Seminar an der Nordsee, ging es mir durch den Kopf. Schließlich bin ich ja auch im spirituellen Bereich eine Art »Zielfahnder«. Nur mit dem Unterschied, dass ich die Menschen nicht in wirkliche Gefängnisse einsperren, sondern vielmehr aus ihren inneren befreien möchte. Zum Beispiel aus einem solchen wie dem, in dem ich gerade einsaß ...

Eine halbe Stunde später ging die Kollegin ins Freie. Ich folgte ihr. Vor der Tür sprach ich sie an. Da noch etliche andere Personen draußen standen, spielte ich den Ahnungslosen.

»Ich hab gerade gesehen, wie du deinem Kollegen die Hände auf die Stirn gelegt hast. Was hat das zu bedeuten?«, formulierte ich meine Frage risikofrei.

Sie schaute mich an, lachte mir ins Gesicht und antwortete so laut, dass alle Umstehenden es hören konnten, dass sie den zweiten Reiki-Grad habe und diesen auch ausgesprochen gern bei anderen Menschen anwende. Der Kollege habe Kopfschmerzen gehabt, und sie habe ihn soeben mit Hilfe von Reiki von diesem Leiden befreit.

Ich stand wie ein dummer Junge vor ihr und war sprachlos, wie unbekümmert sie mit dem Thema umging. Eine Redakteurin des ZDF, die in der Nähe stand, nutzte die Chance und erzählte von ihrer Migräne. Die Mordermittlerin ließ sich nicht lumpen und verpasste auch ihr nach allen Regeln der Kunst eine sogenannte Reiki-Kurzbehandlung. Und ich, der ich als Reiki-Lehrer in meinen Seminaren den Menschen vermittle, dass sie ihr Leben nicht mehr in den Augen der anderen leben sollen, hatte nicht den Mumm, meine eigene Wahrheit offen zu zeigen. Im Gegensatz zu der Kollegin hatte ich nicht die Courage, auch zu meiner sanften Seite zu stehen. Ich war bis zu diesem Zeitpunkt nicht sanft-, sondern kleinmütig.

Diese Episode ist für mich eine wichtige Lektion gewesen. Ich habe sie oft nach Lesungen erzählt, wenn mich ein Zuhörer ansprach, der sich mir gegenüber mehr oder weniger heimlich als Reiki praktizierender Polizist outete.

»Wie gehen Sie denn mit diesem Problem um?«, lautete die Frage. Ich antwortete in diesen Fällen immer, er solle die innere Mauer niederreißen, weil niemand ihn deswegen schief ansehen würde. »Die Angst ist nur in dir«, lautete meine Botschaft. Eine Zeit lang traf ich bei meinen Vorträgen regelmäßig auf solche Kollegen. Seitdem ich die Botschaft selbst verinnerlicht habe, hat sich kein Polizist mehr mit dieser Fragestellung bei mir gemeldet. Wir ziehen auch die Fragen an, die wir ausstrahlen.

Frag dich: Spüre ich Härte, spüre ich Sanftheit?

Wie geht das Leben zur Zeit mit mir um?
Ist es hart zu mir? Oder ist das Leben sanft zu mir?
Spüre ich Härte oder spüre ich Sanftheit?

Und
wie gehe ich zur Zeit mit anderen Lebewesen um?
Bin ich hart zu anderen? Oder bin ich sanft zu anderen?
Gebe ich Härte oder gebe ich Sanftheit?

Und
wie gehe ich zur Zeit mit mir selbst um?
Bin ich hart zu mir? Oder bin ich sanft zu mir?
Gebe ich Härte oder gebe ich Sanftheit?

Spüre ich Härte, spüre ich Sanftheit?

Sanftmut und Gerechtigkeit

Vor einigen Tagen wurde meine Sanftmut auf die Probe gestellt. Ich war mit dem Auto im Ruhrgebiet unterwegs. Als ich an einer Kreuzung vor einer roten Ampel halten musste, sprach mich ein Fußgänger an, ob ich ihn mitnehmen könne. Da ich jedoch nur noch wenige hundert Meter bis zu meinem Ziel fahren musste, winkte ich freundlich ab. Damit schien der Anhalter offenbar nicht einverstanden zu sein. Der Mann bekundete seine Verständnislosigkeit, indem er mich lauthals und gestenreich beschimpfte. Er rief Verwünschungen aus und streckte beide Mittelfinger in die Höhe. Hätte er das in einem meiner früheren Leben getan, wäre sein Tod in diesem Moment besiegelt gewesen. Schließlich war ich nicht in allen Inkarnationen ein Reiki-Lehrer. Doch möchte ich an dieser Stelle nicht verhehlen, dass ich auch in diesem Leben einen leichten Impuls verspürte, ihm die Beichte für seine Sünden noch an Ort und Stelle abzunehmen. Meine bedingungslose Liebe zu allen Wesen auf diesem Planeten und die Tatsache, dass die Ampel auf Grün schaltete, retteten ihn vor seiner gerechten Strafe. Und da ich nicht nachtragend bin, habe ich ihm verziehen. Möge der Zorn Gottes ihn beizeiten ereilen …

Das Training der Sanftmut beginnt bei mir. Ich kann nicht sanft zu anderen sein, wenn ich zugleich hart zu mir selbst bin. Und ebenso umgekehrt. Solange ich an harten Urteilen gegenüber anderen festhalte, kann ich nicht sanft zu mir sein. Vergebung ist die Voraussetzung für Sanftheit. Viele fordern »harte« Urteile, wenn sie von einer zum Himmel schreienden Ungerechtigkeit hören. Doch ist das Leben in einer von harten Urteilen geprägten Gesellschaft nicht unbedingt lebenswerter. Und Gemeinschaften ohne Gesetz gibt es de facto nicht. In einer absolut freien Gesellschaft ist das Recht des Stärkeren das (einzig) gültige Gesetz. Vermutlich wäre solch eine Gesellschaft sogar die härteste von allen.

Ich habe auch in meinem Inneren Gesetze und Regeln erlassen, deren Einhaltung ich für notwendig erachte. Ebenso halte ich an Urteilen und Glaubenssätzen fest, die für mich vermeintlich gut und richtig sind. Viele dieser Gesetze, Urteile und Glaubenssätze sind mir bewusst, mindestens genauso viele sind mir unbewusst. Doch egal, ob bewusst oder unbewusst, sie alle wirken in mir gleichermaßen. Durch sie erschaffe ich mir mein inneres Paradies oder meine innere Folterkammer. Manche Gesetze habe ich im Lauf der Zeit abgeschafft, dafür andere erlassen. Manche Urteile habe ich im Lauf der Zeit revidiert, dafür andere getroffen. Manche Glaubenssätze konnte ich im Lauf der Zeit loslassen, dafür glaube ich nun an andere. Auch dies geschah unabhängig davon, ob es mir bewusst war oder nicht.

Je beweglicher ein Mensch ist, desto leichter geschieht der Austausch. Und desto lebendiger fühlt er sich. Je hartnäckiger jemand an dem vermeintlich Guten, Richtigen und Notwendigen festhält, umso starrer und unbeweglicher wird er. Das ist das Dilemma aller Fundamentalisten. Manche haben in ihrem Inneren einen totalitären Gottesstaat errichtet. Sie kämpfen gegen die Natur des Lebens an, das fortwährend nach Wachstum und Veränderung strebt. Ein Mensch, der innerlich starr bleibt, stirbt innerlich ab.

Der Meister der Liebe lehrte seine Schüler: »Richtet nicht, auf dass ihr selbst nicht gerichtet werdet.« Er sagte: »Die Maßstäbe, nach denen du andere misst, bemessen auch dich. Die Gesetze, deren Einhaltung du von anderen forderst, beherrschen auch dich. Die Grenzen, die du anderen setzt, beschränken auch dich.« Der Meister der Liebe lehrte seine Schüler, nicht zu sehr an alten Prinzipien und äußeren Kriterien festzuhalten, sondern auch bei ihren Urteilen über andere auf die innere Stimme des Mitgefühls zu hören. Er wollte keine Gerechtigkeitsapostel um sich haben, sondern Jünger mit Mut und Herz.

Gerechtigkeit, die sich an äußeren Kriterien ausrichtet, führt oft zu Härten. Ein Gerechtigkeitsempfinden, das sich an der Intuition orientiert, wirkt sanft und ausgleichend. Oftmals kann man in den Zeitungen von behördlichen Entscheidungen lesen, die zwar nach den Buchstaben des Gesetzes korrekt, aber dennoch ungerecht sind, weil sie nicht von Mitgefühl getragen werden. So weist man beispielsweise Kinder aufgrund ausländerrechtlicher Bestimmungen aus, obwohl sie in unserem Land aufgewachsen und eingeschult worden sind. Weil sie formal nicht die erforderlichen Kriterien der gesetzlichen Paragrafen erfüllen, verlieren sie ihre Heimat. Doch Gott sei Dank gibt es immer wieder Menschen, die sich an die Seite der Betroffenen stellen und Widerstand leisten.

Diese sind nicht zu verwechseln mit solchen selbsternannten Gutmenschen, die sich grundsätzlich berufen fühlen, Ungerechtigkeiten zu bekämpfen. Ist der eine Missstand aus der Welt geschafft, machen sie sich auf die Suche nach dem nächsten. Sie sind auf ungerechte Zustände geradezu angewiesen, damit sie ihr Selbstbild nach Art von Robin Hood täglich weiter malen können. Sie brauchen die Bedürftigen, um in sich das Gefühl des guten Menschen spüren zu können. Auf diese Weise pumpen sie die Energie der Achtsamkeit in Ungerechtigkeit und Bedürftigkeit. Sie stärken energetisch, was sie eigentlich bekämpfen wollen. Mitgefühl kommt aus dem Herzen und kann daher kein dogmatisches Programm sein. Mitgefühl bezieht sich immer auf den Einzelfall.

Das Herz ist beweglicher als der Verstand. Gedanken können starr sein, das Herz aber schlägt immer weiter. Wer lebendig bleiben will, sollte mehr dem Herzen als dem Verstand folgen. Glücklicherweise hält sich der Körper an diese Maxime. In den entscheidenden Punkten reagiert er nicht auf die Anweisungen der Ratio. Und würde ich ein Jahr lang unablässig den Satz denken: »Ich bin tot«, meinen Körper interessierte es nicht. Er hört auf das Herz. Erst wenn dieses zu schlagen aufhört, gibt auch er sich geschlagen.

Soll etwas in meinem Leben lebendig bleiben, darf ich es nicht dem Verstand ausliefern. Dasselbe gilt im Übrigen auch für Freund- und Partnerschaften. Viele »Zweierkisten« gehen in die Binsen, weil die Beziehung ständig analysiert wird. Das Herz fühlt, der Verstand analysiert. Er kann Sachverhalte auseinandernehmen und wieder zusammensetzen. Er ist ein guter Pathologe. Auf seinem Tisch hat Lebendiges keine Chance. Was nicht schon tot ist, stirbt spätestens nach dem dritten Schnitt des Skalpells.

Heilung ist sanft. Die Voraussetzung für Heilung ist Verletzung. Um die Sanftheit der Heilung zu spüren, sorgen manche Menschen, die in der Kindheit extreme Härten und Traumatisierungen erfahren haben, immer wieder dafür, dass sie verletzt werden. Sie sehnen sich nach körperlicher Sanftheit und verletzen den Körper, um Heilung zu spüren. Sie sehnen sich nach sanften Gefühlen und verletzen die Gefühle, um Heilung zu spüren. Sie sehnen sich nach sanften Beziehungen und verletzen die Beziehung, um Heilung zu spüren.

Es ist ein inneres Programm der Sanftheit, das sie sich verordnet haben. Dieses Programm läuft unbewusst so lange weiter, bis es durch ein anderes ersetzt wird. Meditative Übungen können zu einem Bewusstseinswechsel beitragen, dass Sanftheit auch ohne vorherige Traumatisierung erfahren werden kann.

Man schaue ab und an mal in sich hinein und frage sich: »Welche alten Gebote, die ich mir früher einmal verordnet habe, befolge ich immer noch, obwohl sie mittlerweile überflüssig geworden sind? An welchen selbst erschaffenen Regeln halte ich fest, obwohl sie mir nicht mehr guttun?« Und wenn man ein überflüssiges Gebot entdeckt hat, dann schaffe man es ab und verordne sich vielleicht ein neues. Und wenn man eine nicht mehr sinnvolle Regel entdeckt hat, dann werfe man sie weg und erschaffe sich – wenn nötig – eine neue.

Viele Menschen glauben, dass Gott den Menschen Gebote gegeben hat. Je nach Religion sind es mal mehr und mal weniger Gesetze, an die sich die Gläubigen zu halten haben. Ich glaube, dass Gott den Menschen nur ein Gebot gegeben hat, das da lautet: »Dein Wille geschehe wie im Himmel so auf Erden.«

Übersetzt bedeutet das: »Du wirst ernten, was du säst. Säst du Zerstörung, wirst du Zerstörung erfahren. Säst du Verletzung, wirst du Verletzung erfahren. Säst du Dankbarkeit, wirst du Dankbarkeit erfahren. Säst du Liebe, wirst du Liebe erfahren.« Es ist das Gesetz des freien Willens. Doch achte nur auf das Säen, die Ernte kommt von allein. Wer allein die Ernte im Blick hat, läuft Gefahr, die falsche Saat zu streuen.

Schließ die Augen und schau auf dein Leben. Betrachte deine Vergangenheit und Gegenwart. Sieh, was du gesät hast, sieh, was du geerntet hast.

Nun stell dir Samenkörner in deiner Hand vor. Mach dir bewusst, was du aussäen möchtest. Und dann geh los und verstreu die Körner auf dem Feld deines Lebens. Säe aus, was du ernten möchtest.

Perfektion und (Un-)Vollkommenheit

Es gibt Menschen, denen der Erfolg in den Schoß zu fallen scheint. Alles, was sie anpacken, gelingt ihnen mit Leichtigkeit. Egal, wie schnell sie auch laufen, Fortuna holt sie immer wieder ein. Andere hingegen müssen sich alles hart erkämpfen, und oftmals kämpfen sie vergeblich.

Worin liegt nun der Unterschied zwischen den Glücksrittern und den Kämpfern? Warum erreichen die einen mühelos, wofür die anderen hart schuften müssen? Oft liegt es an der inneren Einstellung. Die einen haben Vertrauen und glauben, die Welt und das Leben seien ihnen wohlgesinnt, die anderen denken, man müsse sein Schicksal erzwingen. Dabei arbeiten die Glücksritter meist nicht weniger als die Kämpfer. Auch ist die Qualität ihres Tuns nicht schlechter. Aber sie arbeiten, weil sie Freude daran haben, sie sind nicht nur auf den Erfolg erpicht. Wer allein auf das Ergebnis ausgerichtet ist, neigt zu Ehrgeiz. Zu viel Ambition führt zu Verbissenheit. Und diese wiederum macht hart. Manche Politiker(innen) haben in der Vergangenheit bewiesen, wie man mit einem Übermaß an Ehrgeiz Erfolg geradezu verhindern kann, der einem mit etwas mehr Geduld von allein zugeflogen wäre. Sie wollten zu schnell an die Macht und waren bereit, dafür die Ellenbogen einzusetzen und notfalls mit dem Kopf durch die Wand zu gehen. Sie mussten erfahren, dass, je härter der Kopf ist, desto härter die Wand sein wird.

Sanft zu sich selbst zu sein bedeutet auch, Unvollkommenheit zuzulassen. Dabei hilft das Wissen, dass es eine Perfektion im absoluten Sinne nicht gibt. Das Leben ist stetiger Wandel. Wenn das Perfekte erreicht wäre, was sollte danach noch kommen? Wenn das Universum nach dem Perfekten strebte, müsste es in dem Moment stillstehen, da das Ziel erreicht wäre.

Doch das Leben strebt keineswegs nach einem perfekten Ziel. Gott hat nie gesagt: »Mein Ziel ist der Sommer. Der Sommer ist die perfekte Jahreszeit. Herbst, Winter und Frühling sind nur Etappen auf dem Weg zum großen Ziel. Sobald der Sommer da ist, packe ich das Jahr schön ein und fertig.« Wenn also selbst Gott nicht nach dem Perfekten strebt, warum versuche ich es dann?

Ich darf also ruhig sanft mit mir sein, brauche mich nicht unter Druck zu setzen, muss nicht perfekt sein. Und wenn es das Perfekte nicht gibt, kann es auch nichts Unperfektes geben. Was sollte denn das Gegenteil von etwas Nichtexistentem sein? Die Angst, nicht vollkommen zu sein, ist somit überflüssig.

Es gibt jedoch die Vollkommenheit des Augenblicks. Sie richtet sich nicht nach Kriterien. Kein Moment gleicht dem anderen. Somit gibt es auch keine Vergleichsparameter. Jeder Moment ist einmalig und deshalb ein Unikat. Mit was könnte man etwas Einzigartiges vergleichen? Das Einmalige ist für sich vollkommen.

Auch ich neige zum Perfektionismus, und zwar im Bereich der persönlichen Termin- und Aufgabenverwaltung. Ich führe sowohl handschriftlich wie auch digitale Termin- und Aufgabenlisten. Alle paar Wochen kaufe ich mir einen neuen Taschenkalender. Mal wähle ich einen großen Kalender, damit ich darin viele Notizen machen kann, dann wieder ist mir das Teil zu groß, weshalb ich mir ein kleineres Format besorge. Mal halte ich einen Kalender mit Wochenansicht für sinnvoll, dann wieder einen, auf dem pro Blatt nur ein Tag aufgeführt ist. Ich verbringe Stunden damit, Termine von einem Kalender in den nächsten zu übertragen. Zudem führe ich nicht nur To-do-Listen, sondern schreibe oft auch auf, was ich nicht (mehr) tun möchte: meine persönliche »Wenn du merkst, du reitest ein totes Pferd, steig ab«-Liste sozusagen. Auch reicht es mir nicht, eine Notiz zu schreiben, um etwas nicht zu vergessen, vielmehr müssen die Notizen auch thematisch strukturiert und recherchierbar abgelegt werden. Dabei helfen dann die Sortierfunktionen eines Computers.

Es ist ein kleines Aha-Erlebnis, wie es Teilnehmer von Selbsthilfegruppen manchmal erfahren, wenn sie feststellen: »Ich bin nicht allein mit meinem Problem.« Dies erfuhr ich bei einem Essen mit einem befreundeten Lektor, als ich ihm erzählte, dass ich in eine Excel-Tabelle meine Tage mit beziehungsweise ohne Alkohol eintrage. Überrascht sah er mich an. »Das mach ich auch«, sagte er.

Aus eigener leidvoller Erfahrung weiß ich, dass Perfektionisten wegen ihrer Detailbesessenheit nicht nur leicht den Blick fürs Wesentliche, sondern auch das Spielerische verlieren. Die Dinge brauchen Zeit und (Spiel-)Raum. Perfektionismus strebt danach, alles niet- und nagelfest zusammenzuzimmern. Alles soll so nahtlos zusammenpassen, dass keine Luft mehr dazwischenpasst. Und eines Tages stellt man fest, dass nichts mehr atmen kann.

Nun hör ich aber mal auf zu schreiben. Ich muss noch dringend den Tausendjährigen Kalender in eine Excel-Datei einfügen …

Lass in den nächsten Tagen ab und an fünf gerade sein.

Ein Weg zu mir selbst

»Ein Mensch hatte zwei Söhne; und der jüngere von ihnen sprach zum Vater: Vater, gib mir den Teil des Vermögens, der mir zufällt! Und er teilte ihnen die Habe. Und nach nicht vielen Tagen brachte der jüngere Sohn alles zusammen und reiste weg in ein fernes Land, und dort vergeudete er sein Vermögen, indem er verschwenderisch lebte. Als er aber alles verzehrt hatte, kam eine gewaltige Hungersnot über jenes Land, und er selbst fing an, Mangel zu leiden ... Und er machte sich auf und ging zu seinem Vater. Als er aber noch fern war, sah ihn sein Vater und wurde innerlich bewegt und lief hin und fiel ihm um seinen Hals und küsste ihn. Der Sohn aber sprach zu ihm: Vater, ich habe gesündigt gegen den Himmel und vor dir, ich bin nicht mehr würdig, dein Sohn zu heißen. Der Vater aber sprach zu seinen Sklaven: Bringt schnell das beste Gewand heraus und zieht es ihm an und tut einen Ring an seine Hand und Sandalen an seine Füße; und bringt das gemästete Kalb her und schlachtet es, und lasst uns essen und fröhlich sein! Denn dieser mein Sohn war tot und ist wieder lebendig geworden, war verloren und ist gefunden worden ...«

Die Geschichte vom verlorenen Sohn (Lukas 15, 11–32) zitiere ich gern, wenn ich einen Vortrag über die drei Grade des Reiki halte. Bei all den Zielen, Ansprüchen und Verpflichtungen des Alltags haben viele das Gefühl, auf ihrem Lebensweg sich selbst verloren zu haben. Der Reiki-Weg ist ein Weg zurück zu sich selbst. Das Thema des ersten Grades ist die »Liebe«, das Thema des zweiten Grades ist die »Vergebung«, das Thema des dritten Grades ist die »Verantwortung«.

Der erste Grad ist die Rückkehr des verlorenen Sohnes. Es wird ein Willkommensfest gefeiert. Alle freuen sich, alle feiern. Im zweiten Grad hat der Sohn nach seiner Rückkehr bereits ein paar Tage wieder zu Hause verbracht. Das Fest ist zu Ende und der Alltag wieder eingekehrt. Nun kommt er in Berührung mit den Themen, die ihn damals veranlasst haben, auf Distanz zu gehen. Im dritten Grad akzeptiert er, dass das Haus des Vaters auch sein Haus ist. Er nimmt die Verantwortung für das an, was im Haus geschieht. Er erkennt, dass man vor sich selbst nicht davonlaufen kann. Zugleich versteht er, dass die Erfahrung der Distanz notwendig war, um zu dieser Erkenntnis zu gelangen. Etwas salopp formuliert: Im ersten Grad kommt der verlorene Sohn nach Hause. Im zweiten Grad erinnert er sich, warum er damals abgehauen ist. Im dritten Grad begreift er, dass er weggehen musste, um zurückkehren zu können, und kauft das Haus.

Ein glücklicher Mensch ist mit sich im Reinen. Er ist bei sich angekommen. Ankommen kann jedoch nur, wer sich zuvor auf den Weg gemacht hat. Der verlorene Sohn hatte den Mut, seiner Sehnsucht zu folgen. Auf dem Weg hat er den Ort seines Glücks gefunden. Es war der Ort, an dem sich der ältere Bruder die ganze Zeit aufgehalten hatte.

Merkwürdigerweise jedoch hatte dieser sein Glück dort nicht gefunden. Denn die Geschichte hat noch einen zweiten Teil: Der ältere Bruder des verlorenen Sohnes beklagte sich beim Vater. Immer wäre er bei ihm geblieben und immer hätte er seine Pflicht erfüllt. Für ihn jedoch wäre noch nie ein Fest ausgerichtet worden.

Der Vater antwortete ihm: »Du solltest aber fröhlich und guten Mutes sein; denn dieser dein Bruder war tot und ist wieder lebendig geworden; er war verloren und ist wiedergefunden.«

Der Tod ist die Voraussetzung für das Leben. Die Auferstehung kann nur feiern, wer zuvor gestorben ist. Das Unglück ist die Voraussetzung für das Glück. Die Botschaft lautet: Verzweifle nicht, wenn du unglücklich bist. Du bist gerade auf dem Weg zum Glück.

Wer das Paradies nie verlässt, kann dessen Wert nicht erfassen. Der verlorene Sohn musste den Hunger erleiden, um den Wert des Essens zu erfahren, er musste Kälte spüren, um den Wert der Wärme zu erfahren, er musste sich einsam fühlen, um den Wert der Geborgenheit zu erfahren. Der verlorene Sohn war bereit, Risiken einzugehen. Der ältere Bruder hingegen hat sich für die Sicherheit entschieden. Der verlorene Sohn war neugierig auf das Leben und mutig genug, das Neue zu erfahren. Der Bruder entschied sich für das Alte. Das Alte ist sicher, es kann sich nicht mehr verändern. Viele Menschen scheuen die Veränderung. Wer auf Sicherheit aus ist, will, dass nur das eine passiert. Alles andere will er vermeiden. Wer jedoch ausgelassene Feste feiern will, muss bereit sein, ausgelassen zu sein. Sicherheit und Ausgelassenheit schließen sich aus. Alles kann passieren, wenn man ausgelassen ist.

Sanftmut ist auch der Mut, schwach zu sein. Ich brauche den Mut, vor mir selbst und anderen Gefühle zu zeigen. Das gilt für die angenehmen und unangenehmen Gefühle gleichermaßen. Dazu gehört ebenso, das Unangenehme vor sich selbst nicht zu leugnen.

Die Ereignisse seines Lebens anzunehmen bedeutet nicht, sie immer schönzureden. Eine Made ist nun mal kein Schmetterling.

Oft schon hörte ich von »spirituell Fortgeschrittenen« Sätze wie die folgenden: »Negative Gefühle habe ich nicht mehr. Ich habe schon alles bearbeitet …« Dann frage ich mich immer, wie der Betreffende es wohl geschafft haben mag, die zukünftigen Gefühle schon jetzt »bearbeitet« zu haben?

Wer sich mit der esoterischen Szene intensiver beschäftigt, wird auch mit sehr viel Seichtem konfrontiert. Etliche »Lichtarbeiter« propagieren im Internet und auf esoterischen Messen ihre Feinstofflichkeit und bieten ihre spirituellen Dienste an. Da ist von »Einweihungen in den silber-rosafarbenen Strahl« und von der »Aktivierung der kristallinen Schwingungen in den Chakren« und dergleichen mehr die Rede. Manche versprechen die Auflösung aller menschlichen Sorgen und Ängste. Mit einer höheren Schwingung in den Energiezentren des Körpers würden gleichsam auch die Probleme so feinstofflich, dass man sie kaum mehr wahrnehmen könnte.

Die angebotenen Konzepte scheinen mehr eine Flucht aus der Welt als konkrete Lebenshilfe zu sein. Vieles klingt abgehoben und diffus. Mit dieser Hilfe können die meisten bodenständigen Menschen nichts anfangen. Bei einem Wohnungsumzug braucht man Leute, die mit anpacken. Ein engelsgleicher Chor, der im Treppenhaus Lieder über die Leichtigkeit aller Möbel singt, ist dabei keine allzu große Hilfe. Und die spirituelle Entwicklung eines Menschen ist durchaus mit einem Umzug vergleichbar. Man bezieht ein neues Terrain im Land seiner Seele. Zuvor muss man innerliche Grenzen überschreiten. Und das ist nicht immer einfach.

Einer meiner Kollegen bei der Polizei hat unumstößliche Vorstellungen von Esoterikern. Als kürzlich in einem Gespräch eine Hauptkommissarin erwähnt wurde, die sich mit spirituellen Themen beschäftigt und daraus keinen Hehl macht, sagte er: »Die kann bestimmt auch ihren Namen tanzen.«

Seelische Reife führt nicht automatisch in einen Zustand ständiger Sanftheit. In harten Zeiten fällt es oft schwer, sanft zu bleiben. Harte Zeiten sind nicht nur für spirituell unterentwickelte Seelen vorgesehen. Spirituelles Wachstum bedeutet nicht, eines Tages keine Probleme mehr zu haben. Grinsend und sorgenfrei durch die Gegend zu laufen sind Symptome einer Krankheit, deren Name mir momentan nicht einfällt, gewiss aber keine Anzeichen für Erleuchtung. Viele alte Seelen haben auf Erden harte Zeiten erlebt. Auch der Meister der Liebe hat Leid und Elend erfahren. Auch er ist nicht immer sanft geblieben. Er hat Händler aus dem Tempel vertrieben und einen Feigenbaum verflucht. Er hat sich mit Pharisäern angelegt und diejenigen attackiert, die immer als Erste mit Steinen warfen. Er hat Stellung bezogen für die Ausgestoßenen der damaligen Gesellschaft. Er konnte den Menschen bei ihren Ängsten und Sorgen helfen, weil er selbst Ängste und Sorgen hatte. Der christlichen Theologie zufolge ist Gott durch Jesus Mensch geworden. Nun erst konnte er das Leid und die Nöte seiner Schöpfung erkennen. Und erst jetzt konnte er helfen.

Wie könnte jemand meine Sorgen und Nöte verstehen, der selbst keine Sorgen und Nöte kennt? Wie könnte mich jemand auf meinem Weg begleiten, der den Weg selbst nicht geht?

Achte auf deinen Atem. Beachte deinen Atem. Mach dir dabei bewusst:

Jeder Atemzug ist eine Begegnung mit dir selbst.

Je bewusster du atmest, desto bewusster begegnest du dir selbst.

Jeder Atemzug ist eine Investition in dein Leben. Jeder Atemzug bringt dich weiter.

Egal, was du denkst, egal, was du glaubst, egal, was du fühlst, egal, was du tust.

Jeder Atemzug in deinem Leben wird dich tragen auf deiner Reise durch die Ewigkeit.

Selig sind die Sanftmütigen

Manchmal fragst du dich mit deinem Verstand, deinem Geist: Was ist der Sinn meines Lebens? Was ist meine Aufgabe? Wo ist mein Ziel? Doch nun sieh: Die Gefühle sind der Sinn, die Gefühle sind die Aufgabe, die Gefühle sind das Ziel.

Der Meister der Liebe sprach: »Sei frohen Mutes. Selig sind, die da geistlich arm sind; denn in ihnen ist das Himmelreich.«

Manchmal, wenn du leidest, glaubst du, dein Schicksal sei besiegelt, es könnte nicht mehr weitergehen. Doch nun sieh: Nach Ebbe kommt Flut, nach Nacht kommt der Tag. Nach Zeiten der Traurigkeit kommen Zeiten der Freude, und nach Zeiten des Leids kommen Zeiten des Glücks.

Der Meister der Liebe sprach: »Sei frohen Mutes. Selig sind, die da Leid tragen; denn sie sollen getröstet werden.«

Manchmal hast du Angst davor, schwach, hilflos und angreifbar zu sein. Manchmal hast du Angst, du könntest dich verletzen. Doch nun sieh: Nur wer bereit ist, verletzbar zu sein, hat auch die Chance, das Schöne und Gute zu erfahren. Nur wer bereit ist, verletzbar zu sein, kann Liebe und Berührung spüren.

Der Meister der Liebe sprach: »Sei frohen Mutes: Selig sind die Sanftmütigen; denn sie werden das Erdreich besitzen.«

Manchmal fragst du, warum es so viel Leid auf Erden gibt. Doch nun sieh: Die Seele will alles erfahren, sie will allumfassend leben. Und immer strebt sie nach Ausgleich. Unglück wird durch Glück, Traurigkeit durch Freude und Angst wird durch Liebe ausgeglichen.

Der Meister der Liebe sprach: »Sei frohen Mutes. Selig sind, die da hungert und dürstet nach Gerechtigkeit; denn sie sollen satt werden.«

Manchmal ärgerst du dich über dich selbst und zuweilen über andere. Doch nun sieh: Jeder Ärger ist ein Rucksack, den du auf deinen Schultern trägst. Traust du dich, dir selbst und den anderen zu vergeben, wird dein Leben leichter.

Der Meister der Liebe sprach: »Sei frohen Mutes. Selig sind die Barmherzigen; denn sie werden Barmherzigkeit erlangen.«

Manchmal urteilst du über dich und andere. Manchmal glaubst du zu wissen, was recht und was unrecht ist. Doch nun sieh: Wenn du nicht mehr beurteilst, was liebenswert und nicht liebenswert ist, kannst du Gott in allem sehen. Wenn du nicht mehr beurteilst, was an dir selbst liebenswert und was nicht liebenswert ist, kannst du in deinen Augen die Augen Gottes erkennen.

Der Meister der Liebe sprach: »Sei frohen Mutes. Selig sind, die reinen Herzens sind; denn sie werden Gott schauen.«

Manchmal bist du unzufrieden mit dir und deinem Leben. Manchmal denkst du, es könnte besser sein als jetzt, es müsste anders sein als so. Doch nun sieh: Solange du unzufrieden mit dir bist, streitest du mit dir. Solange du unzufrieden mit deinem Leben bist, streitest du mit dem Leben. Ein Kind fühlt sich zerrissen, wenn die Eltern streiten. Ein Kind fühlt sich geborgen, wenn im Haus der Eltern Frieden ist.

Der Meister der Liebe sprach: »Sei frohen Mutes. Selig sind die Friedfertigen; denn sie werden Gottes Kinder sein.«

Manchmal machst du dir Gedanken darüber, wie andere über dich denken. Doch nun sieh: Jeder Mensch ist einzigartig, und jeder Mensch geht seinen eigenen, einzigartigen Lebensweg. Wenn du deinen Weg gehst, gehst du in deine Richtung. Wenn du in deine Richtung gehst, gehst du den richtigen Weg.

Der Meister der Liebe sprach: »Sei frohen Mutes. Selig sind, die um der Gerechtigkeit willen verfolgt werden; denn ihnen ist das Himmelreich.«

Kapitel IX
Zuversicht

Der Grund, warum Vögel fliegen können und wir nicht, ist der, dass sie voller Zuversicht sind. Und wer zuversichtlich ist, dem wachsen Flügel.

James M. Barrie

Seit dem Beginn meiner Arbeit als Reiki-Lehrer im Januar 1999 verging kein Seminar ohne Meditation in St. Marien. Der Samstagabend in der bereits erwähnten katholischen Kirche ist für mich und wohl auch für viele Teilnehmer der Höhepunkt eines jeden Kurses in Schillig. Diese Kirche war unter anderem entscheidend für meinen Entschluss, Reiki-Lehrer zu werden. Ich hatte 1998 meine drei Grade absolviert und wollte die Meditationstechnik ausschließlich für mich nutzen. Den Drang, andere Menschen darin zu unterrichten, hatte ich zunächst nicht. Doch während eines Urlaubs in Schillig kam mir der Gedanke, dass dies der optimale Seminarort wäre. Mit dem Gedanken kam der Drang, Menschen an diesen Platz zu führen und tolle Kurse zu veranstalten. Mit dem Drang kamen die Ideen. Die Idee, die mir die meiste Freude bereitete, war der meditative Abend in der für mich schönsten Kirche der Welt.

Als ich den Priester fragte, ob ich das in seiner Kirche tun dürfe, antwortete er wie gesagt spontan mit Ja. Auch sein Nachfolger erlaubte mir später, mit meinen Gruppen an diesem heiligen Ort mit Musik und Tanz zu meditieren. Nicht selten habe ich in den vergangenen Jahren gesagt, meine Arbeit als Reiki-Lehrer werde ihr Ende finden, sollte mir diese Kirche nicht mehr zur Verfügung stehen.

Im September 2008 fuhren Karina und ich einen Tag vor ihrem Geburtstag nach Schillig. Zwei Wochenendseminare lagen vor uns. In den Tagen dazwischen wollten wir ein wenig Urlaub machen. Wir reisen meist donnerstags an, um in Ruhe den Seminarraum einzurichten und die nötigen Vorbereitungen zu treffen. Nach einem schönen Abendessen können wir dann ausschlafen und die Teilnehmer am Freitagnachmittag frisch und ausgeruht in Empfang nehmen.

An besagtem Donnerstagabend wollten Karina und ich in ihren Geburtstag hineinfeiern. Als wir am frühen Abend im Hotel eintrafen, stellten wir fest, dass unsere Musikanlage fehlte. Die meisten Utensilien, die ich für die Seminare brauche, lassen wir zwischen den Terminen in dem Hotel. So auch die Musikanlage. Meine Sachen werden während meiner Abwesenheit in einem abgesonderten Raum untergestellt, für den es nur einen Schlüssel gibt, der bei Bedarf an der Rezeption gegen Eintrag in ein

Schlüsselbuch abgeholt werden kann. Noch nie in all den Jahren war etwas abhandengekommen. Neben der Anlage fehlte auch ein silberner Koffer samt Inhalt. Einige wertlose Gegenstände, die sich ebenfalls im Koffer befunden hatten, waren jedoch vorhanden. Jemand musste also gezielt »ausgemistet« haben.

Mit Hilfe des Personals konnte der Fall schnell aufgeklärt werden: In den Sommermonaten hatte eine professionelle Agentur dem Hotel eine Saisonkraft vermittelt, die sich aus diversen Gründen mehrfach den Schlüssel an der Rezeption auslieh. Diese gab sich in einem Telefonat schweigsam. Der Hoteldirektor erzählte ihr etwas von einem sehr wenig amüsierten Kriminalbeamten, der in diesen Minuten Soldaten für einen Kampfeinsatz zur Wiedererlangung seiner Habseligkeiten rekrutieren würde. Sollten die Sachen nicht am nächsten Morgen um neun Uhr im Hotel sein, fuhr der Direktor in seinen Schilderungen fort, bekäme sie Besuch.

Am nächsten Morgen ging um acht Uhr fünfzig Ortszeit Schillig eine SMS auf dem Handy des Direktors ein. Man habe bei der Durchsicht seiner persönlichen Sachen soeben mit Erschrecken festgestellt, dass man am Ende der Saison wohl auch versehentlich eine Musikanlage eingesteckt hätte. Das Teil sei jetzt per Postpaket auf dem Weg zum Hotel. »Sorry und freundliche Grüße …«

Mir fiel daraufhin der Witz von dem Wilderer ein, der von einem Förster gestellt wird und nach einem Blick auf seine Schulter ruft: »Iiih, ein Reh!«

Abgesehen von der Frage, in welchem Zustand ich meine Musikanlage wohl wieder zurückerhalten würde, musste ich zumindest für den Freitagabend Ersatz herbeischaffen. Gott sei Dank steht in der Sakristei meiner geliebten Kirche eine gleichartige Anlage, die der Priester ab und an bei seinen Gottesdiensten einsetzt. Dieses Gerät darf ich auch bei unseren Samstagabendmeditationen nutzen. Also machte ich mich auf den Weg ins Pfarrhaus. Da mein Freund, der Priester Lars, sich gerade in Rom aufhielt, fragte ich den Küster, ob ich mir für die Zeit des Seminars die Anlage ausleihen dürfte. Er lud mich auf einen Kaffee ins Pfarrhaus ein, und wir plauderten ein wenig. Das mit der Anlage sei kein Problem, sagte er. Ich war beruhigt. Doch dann fragte er mich: »Was machst du eigentlich nächstes Jahr?«

Ich verstand nicht. »Wie meinst du das?«

»Nun ja«, erwiderte er, »was machst du nächstes Jahr mit deinen Gruppen, wenn die Kirche abgerissen wird?«

Ich war sprachlos. Zugleich wunderte ich mich darüber, dass ich nicht nur äußerlich, sondern auch innerlich ruhig blieb. Unter normalen Umständen hätte mich diese Frage emotional aus den Latschen gehauen. Doch offenbar hatte ich mich bereits mit der Tatsache abgefunden, dass dieses Wochenende Hiob gewidmet war. Gestählt vom Nackenschlag am Vortag, hörte ich nun tapfer den weiteren Ausführungen des Küsters zu.

Das Gotteshaus war 1967 errichtet worden. 41 Jahre sind kein Alter für eine Kirche. Im Vergleich zu anderen war sie noch ein Baby, dennoch bereits schwer sanierungsbedürftig. Sie ist aus weißem Kalkstein gebaut, einer Sorte Stein, die offenbar allergisch auf Salz reagiert. Den damaligen Baumeistern kann man keinen Vorwurf machen. Schließlich konnte 1967 niemand ahnen, dass man eines Tages die Nordsee unmittelbar vor der Kirche platzieren würde … Nun schien ein Abriss mit anschließender Neuerrichtung die einzig praktikable Lösung zu sein.

Diese Nachricht befreite mich unfreiwillig von der Vorstellung, dass mir »meine« Kirche bis zum Ende meiner Tage als Reiki-Lehrer zur Verfügung stünde. Ich hatte mir ein Bild von der Zukunft gemacht, von dem ich mich nun verabschieden musste. Ein neues Bild stand mir nicht zur Verfügung. Es gab noch keinen Plan, wie die neue Kirche aussehen würde. Auch hatte ich keine Vorstellung davon, wie (und vor allem wo) ich die Samstagabende meiner Seminare während der »kirchenlosen« Zeit gestalten sollte. Mein Blick in die Zukunft war nun unverstellt. Ich hatte freie Sicht.

Frag dich: Freue oder fürchte ich mich?

Zuversicht bedeutet, mit Freude in die Zukunft zu blicken.
Zuversicht bedeutet, gespannt zu sein auf das, was kommen wird.
Zuversicht bedeutet, neugierig zu sein.

Frag dich:
Freue ich mich auf meine Zukunft?
Oder blicke ich ihr mit Sorge entgegen?

Bin ich gespannt auf das, was kommen wird?
Oder habe ich Angst vor dem, was kommen könnte?
Bin ich neugierig auf die Veränderungen, die geschehen werden?
Oder befürchte ich Veränderung in meinem Leben?

Werde vollkommen hoffnungslos

Diesen Satz gaben mir meine spirituellen Lehrer mit auf den Weg. Sie rieten mir stattdessen zur Zuversicht. Der Unterschied zwischen Hoffnung und Zuversicht mag auf den ersten Blick gering sein. Letztendlich ist alles eine Frage der Definition. Doch egal, wie man es begrifflich festlegen möchte, gibt es zweierlei Arten, optimistisch in die Zukunft zu blicken. Die eine Art ist, darauf zu vertrauen, dass ein bestimmtes Ziel erreicht oder ein bestimmtes Ereignis eintreten wird: »Ich werde die Prüfung schon schaffen«, »Ich glaube fest daran, dass er/sie mich anrufen wird« – und so weiter. Die Hoffnung ist mit der Befürchtung verbunden, ich könnte die Prüfung vergeigen, er/sie könnte mich versetzen und so fort.

Zuversicht ist die Hoffnung ohne ein bestimmtes Ziel. Sie ist das Vertrauen, dass so, wie es kommt, alles gut sein wird. Zuversicht ist die Akzeptanz des »Alles ist möglich«.

Werde vollkommen hoffnungslos. Denn mit der Hoffnung verschwindet die Befürchtung. Ein Mensch, der Hoffnung und Befürchtung lebt, ist wie ein Kapitän auf einem Schiff, der mit seinem Fernrohr den Horizont absucht, um im weiten Ozean die Insel der Glückseligkeit zu finden. Der Kapitän der Hoffnung hält es nicht für möglich, dass ihn (auch) eine andere als diese Insel glücklich machen könnte. Seine Suche nach der Insel des Glücks beginnt mit einem inneren Bild. Jemand hat ihm von der Insel erzählt, vielleicht hat er von ihr geträumt. Immer aber ist sie zunächst nur als Idee in ihm vorhanden. Sie existiert zuerst nur in seiner Vorstellung. Das Bild von der Insel steht vor dem Kapitän auf der Schiffsbrücke. Ist das Bild zu groß, versperrt es ihm die Sicht auf das weite Meer. Der Kapitän der Hoffnung sucht sein Glück in der Ferne.

Das Dilemma ist: Wer das Glück in der Ferne sucht, wird niemals zur gleichen Zeit am gleichen Ort wie das Glück sein. Egal, wo er sich befindet, das Glück ist woanders. Wer es jedoch im Hier und Jetzt gefunden hat, nimmt es überall mit hin. Der Kapitän der Zuversicht weiß, dass er bereits dort ist, wo er hin will. Voller Freude blickt er auf das weite Meer des Glücks.

Die Welt der Zuversicht ist weit. Sie grenzt sich nicht mit einschränkenden Glaubenssätzen ein: »Ich kann es nicht«, »Ich darf es nicht«, »Ich muss es« … Ein zuversichtlicher Mensch glaubt an befreiende Glaubenssätze. Er glaubt: »Ich will, ich kann und ich darf es.«

Zuversicht ist eine Form des Vertrauens. Ich vertraue darauf, dass es so, wie es kommt, gut sein wird. Dieses Vertrauen kann nur entstehen, wenn ich auch Vertrauen in meine Gegenwart habe. Solange ich meiner Gegenwart misstraue, kann ich kein Zutrauen zu meiner Zukunft entwickeln. Diese kann auch nicht mein Freund sein, während ich mit meiner Vergangenheit auf Kriegsfuß stehe. Viele hoffen auf eine »bessere« Zukunft. Wer aber dereinst Tage erleben will, die besser als die vergangenen sind, muss zunächst Frieden mit den gegenwärtigen Umständen seines Lebens schließen. Die jetzige Lage ist das Ergebnis aller vergangenen Ereignisse in meinem Dasein. Schaffe ich es, mit der Gegenwart Frieden zu schließen, erteile ich mir damit zugleich die Absolution für meine Vergangenheit. Ich kann nicht zuversichtlich nach vorn schauen, wenn ich mit Groll nach hinten in frühere Zeiten blicke.

Zuversicht bedeutet auch, nachsichtig zu sein. Ich bin nachsichtig mit mir und den Ereignissen in meinem Leben. Ebenso kann ich nicht mit Freude nach vorn blicken, wenn ich mit den Leuten links und rechts neben mir hadere. Zuversicht schließt Umsicht mit ein.

Manche Menschen sind aus taktischen Erwägungen heraus pessimistisch: »Ich geh mal vom schlimmsten Fall aus, dann kann ich auch nicht enttäuscht werden …«, lautet ihre Strategie. Andere wiederum sind »aus Prinzip« optimistisch, weil sie glauben, Pessimismus bringe Unglück. Jeder, der auch nur den Hauch eines Zweifels an der Erfüllung eines Wunsches äußert, wird von ihnen sofort in die Schranken verwiesen: »Das darfst du noch nicht einmal denken ...«

»Positiv« und »negativ« sind wie zwei Seiten einer Medaille. Der positive Gedanke ist immer mit dem gegenteiligen negativen verbunden und umgekehrt. In diesem Sinne ist es also völlig unerheblich, ob jemand »positiv« oder »negativ« denkt. Ich halte es für sinnvoller, die Gedanken nicht mehr in »gute« oder »schlechte« einzuteilen, statt in seinem Kopf eine Gedankenpolizei zu installieren, die die vermeintlich negativen Ideen bekämpfen soll. Das Bemühen, immer positiv zu denken, führt auf Dauer nur zu Verspannungen. Man lässt von negativen Gedanken nicht los, indem man sie bekämpft. Ein besseres Konzept ist es, ab und an im Rahmen einer meditativen Übung einige Minuten lang eine Botschaft ans Herz zu richten. Ich schließe die Augen, lege die rechte Hand auf mein Herz, achte auf meinen Atem und wiederhole wie ein Mantra einen bestimmten Satz. Nach der Übung lebe ich mein alltägliches Leben weiter und gestatte mir, alle Gedanken zu denken, die mir gerade einfallen.

Optimismus und Pessimismus sind Kriterien des Verstandes. Der Verstand hält Ausschau nach Wegweisern, die ihm den rechten Weg in die Zukunft zeigen. Er sucht Zeichen der Orientierung. Der Optimist achtet auf die Zeichen des Positiven, der Pessimist achtet auf die Zeichen des Negativen. Beide wollen recht behalten. Der Optimist sucht nach Beweisen, dass es gut läuft, der Pessimist sucht nach Beweisen, dass es schlecht läuft. Zuversicht ist der Blick des Herzens. Es braucht keine Zeichen, es vertraut einfach.

Leg deine rechte Hand aufs Herz. Achte auf deinen Atem. Atme ein und aus und wiederhole dabei wie ein Mantra in Gedanken den Satz: »Ich fülle mein Herz mit Zuversicht.«

Fürchtet euch nicht

Lange Zeit besuchte ich einmal im Jahr eine hellsichtige Frau, um mir von ihr die Zukunft vorhersagen zu lassen. Sie betrachtete zunächst meine Aura und »sah« in meine Gegenwart. Sie berichtete mir von meinen derzeitigen Sorgen, Ängsten und Hoffnungen. Immer lag sie damit richtig. Dann legte sie die Karten und »sah« in meine Zukunft. Sie sagte keine konkreten Ereignisse und Zeitpunkte voraus, sondern teilte mir Richtungen mit, die ich einschlagen könnte. Sie erzählte von Wegen, die für mich vorbereitet waren, und von Chancen und Hindernissen, die mich auf diesen Wegen erwarten könnten. Sie machte mir niemals Angst und sagte mir auch nie, was ich tun oder lassen sollte. Sie ging mit ihrer Gabe verantwortungsvoll um. Sie zeigte allen, die zu ihr kamen, Perspektiven und Möglichkeiten auf und machte ihnen Mut, sich auf ihre Fähigkeiten und Talente zu besinnen. Sie gab den Menschen frohe Botschaften und vermittelte ihnen Zuversicht.

Hinsichtlich des Umgangs mit spirituellen »Wahrheiten« vermittle ich den Teilnehmern meiner Seminare: »Wenn euch etwas Angst macht, dann dreht euch um und geht. Der Botschafter der Angst spricht unwahr. Den Verkündern froher Botschaften aber, die euch von der Angst befreien, denen hört genau zu. Sie sprechen wahr.«

Der Meister der Liebe formulierte es so: »An den Früchten werdet ihr sie erkennen.« Jesus forderte die Menschen auf, sich nicht kleinzumachen. Er sagte ihnen: »Ihr seid das Salz der Erde, ihr seid das Licht der Welt!« Das war eine frohe Botschaft. Doch verwechsle man »froh« nicht mit »sanft«. Eine frohe Botschaft kann durchaus heftig und aufrüttelnd sein. »Wahre« Boten verkünden nicht immer »Friede, Freude, Eierkuchen«. Sie predigen auch Verantwortung: Das Salz hat die Aufgabe, zu würzen; es sollte nicht fade sein. Das Licht hat die Verantwortung, zu leuchten; es sollte sich nicht verstecken.

Manchmal hat die Botschaft die Funktion eines Weckers. Man erschrickt und wacht aus dem Koma der Unbewusstheit auf. Zuversicht benötigt Klarheit. Klarheit entsteht durch Erkenntnis. Manchmal sieht man vor lauter »Vorstellungen« weder klar noch weit. Dann braucht man einen Boten, der einem zu der nötigen Erkenntnis verhilft. Manche Boten haben Sprengstoff dabei, mit dem sie die alten, den Weg versperrenden Vorstellungen in die Luft jagen. Sobald sich der Nebel der Rauchschwaden verzogen hat, kann man unter sich auf die Trümmer der Vorstellung und darüber hinaus in die Weite blicken.

Der Knall der Erkenntnis ist oft erschreckend. Doch dann hat man die Chance, eine Entscheidung zu treffen, die heilsam und befreiend ist. So kann der Schrecken über eine Krankheitsdiagnose einen Menschen zur Entscheidung veranlassen, seinen Körper nicht weiter zu ruinieren, beispielsweise durch zu viel Nikotin, zu viel Alkohol oder auch zu viel Arbeit. In solchen Fällen trägt der Bote den weißen Kittel eines Arztes. Die Boten einer für mich entscheidenden Erkenntnis vor dreizehn Jahren trugen grüne Uniformen und hatten rot-weiße Kellen in der Hand, auf denen das Wort »Halt« geschrieben stand. Treffender konnte eine Botschaft nicht sein. So durfte ich nicht mehr weitermachen. Das galt nicht nur für die momentane Autofahrt im angetrunkenen Zustand, sondern auch für grundsätzliche Verhaltensweisen, die ich mir angewöhnt hatte. In den Tagen nach meiner Fahrt unter Alkoholeinfluss erkannte ich, dass ich achtsamer mit mir und damit verbunden auch mit meiner Umwelt umgehen musste. Der Schrecken des Führerscheinverlustes für die nächsten Monate ließ mich eine Entscheidung treffen, die ich vorher weit von mir gewiesen hätte: Ich meldete mich zu einem Reiki-Seminar an. Diese *Entscheidung* hat mein Leben *entscheidend* verändert.

Ich war im »spirituellen Sektor« gelandet und dort auf eine gute Lehrerin getroffen, die frohe Botschaften verkündete. Das ist in der Esoterik nach wie vor keine Selbstverständlichkeit. Noch zu viele vermitteln mit ihren einschränkenden Weltbildern, die sie als »höheres« Wissen tarnen, Botschaften der Angst. Sie warnen vor dunklen

Mächten und negativen Energien. Sie sitzen vor Kerzen und halten ihren eigenen Schatten für das Böse, vor dem man sich schützen müsse. Elke, eine Reiki-Lehrerin aus »meiner« Schule, sagte einmal: »Was nutzt es den Lichtarbeitern, eine Stunde am Tag das Licht anzubeten, wenn sie die restlichen 23 Stunden an die Dunkelheit glauben?«

»Erschreckende« Botschaften können heilsam und befreiend sein. Angstmachende hingegen sind immer einengend. Furchtsamkeit verursacht in dem Menschen den Reflex, sich in Sicherheit zu bringen. Man will sich zurückziehen in eine Burg, die von so festen Mauern umgeben ist, dass die Gefahr nicht vordringen kann. Angstmachende Botschaften schaffen keinen Weitblick, sondern verengen den Horizont. Nicht umsonst kommt das Wort »Angst« von »Enge«.

Es gibt eine Anekdote von Osho, der vor seiner Zeit als spiritueller Guru Professor für Philosophie an einer indischen Universität gewesen war. Als einer seiner ehemaligen Professorenkollegen, ein sehr kopflastiger Mensch, im Sterben lag, besuchte Osho ihn am Krankenbett.

»Wie geht es dir?«, fragte er den sterbenden Kollegen.

»Wie soll es mir gehen?«, entgegnete dieser. »Ich sterbe.«

»Nein«, antwortete Osho, »du wirst nicht sterben.«

»Wie kannst du so etwas sagen?«, empörte sich der Kranke. »Mir geht es schlecht, und nach Auskunft der Ärzte geht es dem Ende zu. Ich sterbe!«

»Nein«, wiederholte Osho. »Du wirst nicht sterben, weil du gar nicht sterben kannst. Du hast die Voraussetzung für das Sterben nicht erfüllt. Nur Lebendiges kann sterben. Du aber hast nie wirklich gelebt.«

Der Schreck der Erkenntnis bewirkte, dass der kranke Professor wenigstens die letzten Stunden seines Lebens bewusst verbrachte.

Die nachfolgende Übung ist inspiriert von einer Aussage Oshos. Er sagte: »Fürchte dich nicht. Was soll dir passieren? Du bist in der Mitte zwischen zwei Universen …«

Mach dir bewusst: Außerhalb von dir ist ein unendliches Universum. Wenn du mit offenen Augen in den Himmel schaust, blickst du hinein in das äußere Universum. Auch in dir ist ein unendliches Universum. Wenn du die Augen schließt und tief nach innen gehst, schaust du in das innere Universum. Du selbst befindest dich in der Mitte. Du bist eingebettet zwischen zwei Universen. Du bist beschützt. Geh nun hinein in das Gefühl der Mitte.

Engel für einen Tag

In den letzten Tagen ihrer Krankheit träumte ich von Karinas Mutter Katharina. Ich sah sie schlafend in einem großen, runden Bett liegen. Es war ein Bett ähnlich einem Futon, aber ohne Füße. Bei ihr waren Engel, die ihre Hände schützend und heilend über sie hielten. Alles war in blaues Licht gehüllt. Es war eine Vision der Hoffnung und der Zuversicht.

Am nächsten Morgen berichtete ich Karina von meinem Traum: »Deine Mutter wird wieder gesund«, sagte ich. Der Gedanke, dass es sich bei den Engeln um ein »Rückholkommando« handeln könnte, war mir nicht gekommen. Wenige Tage später, an unserem elften Hochzeitstag, starb Katharina. Mir wurde klar, dass mir in meinem Traum eine Szene aus der jenseitigen Welt offenbart worden war. Ich hatte einen Blick hinter den großen Vorhang werfen dürfen.

Spirituelle Medien und Menschen mit Nahtod-Erfahrungen berichten, dass es in der geistigen Welt sehr schön ist. Wer dort landet, möchte nicht wieder weg. Ebenso ist es hier auf der Erde. Die meisten lieben ihr Leben und möchten noch ein wenig im Diesseits bleiben. Im Grunde ist also alles gut eingerichtet …

Am Tag der Beerdigung vereinbarten wir, das kommende Weihnachtsfest nicht wie üblich mit der Familie zu Hause zu feiern. Die Erinnerung an die vergangenen Feste mit der Mutter wäre für Karina zu schmerzvoll gewesen. Karina wollte in den Schnee. Seit sie denken kann, liebt sie den Schnee. Also buchten wir ein kleines Hotel im Schwarzwald.

»Im Dezember kann es manchmal noch recht warm sein«, erklärte ich meiner Frau. »Sei also nicht enttäuscht, wenn wir keinen Schnee haben. Wir machen uns dann trotzdem schöne Tage.«

»Wir werden im Schnee versinken, verlass dich drauf«, gab Karina zur Antwort.

Sie war überzeugt davon, dass ihre Mutter ihr diesen Wunsch erfüllen würde. Schließlich kann man sich auch in der geistigen Welt ab und an ein wenig nützlich machen.

Bei unserer Ankunft stellten wir fest, dass wir eine Fahrt ins Grüne gemacht hatten. Keine Spur von einer Schneeflocke. »Das letzte weiße Weihnachtsfest gab es hier vor zehn Jahren«, erklärte der Hotelier. Meine Vorhersage war eingetroffen.

»Wir machen uns trotzdem ein paar schöne Tage«, erklärte ich.

Am Abend begann es zu schneien. Und hörte nicht mehr auf. Am nächsten Nachmittag stapften wir bereits durch zentimeterhohen Schnee. Es schneite in einem fort. Am vierten Tag unseres Aufenthalts sprach der Hotelier von einem Dezemberrekord in Sachen Schneefall. Da wir befürchten mussten, in unserem Quartier hoffnungslos eingeschneit zu werden, machten wir uns bereits einen Tag vor der geplanten Abreise auf den Weg nach Hause.

»Lass uns abhauen, bevor's zu spät ist«, sagte ich. In solchen Situationen war ich pessimistisch. Ich hatte keine Lust, den Rest meines Lebens in einem Tal zu verbringen.

Mehrere Jahre sind seitdem vergangen. Ich glaube, es schneit dort immer noch …

Den Heiligen Abend verbrachten wir im besten Gasthof des Ortes. Wir aßen gut und tranken reichlich. Wir erinnerten uns an das vergangene Jahr, das sehr anstrengend und aufwühlend gewesen war. Karina erzählte von der ersten großen Liebe ihrer Mutter, einem französischen

Soldaten, der nach dem Krieg in Deutschland stationiert war. Er hieß André. Sie wollten heiraten und in Frankreich leben. Sie erwarteten ein Kind. Andrés Eltern waren gegen die Beziehung. Sie hatten Bedenken gegen eine deutsche Schwiegertochter. Zunächst hörte André auf die Stimme seines Herzens und nicht auf die seiner Eltern. Doch dann starb das Baby bei der Geburt. André kehrte allein nach Frankreich zurück. Der Schmerz war zu groß für eine Beziehung in einem fremden Land gegen den Widerstand der Eltern. Katharina sah André nie wieder. Ihren Schmerz hat sie nie überwunden.

Mehr als fünfzig Jahre später, zwei oder drei Jahre vor ihrem Tod, schrieb Katharina einen Brief an André und sandte ihn an seine damalige Anschrift in Frankreich. Der Brief kam ungeöffnet zurück. Der Adressat war dort nicht mehr bekannt. Katharina legte den verschlossenen Brief in eine Schachtel zu den vielen Postkarten und Briefen, die sie im Lauf der Zeit erhalten hatte. Es war eine große Schachtel mit einer Unmenge von Briefen. Sie konnte nichts wegwerfen. Loslassen war Katharinas Sache nicht. Der Brief blieb ungeöffnet in der Schachtel. Jeder neu eingehende Brief, jede Postkarte wurde obenauf gelegt. Mit der Zeit verschwand das Schreiben an André in der Mitte der Schachtel.

Am Tag der Beerdigung fiel Karina der Brief ein. Wir waren schon auf dem Weg zur Kirche. Sie lief zurück in die Wohnung der Mutter, holte die Schachtel aus den Schrank, griff blind hinein in den Wust von Karten und Briefen, fischte einen heraus und hielt den gesuchten in der Hand. »Es war ihr Wille, dass ihn niemand außer André liest. Sie soll ihn mitnehmen«, sagte Karina.

An diesem Heiligen Abend fragten wir uns, wie wohl Andrés Leben verlaufen war. Lebte er noch, saß er als alter Mann irgendwo in Frankreich in einem Fernsehsessel oder hatte er schon lange vor Katharina das Ticket in die geistige Welt gelöst?

»Das kann ich herausfinden«, erklärte ich im Tonfall des erfahrenen Zielfahnders. »Ich könnte einen französischen Polizeikollegen bitten, für uns eine kleine Ermittlung zu machen.«

Wir überlegten hin und her, ob wir Nachforschungen anstellen sollten oder nicht. Und falls wir herausbekämen, dass André noch lebte, was würden wir dann tun? Ihm auch einen Brief schreiben, darin von Katharina erzählen? Ihn bitten, über sich zu schreiben und uns zu erzählen, wie sein Leben verlaufen war? Würde er sich über eine Nachricht von uns freuen?

Zuerst dachten wir: Eine Anfrage, ob André noch lebt, kann ja nicht schaden. Dann kamen wir zu dem Ergebnis, die Sache auf sich beruhen zu lassen. In diesem Moment setzte in dem Restaurant das »Ave Maria« ein. Die Entscheidung war gefallen. Bei der Trauerfeier für Katharina war das »Ave Maria« von einer Sängerin vorgetragen worden. Es war eines ihrer Lieblingslieder.

Zeichen, die von außen kommen, sind immer Bestätigung, niemals Verneinung. Bei »Nein« tut sich gar nichts. Da mischen sich die feinstofflichen Jungs und Mädels nicht ein.

Ein Knacken im Gebälk, ein aufkommender Geruch, ein bestimmtes Lied, wie auch immer, alles, was man selbst als Zeichen interpretiert, ist immer Bestätigung, bedeutet: Klasse, du bist auf dem richtigen Weg, wir stehen hinter dir. Im obigen Fall war es das Ja ob unserer Entscheidung, André in Ruhe zu lassen!

Im weiteren Verlauf des Abends kamen wir in Kontakt mit einem Mann an unserem Nebentisch. Karina erzählte ihm die Geschichte unseres Urlaubs und von ihrem Wunsch nach Weihnachten im Schnee. Er bot an, uns bei einer Wanderung zu begleiten.

Wir verabredeten uns für den nächsten Tag. Es ging hinein in den Wald. Der Schnee lag meterhoch. Kein Weg war zu erkennen. Ohne unseren Führer wären wir keine zehn Meter weit gekommen. Obwohl er kein Einheimischer war und nur seinen Urlaub in der Gegend verbrachte, kannte er sich bestens aus. Stundenlang liefen und rutschten wir durch den Schnee. Karina hatte Spaß und Freude wie lange nicht mehr. Selten habe ich sie so oft und so laut lachen hören wie an diesem Tag mitten im Schwarzwald. Die Wanderung dauerte mehrere Stunden. Kein Mensch kreuzte unseren Weg. Es war Karinas schönstes Weihnachtsgeschenk. Ein Geschenk aus der geistigen Welt, überbracht von unserem Begleiter. Wir sahen ihn nie wieder. Er war ein Engel für einen Tag.

Überbringe einem Menschen eine frohe Botschaft. Sei ein Engel für einen Tag.

Ich kümmere mich darum

Versetz dich einmal in die Zeit, als du ein Teenager warst.
Die Zeit, als du gerade begonnen hast, über dich selbst nachzudenken.
Mach dir einmal bewusst:
Dieser Teenager konnte nicht wissen, was alles passieren würde.
Heute, als Erwachsener, weißt du, was seitdem alles geschehen ist.
Heute weißt du, wie deine damalige Zukunft bis zum heutigen Tag verlaufen ist.

Der Teenager damals hatte tausend Fragen.
Er fragte sich: »Werde ich alles richtig machen in meinem Leben?
Werde ich die richtigen Entscheidungen treffen?
Werde ich den richtigen Partner finden?
Wird alles gut gehen in meinem Leben?
Werde ich glücklich sein?«

In all diesen Fragen warst du damals hilflos.
Du konntest die Fragen nur stellen, du konntest sie aber nicht beantworten.
Heute kennst du die Antworten auf viele Fragen von damals.
Der Teenager, der du damals warst, konnte darauf vertrauen, dass der Erwachsene,
der du jetzt bist, die Antworten auf all diese Fragen finden würde.

Und auch jetzt hast du wieder Fragen, die deine weitere Zukunft betreffen.
Was ist momentan deine größte Sorge?
In welcher Frage bist du heute hilflos, weil du nur fragen, aber noch nicht antworten kannst?

Und nun hör mir aufmerksam zu:
Jeder Mensch wird begleitet von all den Teilen seines Selbst, die er noch nicht erfahren hat.
Die einen sagen »höheres Selbst« dazu, andere nennen sie »Schutzengel«, wieder andere sagen »Geistführer« zu der Gesamtheit ihrer Seele. Und auch du wirst begleitet von all den Anteilen deiner großen, göttlichen Seele, immer und ewig und so auch jetzt und hier.

Und nun bitte einmal dein höheres Selbst, deinen Schutzengel, deinen Geistführer zu dir.
Dein Geistführer ist pures Licht, so wie du auch. Doch so, wie du Gestalt angenommen hast in diesem Leben, kann auch er Gestalt annehmen. Wenn du darum bittest, zeigt er sich vor deinem inneren Auge in Menschengestalt.

Du siehst nun, wie er zu dir kommt. Er hält dir seine Hände hin.
Du kannst seine Handflächen deutlich sehen.
Und jetzt beschließt du, deine Frage, deine Sorge hineinzulegen in seine Hände.
Und du hörst ihn sagen: Sei beruhigt, ich kümmere mich darum.

Kapitel X
Glaube

Jeder Grashalm hat einen Engel, der sich über ihn beugt und ihm zuflüstert: »Wachse, wachse.«
Aus dem Talmud

Eine Frau, die einige Male an unseren Meditationsabenden teilgenommen hatte, fragte mich, was ich denn tun würde, um die Menschen während der Meditation zu schützen? Ich verstand die Frage nicht. Als Kriminalbeamter hatte ich weitaus gefährlichere Orte als unseren Meditationsraum kennengelernt. Die letzte Schießerei bei einer Meditation liegt schon so lange zurück, dass ich mich gar nicht mehr daran erinnern kann.

»Wovor müssten sie denn geschützt werden?«, gab ich zurück. »Wie könnte jemand in unserem Meditationsraum in Gefahr sein?«

»Nun ja«, erwiderte sie. »Dann stelle ich die Frage mal anders: Was tust du, um den Raum zu reinigen?«

»Wir staubsaugen regelmäßig«, antwortete ich wahrheitsgemäß.

»Nein, nein, das meine ich nicht. Ich spreche von energetischer Reinigung.«

Des Schutzes bedarf, wer in Gefahr ist. Der Reinigung bedarf, wer beschmutzt ist. Diese Frau glaubte offenbar, dass die Energien der anderen Menschen im Meditationsraum ihr gefährlich werden oder sie verunreinigen könnten. Sie hatte zahlreiche spirituelle Seminare besucht, war, wie einer meiner Freunde es nennt, viel »esoterisch unterwegs«. Sie strebte nach Einheit mit dem Göttlichen und war dennoch darauf bedacht, sich von anderen abzugrenzen.

Eines Vormittags erhielt ich innerhalb weniger Stunden drei Anrufe. An diesem Morgen schien das Dunkle und Böse mich von seiner Existenz überzeugen zu wollen. Sein Motiv war vermutlich die Angst vor dem Tod. Es lebt allein durch den Glauben. Da ich nicht aufhöre, den Menschen davon zu erzählen, dass es nur *eine* göttliche Energie gibt, bringe ich die *anderen* Energien offenbar in Lebensgefahr.

Der erste Anruf kam von einer Frau, die soeben mein Reiki-Buch gelesen hatte. Sie merkte an, dass es im Gegensatz zu meinen Ausführungen sehr wohl dunkle und böse Energien gäbe. Sie sei hellsichtig und habe mehrfach Schattenwesen wahrgenommen, die nichts Gutes im Schilde führten. So habe sie in ihrer Zeit als Lehrerin einmal einen dunklen Nebel auf dem Flur der Schule wahrgenommen, der sich in Richtung eines Klassenzimmers bewegte. Sie sei dem Nebel gefolgt und habe in dem Raum ein Mädchen vorgefunden, das gerade versuchte, einen Föhn unter fließendes Wasser zu halten. Im letzten

Moment hätte sie dem Mädchen das Gerät entreißen können. Nach den Glaubenssätzen der Anruferin war der Nebel ein Schattenwesen, welches das Mädchen zu seinem gefährlichen Tun verführen wollte. Auf den Gedanken, dass es auch ein Engel gewesen sein könnte, der sie zu dem Mädchen führen wollte, um es zu retten, war sie nicht gekommen.

Kurz darauf kam der zweite Anruf. Eine mir bis dahin unbekannte Frau bat mich um Hilfe. Immer wieder geschähen Phänomene, die ihr schadeten. Sie wollte von mir wissen, ob ich als »Kriminalbeamter mit Draht nach oben« ermitteln könnte, ob sie das Opfer von verstorbenen Wesen sei, die den Weg ins Licht bislang noch nicht gefunden hätten. Auch dieser Frau konnte ich nicht helfen. Hätte ich ihr irgendeinen abgehobenen Bockmist erzählt, hätte sie mir vermutlich geglaubt. Mein »Geschwätz« von Verantwortung und Selbstbestimmung aber wollte sie nicht hören.

Nur wenig später erreichte mich der dritte Anruf. Diesmal war eine Frau am Apparat, die selbst Reiki-Lehrerin ist und auch schon Seminare bei mir besucht hatte. Sie erzählte, es gehe ihr bereits seit Monaten emotional sehr schlecht. Deshalb habe sie eine Heilerin in ihrer Nähe aufgesucht. Deren »Untersuchung« zufolge sei für ihre Gemütsschwäche ein Mann verantwortlich, der ihren Tod herbeiwünsche und ihr auf diese Weise die Lebensenergie raube.

»Das ist ja furchtbar«, sagte ich.

»So fühle ich mich auch«, gab sie zur Antwort.

»Das meine ich nicht«, erwiderte ich. »Du hast bei mir Reiki gelernt und bist nun eine Voodoo-Priesterin geworden. Das finde ich furchtbar.«

»Wieso bin ich eine Voodoo-Priesterin? Ich bin das Opfer!«, erklärte sie empört. Offenbar hatte sie mehr Verständnis von mir erwartet.

»Nein«, sagte ich. »Du bist nicht Opfer, sondern Täterin. Du glaubst daran. Glaube ist aktiv, nicht passiv. Dein Glaube hat dir geholfen. Das funktioniert im Guten wie im Schlechten.«

»Ich habe aber vorher nicht daran geglaubt«, beharrte sie.

»Du hast dem Glauben den Boden bereitet«, setzte ich nach. »Du entscheidest, was du glauben willst und was nicht. Du stellst den Boden zur Verfügung, auf den der Samen fällt. Bei dir ist die Aussage der Heilerin auf fruchtbaren Boden gefallen. In dir blüht nun der Glaube an Manipulation und Fremdbestimmung. Ich lasse solche Glaubenssamen der Angst nur auf steinigen Boden fallen. Da können sie nicht aufgehen.«

Ob sie nun mir oder der Heilerin mehr Glauben schenkte, weiß ich nicht. Der Glaube an den Inhalt einer Botschaft ist verbunden mit dem Glauben an den Überbringer der Botschaft. Wer dem Boten nicht traut, kann auch die Botschaft selbst nicht akzeptieren. Alle spirituellen Lehrer und Meister appellieren deshalb an ihre Schüler: »Glaubt meinen Worten, glaubt an mich.« Jesus sagte sogar: »Nur wer an mich glaubt, kann gerettet werden.« Wer eine Befreiungsbotschaft hört, sie aber nicht glaubt, kann von seinen Ängsten nicht befreit werden.

Ich weiß von diversen esoterischen Friedenskongressen in den Jahren zwischen 2002 und 2006. Heerscharen von echten und selbsternannten Schamanen hatten sich während dieser Veranstaltungen einen Wolf getanzt, um George W. Bush zu stürzen. Das Problem für sie alle war: Er glaubte nicht daran …

Frag dich: Welche Gesetze bestimmen mein Leben?

Dein Glaube bestimmt dein Denken.
Dein Glaube bestimmt dein Handeln.
Dein Glaube ist Gesetz im Land deiner Seele.

Es gibt Gesetze, die erlauben.
Es gibt Gesetze, die verbieten.

Es gibt Gesetze, die lauten: Du willst, du kannst, du darfst.
Es gibt Gesetze, die lauten: Du kannst nicht, du darfst nicht, du musst.

Nun frag dich:
Welche Gesetze bestimmen zurzeit mein Leben?
Erlaube ich mir mehr? Verbiete ich mir mehr?

Glaube ich: Ich will, ich kann, ich darf?
Oder glaube ich: Ich kann nicht, ich darf nicht, ich muss?
Welche Gesetze herrschen zurzeit im Land meiner Seele?

Glaube des Herzens

Der Glaube der Gefühle ist stärker als der Glaube der Gedanken. Um Berge zu versetzen, reicht der Glaube des Verstandes nicht aus. Der Glaube muss das Herz erreichen. Dem Herzen ist Logik unbekannt. Es denkt nicht, und daher muss es nicht an den Grenzen der Logik haltmachen. Das Herz darf an Wunder glauben; und wenn es das tut, werden manche Wunder wahr. Viele Menschen haben die Welt verändert, weil sie das Unlogische, das vermeintlich Unmögliche geglaubt haben.

Der Meister der Liebe sagte seinen Schülern: »Esset mich, trinket mich, dies ist mein Leib, dies ist mein Blut.« Ihr Glaube an seine Botschaft und damit verbunden an ihn selbst sollte nicht nur auf den Verstand beschränkt bleiben. Ihr Glaube sollte allumfassend sein. Wenn Jesus seine Schüler »kleingläubig« nannte, verwies er damit nicht auf ihr mangelndes Denkvermögen, sondern auf ihr fehlendes Vertrauen. Letzteres ist der Glaube des Herzens. Die Energie des Vertrauens fließt in die gebende, die Energie der Erwartung in die nehmende Richtung.

Erwartungen richtet man an andere. Wenn ich etwas erwarte, bin ich der Adressat, der auf eine Sendung wartet. Schenke ich Vertrauen, bin ich selbst der Absender. Erwartung ist passiv. Vertrauen ist aktiv. Die Erwartung richtet ihre Achtsamkeit auf den Mangel. Warten muss man nur auf das, was (noch) nicht da ist. Das Vertrauen richtet seine Aufmerksamkeit auf die Fülle. Ich habe so viel davon, dass ich es verschenken kann.

Der Verstand versucht, Ordnung zu schaffen, um sich in der unendlichen Vielfalt des Lebens zurechtzufinden. Er sucht nach einem Weg durch das Chaos. Da er das Ganze nicht erfassen, nicht verstehen kann, muss er Grenzen setzen. Die Grenzen bestehen aus Kriterien, Prinzipien, Regeln, Schablonen, Konzepten, Strategien und so weiter. Ohne diese Grenzen wäre der Verstand dem Chaos hilflos ausgeliefert. Und er muss an diese Grenzen glauben. Nur glaubwürdige Grenzen werden beachtet. Die Glaubenssätze des Verstandes sind die Posten, die die Grenzen sichern. Sind die Grenzen zu durchlässig, kann das Chaos wieder eindringen. Der Glaube des Verstands ist also einschränkend. Der Verstand neigt dazu, kleingläubig zu sein.

Das Herz hingegen versucht, die Grenzen des Verstands einzureißen. Es will das »Alles ist möglich« spüren. Das Herz will das Leben nicht verstehen, sondern empfinden. Es will begreifen. Verstehen ist die Erkenntnis durch Gedanken. Be-greifen ist die Erkenntnis durch das Fühlen. Ich kann einen Gegenstand mit meinen Händen »greifen«. Meine Hände können fühlen. Ich erkenne, wie sich der Gegenstand anfühlt. Ich begreife. Ebenso begreife ich die Ereignisse meines Lebens durch meine Gefühle. Der Verstand versucht, die Ereignisse zu verstehen. Er will sie innerhalb seiner selbst festgelegten Grenzen einordnen. Der Verstand fragt nach dem »Warum«. Das Herz stellt diese Frage nicht. Es stellt überhaupt keine Fragen. Es antwortet nur. Jedes Gefühl ist eine Antwort. Für den Verstand sind die Antworten des Herzens oft widersprüchlich. Er kann beispielsweise nicht nachvollziehen, wieso sich das Leben in der einen Situation so und in der nächsten anders anfühlt, obwohl sich die Situationen wie ein Ei dem anderen ähneln. Das verwirrt ihn. Er hatte oft gedacht, er wüsste, wie das Glück aussieht.

Zur Zeit sind Doku-Soaps in Mode, welche Menschen zeigen, die in ihr Traumland auswandern. Sie waren vielleicht einige Male im Urlaub dort und währenddessen glücklich gewesen. Nun sind sie auf Dauer da, aber nicht glücklich. In anderen Sendungen kaufen Menschen ihr Traumhaus am Meer. »In so einem tollen Haus mit diesem Blick auf den Ozean kann man doch nicht anders, als glücklich zu sein«, behauptet der Verstand – um nach einigen Monaten festzustellen, dass Langeweile überall unglücklich machen kann. Manche Antworten des Herzens will der Verstand nicht hören, weil sie seinen Theorien und Konzepten widersprechen. Das Herz selbst kennt keine Widersprüche. Es weiß: Alles ist möglich.

Das Herz übernimmt die Ver-antwort-ung für den Moment. Der Verstand ist diesbezüglich ein Feigling. Er kann denken, nachdenken, Theorien entwickeln und sich Meinungen bilden, nur umsetzen kann er nichts. Der Mut zur Entscheidung und die Kraft für die Tat erfordern größeres Potenzial. Man stelle sich einen Vogel vor, der durch ein Fenster in ein Zimmer fliegt. Nun irrt er verzweifelt im Raum umher. Bei seiner Suche nach dem Weg ins Freie fliegt er zunächst gegen die eine, dann gegen die andere Wand. Er findet den Ausgang nicht. Auf die Idee, dass der Weg hinaus derselbe sein könnte wie der Weg hinein, kommt er nicht. Ebenso verhält es sich mit uns Menschen: Wir sind »durch den Bauch« in dieses Leben gekommen. Die Lösungen für unsere Probleme aber suchen wir im Kopf.

Der Verstand strebt nach Erkenntnis. Er will wissen, er will das Leben kennen. Das Herz strebt nach Bewusstsein. Es will das Leben erfahren. Verstand und Herz mögen in einem Thema zum gleichen Ergebnis kommen. Die Folgen aber können dennoch verschieden sein. Wer die Verletzbarkeit des Lebens erkannt hat und ständig darüber nachdenkt, kann nicht mehr unbeschwert sein. Die Erkenntnis wird ihn lähmen. Wer sich aber im Herzen der Verletzbarkeit des Lebens bewusst ist, fühlt tiefer. Aus diesem Bewusstsein folgt Intensität.

Ein anderes Beispiel: Wenn der Verstand erkannt hat, dass das Leben nicht mit dem Tod endet, ist er geneigt, die Dinge etwas langsamer anzugehen. Schließlich hat er ja eine Ewigkeit Zeit. Kulturen, die an das Konzept der Reinkarnation glauben, neigen zur Einstellung: »Komm ich heut nicht, komm ich morgen.« Europäer, die in Indien auf einen Zug gewartet haben, können zu diesem Thema einiges berichten. Züge mit achtstündiger Verspätung gelten dort als pünktlich. Wenn aber das Herz sich der Ewigkeit des Lebens bewusst wird, spürt es Kraft und Stärke. Wer die Unvergänglichkeit des Lebens wahrhaft begriffen hat, kann immer wieder neu den Aufbruch wagen.

Stell dir innerhalb deines Kopfs ein Labyrinth vor, in dem deine Gedanken kreisen. Die Gedanken irren in dem Labyrinth umher und finden den Ausgang nicht. Schau deinen Gedanken beim Kreisen zu. Schau, wie sie sich in dem Labyrinth deines Kopfs umherbewegen.

Nun sag: »Stopp!« Befiehl deinen Gedanken stillzustehen. Und dann richte die Achtsamkeit auf deinen Bauchnabel. Leite deinen Atem dorthin. Stell dir vor, wie mit jedem Atemzug deine Gedanken aus dem Kopf nach unten in den Bauch fließen und dort den Ausgang finden. Der Nabel ist der Ausgang aus dem Labyrinth.

Gott

Ein Fisch hörte davon, dass es Wasser geben sollte. Er fragte einen anderen Fisch: »Weißt du, wo das Wasser ist?«

Dieser antwortete: »Ich hab die Legende vom Wasser auch gehört, weiß aber ebenso wenig wie du, ob sie stimmt. Ich kenne jedoch einen alten, weisen Fisch, der in seinem Leben weit herumgekommen ist. Der müsste es wissen.«

Die beiden schwammen zum alten, weisen Fisch und fragten ihn: »Weißt du, wo das Wasser ist?«

Der alte, weise Fisch antwortete: »Ich bin weit nach links und weit nach rechts geschwommen, und einige Male bin ich tief nach unten getaucht. Wasser aber habe ich nirgendwo finden können.«

Als mir mein Freund Konrad dieses Gleichnis erzählte, fiel mir der Ausspruch eines Astronauten ein, der nach der Rückkehr von einem Ausflug ins All gesagt hat, er habe nirgendwo dort oben einen Gott gesehen.

Mein Vater vergleicht den Menschen manchmal mit einer Vase, die ein Geschöpf des Töpfers ist. Niemals könnte es der Vase gelingen, das Wesen ihres Töpfers zu begreifen. (Wir sprachen in diesem Zusammenhang schon vom Bild, das seinen Maler nicht zu erfassen vermag.) Ebenso kann der Mensch niemals seinen Schöpfer be-greifen. Auch deshalb heißt es in der Bibel: »Mach dir kein Bild von deinem Gott.«

Man achte einmal darauf: Je strenger eine Religionsgemeinschaft ist, desto detaillierter ist ihr Bild von Gott. Fundamentalisten, egal, welcher Religion, meinen, genau zu wissen, was Gott gefällt und was nicht, wem gegenüber Gott gnädig und wem gegenüber er ungnädig ist. Sie haben ein eingeschränktes Gottesbild verinnerlicht und sind in diesem Sinne ebenso kleingläubig wie Atheisten, die an die Nichtexistenz einer höheren geistigen Macht glauben und die Schöpfung für einen glücklichen oder – je nach Sichtweise – unglücklichen Zufall halten.

Kleingläubige sind nicht zu verwechseln mit Skeptikern. Letztere glauben weder an das eine noch an das andere. Ihr Weltbild ist nicht abgeschlossen. Auch in meinen Seminaren sind mir Skeptiker die liebsten Teilnehmer, weil sie offen für neue Erfahrungen sind. Menschen mit »festen« Überzeugungen erweisen sich in dieser Hinsicht als resistenter.

Jemand fragte einmal einen weisen Mann, warum Gott den Menschen seine Existenz nicht dadurch bewiese, dass er ein Wunder vollbringe. Der Weise antwortete: »Weil manche dann behaupten würden, das Wunder sei nicht das Werk Gottes, sondern des Teufels …«

Zurzeit fahren in einigen Städten Linienbusse umher, in denen Atheisten den Slogan plakatiert haben: »Es gibt mit an Sicherheit grenzender Wahrscheinlichkeit keinen Gott.« Ich würde dagegenhalten: »Mit an Sicherheit grenzender Wahrscheinlichkeit hat der Mensch das Universum nicht selbst gemacht.«

Dennoch sind mir persönlich Atheisten sympathischer als religiöse Fanatiker. Wer nicht an Gott glaubt, lässt sich nicht dazu missbrauchen, in dessen Namen andere zu bekämpfen. Immer noch erfahren viele Menschen Ungerechtigkeiten durch jene, die sich berufen fühlen, für einen gerechten Gott in den Krieg zu ziehen. Ich gehöre keiner Religionsgemeinschaft an. Ich bin als Kind evangelisch getauft und konfirmiert worden, später aber als junger Erwachsener aus der Kirche ausgetreten. Ich bin bis heute konfessionslos.

Mittlerweile habe ich wieder einen sehr starken Kontakt zur Kirche, allerdings mehr zur katholischen. Sie ist viel offener als ihr Ruf. Freikirchliche Gemeinschaften schlagen die katholische Kirche in der Disziplin des Dogmatismus oft um Längen. Sie legen Wert auf die vermeintlich einzig wahre Interpretation der Bibel. Wer ihre Auslegung nicht teilt, ist in ihren Augen kein wahrer Christ. Die Katholiken hingegen sprechen vom »Geheimnis des Glaubens«, der über den Verstand hinausgeht. Ihr Glaube ist in diesem Sinne weniger engstirnig.

Ich hörte vor Kurzem folgende Anekdote: Ein strenggläubiger Christ kam in den Himmel. Zeitlebens hatte er alle

Gebote Gottes eingehalten, hatte sich viele Freuden des Lebens versagt und keinen Sonntagsgottesdienst verpasst. Zur Begrüßung überreichte Gott ihm ein Butterbrot. Am nächsten Tag besuchte Gott ihn dreimal. Jedes Mal gab es ein Butterbrot. Und so ging es auch die nächsten Tage weiter.

Der Gottesfürchtige war ein wenig enttäuscht. Insgeheim hatte er sich erhofft, dass ihn im Himmel auch himmlische Speisen erwarteten würden. Nach ein paar Wochen nahm er all seinen Mut zusammen. Als Gott ihn wieder einmal mit einem Butterbrot beglückte, fragte er, wann es denn nun endlich etwas Warmes zu essen gäbe? Und Gott antwortete: »Ach weißt du, für uns zwei hier oben lohnt es sich nicht zu kochen.«

Ich bin immer wieder erstaunt, dass auch in der heutigen Zeit noch Menschen an die Existenz einer Hölle glauben, in deren Fegefeuer Seelen in ewiger Verdammnis für ihre Sünden schmoren müssen. Dabei sind die Ansichten, was in Gottes Augen Sünde ist und was nicht, durchaus unterschiedlich. Das Wort »Sünde« bezeichnet eine »Verfehlung«, diese wiederum ist mit dem Verb »fehlen« assoziiert. Wenn etwas nicht da ist, obwohl es da sein müsste, fehlt es. Wenn ich nicht da bin, obwohl ich da sein müsste, fehle ich.

Nun kann ich zwar körperlich anwesend sein, aber dennoch fehlen. Das ist immer dann der Fall, wenn ich mit meinen Gedanken abwesend bin. Oftmals ist es so, dass ich an Vergangenes oder Zukünftiges denke. Dann ist zwar mein Körper im Hier und Jetzt, meine Gedanken aber sind in einer anderen Zeit. Und immer, wenn ich mich frage: »Was passiert jetzt woanders?«, ist zwar mein Körper in der Gegenwart, meine Gedanken aber sind an einem anderen Ort. In beiden Fällen bin ich nicht ganz präsent.

So kann es sein, dass ich etwas sage oder tue, was ich später bereue. Ich verfehle das richtige Wort, die richtige Tat. In diesem Sinne könnte man sagen: Immer dann, wenn ich nicht im Augenblick bin und somit nicht ganz bei mir, sündige ich. »Und wenn du fehlst, so fehle total«, sprach der geistige Lehrer JJ. Die Totalität hebt den Fehler auf.

Ein Mensch, der sich mit all seinen Sinnen des jetzigen Augenblicks bewusst ist, hat in diesem Moment keine Vergangenheit und keine Zukunft. Dieser Mensch kann kein Karma mehr aufbauen, da er den Kreislauf von Ursache und Wirkung verlassen hat. Die in östlichen Religionen vermittelte Karmalehre beruht bekanntermaßen auf dem Glauben an die Reinkarnation. Wer jedoch sein Leben absolut im Hier und Jetzt verbringt, für den stimmt das Konzept der Reinkarnation nicht mehr. Ein Mensch *total im Augenblick* trennt sein Leben nicht in frühere und spätere Zeitpunkte. Er unterscheidet daher auch nicht (mehr) zwischen vermeintlich früheren und vermeintlich späteren Leben. Er erlebt die ewige Gegenwart.

Alle Religionen beschreiben unterschiedliche und gemeinsame Aspekte der einen, göttlichen Wahrheit. So wie in der Geschichte der Blinden, die einen Elefanten durch Betasten begutachten und dabei zu kontroversen Ansichten gelangen, wie denn ein Elefant aussähe. Diejenigen, die den Rüssel fühlen, behaupten, ein Elefant sei länglich und hohl. Die Blinden, die die Füße berühren, meinen, ein Elefant sei platt und rundlich. Die Blinden an den beiden Seiten des Elefanten gelangen zu der Überzeugung, ein Elefant sei breit und viereckig.

Bilder und Vorstellungen sind immer begrenzt. Jedes Bild kann nur einen Ausschnitt des Ganzen zeigen. Die Erkenntnis des Göttlichen liegt jenseits aller Vorstellungen. Im Augenblick des Findens stürzen die Bilder des Suchenden ein: das Gottesbild, das Weltbild und das Selbstbild. Die Erkenntnis des All-Einen sprengt alle Begrenzungen.

Im Thomasevangelium sagt Jesus zu seinen Schülern: »Wer sucht, soll weitersuchen, bis er findet, und wenn er gefunden hat, wird er bestürzt sein, und wenn er bestürzt ist, wird er erstaunt sein, und er wird herrschen über das All.«

Das »all eine« Bewusstsein hat sich in unendlich viele Bewusstseinsteilchen zerstreut. Jedes Bewusstseinsteilchen hat das Potenzial, sich als eigenständiges »Ich« zu erfahren. Es kann sich mit jedem anderen Teilchen verbinden und auf diese Weise wachsen. Da die Anzahl der Bewusstseinsteilchen unendlich ist, sind die Wachstumsmöglichkeiten unbegrenzt. Ein Bewusstsein, das die Verbindung aller Teilchen in sich vereinigen würde, könnte sich selbst nicht fassen.

Das Wesen des Lebendigen ist Bewegung und Veränderung. Niemals steht die Schöpfung still. »Alles, was ist«, bewegt und verändert sich immerfort. Da kein Zustand unveränderlich ist, kann es auch keinen »höchsten« Zustand geben. Wenn »das Höchste« zu erreichen wäre, wäre es schon nicht mehr das Höchste. »Alles, was ist«, fühlt in seinem tiefsten Inneren, dass es einen Zustand der Schöpfung gibt, der noch bewusster und in diesem Sinne höher als der momentane ist. Deshalb gibt es – so glaube ich – kein bewusstes Wesen, das sich selbst für den höchsten Gott halten könnte.

Aber ich glaube an ein Fegefeuer. »Mein« Fegefeuer befindet sich jedoch nicht in der Hölle, sondern im Himmel. Wenn Jesus vom Himmel sprach, meinte er die Tiefen der Seele. Und dort gibt es ein Fegefeuer, das einzig und allein dafür da ist, die Gefühle der eigenen Unzulänglichkeit und Wertlosigkeit zu verbrennen.

Achte auf deinen Atem.
Stell dir vor, wie jeder Atemzug ein Feuer anfacht.
Ein Feuer in deinem Herzen.

Das Feuer in deinem Herzen ist das Fegefeuer deiner Seele.
Es ist einzig und allein dafür da, den Glauben an deine Unzulänglichkeit zu verbrennen.
Es ist einzig und allein dafür da, den Glauben an deine Wertlosigkeit zu verbrennen.
Mit jedem Atemzug verstärkst du das Feuer in deinem Herzen.
Lass es in dir lodern,
lass es in dir brennen.

Sieh, wie der Glaube an die Unzulänglichkeit in dir verbrennt.
Sieh, wie der Glaube an die Wertlosigkeit in dir verbrennt,
im Fegefeuer deiner Seele.

Das Geheimnis des Glaubens

Jesus sagte einem gelähmten Mann: »Steh auf, nimm dein Bett und geh.« Der Mann vertraute den Worten des Meisters, stand auf und konnte gehen. Hätte er zuvor über die theoretische Wahrscheinlichkeit einer Spontanheilung nachgedacht, wäre er wohl liegen geblieben. Zumal damals die medizinischen Möglichkeiten weitaus eingeschränkter waren als heute. Die Mediziner des 21. Jahrhunderts befreien mit ihrem Wissen Menschen von Krankheiten, die früher als unheilbar galten. Würde mein Freund Thomas, der Arzt ist, aus der Jetztzeit ins Jerusalem von damals reisen, hätte er dort ebenso Karriere als Heiland machen können. Dafür aber hätte er sich – so wie Jesus auch – mit den Pharisäern herumschlagen müssen. Diese Erfahrung könnte ihm allerdings helfen, den heutigen Papierkrieg mit den Krankenkassen gelassener zu betrachten …

Wir werden in den nächsten Jahren mehr glauben als heute. Mit dem Fortschreiten der wissenschaftlichen Erkenntnisse wächst in den Menschen auch der Glaube. Was für uns im 20. und 21. Jahrhundert selbstverständlich wurde, war früher unglaublich. Für mich ist es heute noch absolut unerklärlich, wie ich in meinem Duisburger Wohnzimmer live und in Farbe ein Fußballspiel gucken kann, das zur gleichen Zeit in Südafrika stattfindet. Trotzdem glaube ich daran. Mein Glaube daran ist sogar so groß, dass ich vor dem Fernseher ausraste, wenn während eines Spiels aufgrund von Übertragungsproblemen das Bild ausfällt.

Als dies während der Europameisterschaft 2008 beim Halbfinalspiel Türkei gegen Deutschland passierte, lief ich wie angestochen in der Wohnung herum und wiederholte wie ein Mantra den Satz: »Das darf doch wohl nicht wahr sein …« Da eine Liveübertragung für mich ein unverständliches Rätsel ist, hätte diese Tatsache eigentlich meinem Weltbild entsprechen müssen. Glaube hat also nichts mit Verstehen zu tun. Wenn ich nur das glaubte, was ich auch verstehe, wäre ich wahrhaft kleingläubig.

Glaube ist auch unabhängig von Richtig und Falsch. Es ist unerheblich, ob das, was ich glaube, wirklich so ist oder nicht. Die Wahrheit kann nicht geglaubt werden. Vielmehr ist es umgekehrt: Der Glaube erschafft Wahrheiten. Glaube ist eine Kraft, eine Energie, die in dem Gläubigen selbst wirkt und dessen Wahrnehmung bestimmt. Hätte der Gelähmte bei der Begegnung mit Jesus nicht an die Heilung geglaubt, wäre er von seinem Leiden nicht befreit worden. Denn auch Nichtglaube ist Glaube: Der Glaube an das Gegenteil. Dabei glaubte er sogar an die falsche Theorie: Für ihn war die Heilkraft Jesu ursächlich für die

Genesung. Vielmehr aber war es die heilende Kraft des Glaubens, die in ihm gewirkt hatte. Deshalb sagte Jesus zu denen, die sich bei ihm für eine Heilung bedankten: »Dein Glaube hat dir geholfen.«

Ein starker Glaube bedeutet nicht, fest und dogmatisch an irgendeiner Theorie festzuhalten, sondern vielmehr, die Kraft des Glaubens in sich *stark* zuzulassen. Die Heilungen, die Jesus vollbracht hatte, nennen wir »Wunder«. Für Jesus selbst waren sie keine Wunder. Er wusste um die natürliche Kraft des Glaubens, die im Inneren des Gläubigen Berge versetzen kann. Die katholische Kirche spricht vom »Geheimnis des Glaubens«. Das Geheimnis liegt in der Glaubenskraft.

Sei in den nächsten Wochen mehr groß- als kleingläubig. Trau dich etwas, was du dir bislang nicht zugetraut hast.

Die Seele spricht

Dein Glaube bestimmt dein Denken.
Dein Glaube bestimmt dein Handeln.
Dein Glaube ist Gesetz im Land deiner Seele.

Die Seele spricht, und der Körper leidet.
Die Seele spricht, und der Körper heilt.
Dein Glaube ist Gesetz im Land deiner Seele.

Die Seele spricht, und die Freundschaft leidet.
Die Seele spricht, und die Freundschaft heilt.
Dein Glaube ist Gesetz im Land deiner Seele.

Die Seele spricht einen Befehl, und die Arbeit leidet.
Die Seele spricht einen Befehl, und die Arbeit heilt.
Dein Glaube ist Gesetz im Land deiner Seele.

Die Seele spricht, und die Freude leidet.
Die Seele spricht, und die Freude heilt.
Dein Glaube ist Gesetz im Land deiner Seele.

Die Seele spricht, und die Partnerschaft leidet.
Die Seele spricht, und die Partnerschaft heilt.
Dein Glaube ist Gesetz im Land deiner Seele.

Die Seele spricht, und die Liebe leidet.
Die Seele spricht, und die Liebe heilt.
Dein Glaube ist Gesetz im Land deiner Seele.

Dein Glaube bestimmt dein Denken.
Dein Glaube bestimmt dein Handeln.
Dein Glaube ist Gesetz im Land deiner Seele.

Wenn du es glaubst und wenn du es willst,
kannst und darfst du
neue Gesetze erlassen.

Wenn du es glaubst und wenn du es willst,
kannst und darfst du
die Gesetze erlassen, die ab jetzt im Land deiner Seele gelten sollen.

Kapitel XI
Einverständnis

Der Mensch sagt, dass die Zeit vorübergeht.
Die Zeit sagt, dass der Mensch vorübergeht.
Indisches Sprichwort

Im Oktober 2008 machte ich einen Abstecher nach Brandenburg und hielt dort einen Vortrag vor einer Reiki-Gruppe. Es war ein sehr schöner Abend, den ich so nicht erwartet hatte. Ich war mit gemischten Gefühlen angereist, da die Gruppe eine Reiki-Richtung vertrat, mit der ich nichts anfangen kann. Sie praktizierten das sogenannte authentische Reiki, das sich von den anderen Richtungen hauptsächlich dadurch unterscheidet, dass es bei ihnen nicht nur drei, sondern sieben Grade gibt. Mit jedem Grad steigt der Absolvent eine Stufe höher auf der spirituellen Karriereleiter. Authentisch sei diese Richtung, weil sie in der Tradition des Herrn Usui stünde, der wie gesagt als der (Wieder-)Entdecker des Reiki gilt.

Mein Verständnis von Reiki ist bekanntermaßen nicht von einer Tradition bestimmt. Für mich bedeutet Authentizität, seinem eigenen Weg zu folgen. Ich vermittle in meinen Seminaren die Parole »Jeder tue es auf seine Weise«. Zudem habe ich im Gegensatz zu den »Authentischen« nicht viel mit den Reiki-Symbolen am Hut. Meiner Ansicht nach haben in den vergangenen Jahrzehnten viele Reiki-Lehrende durch ihr elitäres Getue um geheime Symbole und Einweihungen dafür gesorgt, dass diese einfache und für jedermann ohne Voraussetzung zu erlernende Meditationstechnik bei vielen bodenständigen Menschen in Verruf geraten ist.

Eine Woche vor meinem Vortrag wurde ich per Mail von der Gruppe gefragt, ob ich denn auch »streitbar« sei. Mit anderen Worten, ob ich denn bereit wäre, mit ihnen zu diskutieren. Ich schrieb zurück, dass ich bei meinen Lesungen grundsätzlich keine Gefangenen mache, bislang noch jeden Veranstaltungsort wieder lebend verlassen konnte und hoffte, dies würde mir auch in Brandenburg gelingen.

Meine Hoffnung erfüllte sich. Ich kam nicht nur lebend davon, sondern auch erfüllt. Ich war lieben Menschen begegnet, die sich mir gegenüber alle freundlich zeigten. Ich war sehr dankbar dafür, dass ich vor diesen Leuten meinen Vortrag hatte halten dürfen. Gut gelaunt machte ich mich auf den Weg an die Nordsee. Die nächsten beiden Seminare standen an.

Als ich in Schillig ankam, stellte ich fest, dass entgegen der Absprache mein Seminarraum nicht standardgemäß eingerichtet war. Ich ärgerte mich sehr. Seit zehn Jahren bin ich mindestens zwölfmal im Jahr in diesem Hotel und halte dort meine Kurse ab. Mittlerweile dürften die Angestellten doch wohl kapiert haben, wie der Raum auszusehen hat, dachte ich. Auch eine Flasche Pils aus der Hotelbar konnte mich nicht besänftigen. Ändern konnte ich nun nichts mehr. Es war Nacht und das Hotelpersonal in seinem verdienten Feierabend. Ich nahm mir vor, mich am nächsten Morgen an der Rezeption gehörig zu beschweren.

Ich legte mich hin und versuchte einzuschlafen. Da kam mir in den Sinn, wie kleingeistig ich eigentlich war. Anstatt mich darüber zu freuen, dass ich unversehrt die anstrengende Fahrt durch die Nacht überstanden hatte und trotz teilweise schwerster Unwetter unfallfrei angekommen war, um hier an der Nordsee an meinem Lieblingsort ein tolles Seminar mit netten Menschen leiten zu dürfen, regte ich mich über Kleinigkeiten auf. Der Raum würde am nächsten Morgen innerhalb von zehn Minuten meinen Wünschen entsprechend eingerichtet sein. Das Seminar beginnt erst um 17.00 Uhr. Wo war das Problem? Mit diesen Gedanken schlief ich ein.

Am nächsten Morgen, nachdem ich meine nunmehr freundliche Beschwerde an der Rezeption losgeworden war, ging ich in »meine« Kirche.

In das Fürbittenbuch hatte jemand mit kindlicher Schrift geschrieben: »Lieber Gott, ich danke dir für das Leben. Ich danke dir für die Menschen, die Tiere und die Bäume. Stell dir vor, wenn es uns nicht gäbe. Wäre das nicht schrecklich?«

Der Autor dieser Zeilen war einverstanden mit der Schöpfung. Ich glaube, dass er im Gegensatz zu mir am

Abend zuvor das Wesentliche verstanden hatte. Dieser Mensch konnte sich am Leben erfreuen. Ich konnte mich anscheinend an meinem Leben nur erfreuen, wenn der Seminarraum meinen Vorstellungen entsprechend eingerichtet war. Ich hatte meine Zufriedenheit an Bedingungen geknüpft. Ein Mensch, der viel Verständnis hat, stellt weniger Bedingungen. Wer oft mit Unverständnis reagiert, glaubt, genau zu wissen, wie die Umstände zu sein haben, wie andere zu denken, zu sprechen, zu handeln haben. Wer ein allzu detailliertes Weltbild verinnerlicht hat, ist nur schwer zufriedenzustellen.

Ein Beispiel: Ich teilte einmal einem Menschen eine freudige Botschaft mit. Der Angerufene aber reagierte überhaupt nicht erfreut. Der Inhalt meiner Botschaft war für ihn nur zweitrangig. Er trug schwer an der Last, dass ich nicht ihn, sondern zunächst einen anderen Freund informiert hatte. Mit seiner Erwartung, als Erster benachrichtigt zu werden, hatte er sein Einverständnis an eine Bedingung geknüpft.

Die Folge: Ich rufe ihn gar nicht mehr an. Mit Bedingungen schreckt man Menschen ab, und mit Bedingungen schreckt man auch die geistige Welt ab. Deshalb: Wunder geschehen nur für den, der keine Bedingungen stellt. Der Glaube, der Berge versetzen kann, ist der Glaube an die Bedingungslosigkeit. Nur wer keine Bedingungen stellt und nicht an Voraussetzungen glaubt, kann (sein) Wunder erleben.

Hätte ich am Abend zuvor vom Balkon meines Hotelzimmers auf das Meer geschaut, wäre mein Ärger vermutlich sofort verflogen. Weitblick fördert das Einverständnis. Auch Bergsteiger erleben, dass sich die Probleme ihres Lebens in dem Augenblick relativieren, in dem sie vom Gipfel des Berges in die Weite schauen. Auf dem Jakobsweg gibt es eine Passage, in der man eine Straße scheinbar endlos geradeaus geht. Viele Pilger berichten, dass sie ausgerechnet auf dieser Strecke zu wertvollen Einsichten gelangt seien. Der äußere Blick wirkt prägend auf die innere Sicht ein. Je weiter meine Sicht ist, desto größer wird mein Einverständnis. Ich sehe mehr, erkenne mehr, verstehe mehr. Und umgekehrt: Baue ich mir mit meinen Gedanken eine enge Welt, können mir selbst die kleinsten Probleme riesengroß erscheinen. Mein Verständnis prallt dann schnell gegen die Mauern meiner kleinen Welt.

Einverständnis bedeutet zu verstehen, auch ohne erklären zu können, geschweige denn erklären zu müssen. Einverständnis benötigt keine Rechtfertigung. Ich brauche keinen Grund dafür, einverstanden zu sein. Auch wenn ich etwas in meinem Leben ändern möchte, muss ich nicht vorher verstehen, warum und weshalb es zu der jetzigen, zu verändernden Situation gekommen ist. Die Frage nach der Ursache hilft nicht (immer) weiter. Schaffe ich die Veränderung, spielt die Antwort auf die Frage, was zu der nunmehr vergangenen Situation geführt hat, keine große Rolle mehr. Die Veränderung gelingt sogar ohne Ursachenforschung leichter. Mit der Analyse der Ursache verbleibe ich mit meinen Gedanken in der Vergangenheit. Die Veränderung aber führt mich in die Zukunft. Warum nach hinten blicken, wenn ich nach vorn gehen möchte?

Einverständnis bedeutet, die derzeitigen Lebensumstände *an*zunehmen. Es bedeutet nicht, sie *hin*zunehmen. Dies wäre Resignation. Bin ich mit meinem Leben einverstanden, sage ich Ja zu der Situation; und wenn sie mir nicht gefällt, ändere ich sie. In diesem Fall sage ich Ja ohne »Amen«. Die Übersetzung für »Amen« lautet »Es geschehe«, »So sei es« oder – anders ausgedrückt – »Ich beschließe es«. Mit einem »Ja ohne Amen« nehme ich die derzeitige Situation an, ohne sie zu beschließen. Ich bin mir darüber bewusst, dass die Situation der momentane Ausdruck eines (noch) nicht abgeschlossenen Prozesses ist. Resigniere ich, sage ich zwar Nein zu der Situation, ändere aber nichts. Viele sagen Nein und verharren dennoch in ihren Dramen. Sie sagen Nein zu der Beziehung, Nein zu ihrem Beruf, Nein zu den Nachbarn und so weiter. Viele Kämpfer verbringen ihr halbes Leben auf demselben Schlachtfeld. Ständig schleudern sie dem Feind ein lautstarkes Nein entgegen. Auf die Idee, den Kampfplatz zu verlassen und Frieden zu schließen, kommen sie nicht.

Frag dich:
Bin ich einverstanden?

Einverständnis bedeutet, Ja zu sagen.
Ja zum Leben, Ja zu den Menschen, Ja zu sich selbst.
Nun frag dich einmal:

Sage ich Ja zu meinem Körper?
Sage ich Ja zu meiner Arbeit?
Sage ich Ja zu meiner Partnerschaft?

Bin ich einverstanden mit dem Leben?
Bin ich einverstanden mit den Menschen?
Bin ich einverstanden mit mir selbst?

Gefühlslandschaften

Man könnte das *Ich* mit einem Menschen vergleichen, der alle Länder dieser Erde erkunden möchte. Auf seiner Reise durch die Welt kommt er durch viele unterschiedliche Gegenden. Ebenso reist das Ich durch die vielen Gefühlslandschaften der Seele. Es strebt danach, alle Aspekte seiner Seele zu erleben. Es will sich selbst in seiner ganzen Größe, in seiner ganzen Pracht und Herrlichkeit erfahren.

Ein Weltreisender kann nicht kraft seines Willens Berge in Meere und Wüsten in Städte verwandeln. Um in das nächste Land zu gelangen, muss er das gegenwärtige durchqueren. Auch das Ich kann die Gefühlslandschaft, in der es sich gerade befindet, nicht »einfach so« nach seinen Wünschen verändern. Für das Ich gilt ebenfalls: Es gibt nur einen Weg hinaus, und der heißt »hindurch«.

Vor Beginn meiner Lebensreise habe ich einen Reisevertrag unterschrieben. Ich habe mich mit den Bedingungen einverstanden erklärt. Der Lohn der Reise sind Erfüllung und Erfahrung. Der Preis sind Anstrengung und Mühe. Für das spirituelle Wachstum ist Widerstand nötig. Die Glücksmuskeln brauchen Gewichte, um groß und stark zu werden.

Manchmal, wenn ich Angst, Traurigkeit, Zweifel oder ein anderes mir nicht so angenehmes Gefühl spüre, hilft es mir, mich mit ihm einverstanden zu erklären. Ich mache mir dabei bewusst: Das momentane Gefühl ist ein Abschnitt im Land meiner Seele. Ich bin auf der Durchreise, und deshalb werde ich auch wieder in andere Gegenden kommen. Ich darf nur nicht aufgeben, muss den Mut haben weiterzugehen. Mit dem Einverständnis kommt der Rückenwind.

Einverständnis bedeutet nicht, immer alles und jedes in Ordnung zu finden. Einverständnis ist vielmehr die Akzeptanz des gegenwärtigen Gefühls. Um beim Gleichnis zu bleiben: Dem Weltenbummler werden auf seiner Reise nicht nur Reichtum und Luxus, sondern auch Leid und Elend begegnen. Er muss nicht *mit Leid und Elend,* aber er kann *mit der Begegnung* einverstanden sein.

Ich bin nicht immer einverstanden

Ich bin nicht immer einverstanden mit den Zuständen dieser Welt.

Ich bin nicht einverstanden, wenn Staaten oder Terroristen mit Atombomben drohen. Es macht mich ängstlich.

Ich bin nicht einverstanden, wenn jeden Tag Tausende Kinder sterben, weil sie nichts zu essen haben. Es macht mich traurig.

Ich bin nicht einverstanden, wenn Tiere wahllos und ohne Not abgeschlachtet werden. Es macht mich zornig.

Ich bin nicht immer einverstanden mit den Zuständen dieser Welt.

Aber ich bin einverstanden, dass ich manchmal traurig bin.

Ich bin einverstanden, dass ich manchmal ängstlich bin.

Ich bin einverstanden, dass ich manchmal zornig bin.

Ändere einen Zustand, mit dem du nicht einverstanden bist. Wenn du ihn nicht ganz ändern kannst, trage einen kleinen Teil zur Veränderung bei.

Friede sei mit dir

Ich beginne jeden Meditationsabend und jedes Seminar mit einem Friedensschluss. Dabei lege ich meine rechte Hand ans Herz und wiederhole wie ein Mantra den Satz: »Friede sei mit dir, Peter.« Ich kann in dieser Übung Frieden schließen mit einem Ereignis aus meiner Vergangenheit, das ich noch nicht überwunden habe. Ich kann Frieden schließen mit einer gegenwärtigen Situation, mit der ich unzufrieden bin. Ich kann Frieden schließen mit einem Menschen, mit dem ich zurzeit Streit habe. Dabei mache ich mir klar: Immer dann, wenn ich Frieden schließe, ist es der Friede, den ich in mir und deshalb auch mit mir schließe. Ich sage Ja zu meinen Gedanken, Gefühlen und Ereignissen meines Lebens. Ich sage Ja zu mir selbst.

Einverständnis ist die Kunst zuzustimmen, ohne zu verstehen. Ich brauche keine rechtfertigenden Erklärungen für meinen Friedensschluss. Auch wenn ich nicht verstehen kann, warum ich beispielsweise krank geworden bin, kann ich dennoch Frieden mit mir und der Krankheit schließen. Auch wenn ich nicht erklären kann, warum ein Ereignis in mein Leben getreten ist, kann ich mich dennoch mit mir und meinem Leben und damit verbunden auch mit dem Ereignis einverstanden erklären. Würde ich mein Einverständnis an die Bedingung knüpfen, zuvor verstanden zu haben, könnte ich nur selten einverstanden sein.

Einverständnis ist eine Technik, das eigene Schicksal anzunehmen und nicht an sich selbst und dem Leben zu verzweifeln. Manchmal ist das Leben jedoch so schwer, dass die Technik versagt. Wer könnte ohne weiteres Ja zum Verlust eines lieben Menschen sagen? Auch wenn ich weiß, dass der Tod immer nur ein Tod des Körpers, niemals aber der Seele ist, bin ich beim Verlust eines Angehörigen dennoch traurig.

Wissen schützt vor Gefühlen nicht. Manche sagen, die Trauer um einen Menschen, für den der Tod die Erlösung seines Leidens bedeutete, sei reines Selbstmitleid. Doch diese Aussage ist töricht. Der Tod ist ein Abschied. Jeder

Abschied ist mit dem Gefühl der Wehmut verbunden. Ich bringe einen Menschen, den ich lieb habe, zum Bahnhof, weil er für einige Wochen oder Monate verreisen will. Er freut sich auf die Reise, und ich weiß, dass es ihm am Ziel gut gehen wird. Gleichwohl kommt Wehmut bei mir auf. Ich bin mit der Reise »einverstanden« und trotzdem traurig. So kann ich auch mit dem Tod eines Menschen einverstanden sein und dennoch trauern. Das eine ist unabhängig vom anderen. Gefühle machen das Leben aus. Wenn ich einverstanden bin, erlebe ich die Trauer; bin ich nicht einverstanden, erleide ich sie. Im ersten Fall bin ich der Boss, im zweiten Fall das Opfer. Es ist auch nicht wichtig, dass ich mein Einverständnis mit dem Geschehen *sofort* erkläre. Es ist nur wichtig, dass ich es überhaupt tue.

»Werdet Vorübergehende«, sagte Jesus seinen Schülern. »Akzeptiert, dass nichts von Dauer ist.« Alles verändert sich. Wer sich auf lange Sicht einrichtet, ist mit den Veränderungen des Lebens nicht einverstanden. Wer unbedingt Veränderung in seinem Leben will, ist mit den gegenwärtigen Umständen nicht einverstanden. Beides gehört zusammen. Das Paradox ist, dass nur der derjenige über Einverständnis verfügt, der sowohl die gegenwärtigen Verhältnisse in seinem Leben wie auch die Tatsache akzeptieren kann, dass nichts so bleibt, wie es ist. Der Tod ist die totale Veränderung. Absolutes Einverständnis mit dem Leben setzt das Einverständnis mit dem Tod voraus. Jede Religion, jede spirituelle Tradition lehrt die Menschen, sich mit dem Tod zu beschäftigen. Wer das Leben verstehen will, muss sich mit dem Tod auseinandersetzen. Nur wer die Tatsache des Todes vollkommen akzeptiert, kann zu absoluter Lebensfreude gelangen.

Sein Schicksal anzunehmen gilt jedoch – Gott sei's gedankt – nicht nur für die schlechten Erfahrungen. Das Leben hat auch gute Seiten. Annahme bedeutet ebenso, die schönen und angenehmen Erlebnisse zu genießen. Wer sich jedoch mit aller Macht gegen das Unangenehme sträubt, ist auch weniger aufgelegt fürs Angenehme. Empfänglichkeit ist nicht teilbar. Wer den Lieferdienst des Universums regelmäßig an der Haustür abweist, weil er in allen Paketen Beschwernisse vermutet, wird auch keine positiven Überraschungen beim Auspacken erleben.

Mit der folgenden Übung kann man lernen, empfänglicher für die geistigen und irdischen Geschenke des Lebens zu werden.

Setz dich oder leg dich hin. Schließ die Augen und öffne deine Handflächen nach oben. Mach dir bewusst: »Ich empfange.«

Auch bei dieser Übung gilt es – wie bei allen anderen in diesem Buch – keinen Ehrgeiz zu entwickeln. Man visualisiere nicht, dieses oder jenes Bestimmte zu empfangen. Die Übung verfolgt nicht den Zweck der Wunscherfüllung, sondern dient vielmehr der Bewusstwerdung, dass es so ist: Ich empfange! Ich erstrebe nicht, sondern öffne mich. Ich lade keinen bestimmten Gast zu mir ein, von dem ich glaube, dass er kommen müsste, sondern bereite mein Haus vor für den Gast, der zu mir kommen will.

Der Beobachter

Wenn ich im Frühling draußen bin und aufmerksam dem Gezwitscher der Vögel lausche, spielt es keine Rolle, ob ich ein oder sieben Bücher geschrieben habe.

Ich kann ohne Bedingung einverstanden sein.

Wenn ich am Strand spazieren gehe und aufs Meer blicke, spielt es keine Rolle, ob mein Lieblingsverein auf- oder abgestiegen ist.

Ich kann ohne Bedingung einverstanden sein.

Wenn ich am Horizont die Sonne morgens auf- und abends untergehen sehe, spielt es keine Rolle, ob ich ein großes oder kleines Auto fahre.

Ich kann ohne Bedingung einverstanden sein.

Es gibt in mir einen Beobachter, der nicht beurteilt, sondern nur erfährt. Es gibt in mir einen Beobachter, der keine Bedingungen stellt, sondern nur die Wunder des Lebens genießt. Es gibt in mir einen Beobachter, der sich darüber bewusst ist, dass der Sinn des Lebens das Spüren der Gefühle und nicht das Erreichen eines Zieles ist. Es gibt in mir einen Beobachter, der nichts werden will, sondern ist.

Spür deinen Atem.
Es gibt nichts zu tun, nichts zu denken, nichts zu sagen.
Du sitzt einfach nur hier und atmest. Nicht mehr und nicht weniger.

Trenn dich von den Ereignissen um dich herum.
Trenn dich von dem Raum um dich herum.
Trenn dich von deiner Vergangenheit und deiner Zukunft.
Trenn dich von der Zeit.

Du sitzt, du atmest, du bist.
Sonst ist nichts.
Es gibt nichts zu tun, nichts zu denken, nichts zu sagen.

Das Jüngste Gericht

Das Einverständnis mit dem Leben ist gleichbedeutend mit dem Einverständnis seiner selbst. Einverständnis befreit von Zwiespältigkeit. In der Zwiespältigkeit stehe ich auf der einen Seite und das Leben auf der anderen. Ich kämpfe mit dem Leben. Bin ich aber einverstanden mit meinem Leben, sind wir beide eins. Ich erkläre mich mit all meinen Gedanken, Worten, Gefühlen, Handlungen einverstanden. Ich schließe Freundschaft mit mir und dem Leben. Wenn ich mich ein für alle Mal mit allem Vergangenen, Gegenwärtigen und Zukünftigen einverstanden erklären kann, habe ich den Zeitpunkt erreicht, den Jesus das »Jüngste Gericht« nannte. Ziel des Jüngsten Gerichts ist nicht die Bestrafung, sondern der Freispruch, der alle Bereiche des Lebens umfasst. Der Freispruch ist absolut. Ich habe die Absolution.

Es ist das Jüngste Gericht, weil es das letzte sein wird. Ab dann werde ich mich und andere nie mehr anklagen, nie mehr verteidigen, nie mehr verurteilen. Der Richter in mir spricht den Angeklagten in allen Punkten frei. Beide Aspekte meines Selbst, Richter und Angeklagter, lösen sich auf. Auch der Verteidiger ist überflüssig geworden. Ohne Anklage ist Verteidigung nicht nötig. Nun erst kann ich wahrhaft ohne Schuldgefühle ich selbst sein. Ich bin frei von Schuld und Schuldgefühlen. Ab dann werde ich weder mich noch andere vor mein persönliches, inneres Strafgericht stellen. Bis dahin noch bin ich Angeklagter, Staatsanwalt, Verteidiger und Richter in einem. Der Angeklagte in mir spricht durch meine Schuldgefühle. Der Staatsanwalt in mir spricht durch meine Selbstkritik. Der Verteidiger in mir spricht durch meine Rechtfertigungen. Der Richter in mir spricht sein Urteil durch die Gebote, die ich mir auferlege.

Eine Übung in meinen Seminaren ist der »Lobende Kreis«. Jeder muss einmal in die Mitte und Komplimente »ertragen«. Die Außenstehenden dürfen sagen, was sie an dem Menschen in ihrer Mitte toll finden. Jedermann fällt es leicht, lobende Worte zu verteilen. Schwerer jedoch ist es für viele, in der Mitte des Kreises zu stehen und die Komplimente einfach nur dankend entgegenzunehmen. Manche kommen auch bei Lob nicht aus ihrem inneren Gerichtssaal heraus. Sie haben das Bedürfnis, entweder zu gestehen, sich zu rechtfertigen oder sogar abzustreiten. Auf die Worte »Du strahlst so eine Ruhe aus« sagen manche dann etwa: »Ist aber nur äußerlich.«

Viele Menschen haben sich so sehr daran gewöhnt, zu klagen und sich zu rechtfertigen, dass sie nicht wüssten, was sie stattdessen tun sollen. Ein Freispruch fällt ihnen schwerer als ein Strafurteil. Loslassen ist schwieriger als festhalten. Der Urteilsspruch hält den Angeklagten fest, sperrt ihn in ein Gefängnis. Dort kann man ihn besuchen und beschimpfen und über seine Untaten weiter klagen und behaupten, er habe die Strafe verdient. Der Freispruch aber lässt den Angeklagten los, er kann gehen, wohin er will. Nun kann niemand mehr mit dem Finger auf ihn zeigen. Gerichtsdramen kosten eine ungeheure Energie. Fallen die Dramen weg, wird Energiepotenzial frei. Man muss lernen, damit umzugehen. Auch Freiheit will geübt sein.

Sei in den nächsten Wochen großzügig mit Lob. Verteil Komplimente, jedoch nur, wenn du sie auch ernst meinst. Schau auf die Reaktionen der Menschen. Wenn sie dich fragen, womit sie deine Worte verdient haben, sag nur: »Nimm's einfach an.« Wenn sie gestehen, sich rechtfertigen oder abstreiten, sag nur: »Nimm's einfach an.« Und wenn du in den nächsten Wochen selbst gelobt wirst, geh ebenso damit um: Gestehe nicht, rechtfertige dich nicht und streit es nicht ab. Nimm's einfach nur an!

»Ich bin einverstanden!«

Denk an deine Kindheit.
Es war nicht immer leicht, Kind zu sein.

Was du erlebt hast, kannst du nicht ändern.
Was du bisher gedacht hast, kannst du nicht ändern.
Doch du kannst entscheiden, was du *jetzt* denken willst.
Du kannst sagen: »Ich lehne ab.«
Du kannst auch sagen:
»Ich bin einverstanden!«

Denk an deine Eltern.
Es war nicht immer leicht, Tochter oder Sohn zu sein.

Was du erlebt hast, kannst du nicht ändern.
Was du bisher gedacht hast, kannst du nicht ändern.
Doch du kannst entscheiden, was du *jetzt* denken willst.
Du kannst sagen: »Ich lehne ab.«
Du kannst auch sagen:
»Ich bin einverstanden!«

Denk an deine Schulzeit.
Es war nicht immer leicht, Schüler zu sein.

Was du erlebt hast, kannst du nicht ändern.
Was du bisher gedacht hast, kannst du nicht ändern.
Doch du kannst entscheiden, was du *jetzt* denken willst.
Du kannst sagen: »Ich lehne ab.«
Du kannst auch sagen:
»Ich bin einverstanden!«

Denk an deine Liebschaften.
Es war nicht immer leicht, Geliebter oder Geliebte zu sein.

Was du erlebt hast, kannst du nicht ändern.
Was du bisher gedacht hast, kannst du nicht ändern.
Doch du kannst entscheiden, was du *jetzt* denken willst.
Du kannst sagen: »Ich lehne ab.«
Du kannst auch sagen:
»Ich bin einverstanden!«

Denk an deine Kinder.
Es war nicht immer leicht, Vater oder Mutter zu sein.

Was du erlebt hast, kannst du nicht ändern.
Was du bisher gedacht hast, kannst du nicht ändern.
Doch du kannst entscheiden, was du *jetzt* denken willst.
Du kannst sagen: »Ich lehne ab.«
Du kannst auch sagen:
»Ich bin einverstanden!«

Denk an deine Verantwortung.
Es war nicht immer leicht, verantwortlich zu sein.

Was du erlebt hast, kannst du nicht ändern.
Was du bisher gedacht hast, kannst du nicht ändern.
Doch du kannst entscheiden, was du *jetzt* denken willst.
Du kannst sagen: »Ich lehne ab.«
Du kannst auch sagen:
»Ich bin einverstanden!«

Denk an dich.
Es war nicht immer leicht, du selbst zu sein.

Was du erlebt hast, kannst du nicht ändern.
Was du bisher gedacht hast, kannst du nicht ändern.
Doch du kannst entscheiden, was du *jetzt* denken willst.
Du kannst sagen: »Ich lehne ab.«
Du kannst auch sagen:
»Ich bin einverstanden!«

Kapitel XII
Liebe

Aber dreierlei bleibt, und wenn alles vergeht: Glaube, Hoffnung, Liebe; die Liebe aber ist die Größte unter ihnen.

1. Korinther 13, 13

Wenige Wochen nachdem Martina an ihrem ersten Reiki-Seminar teilgenommen hatte, fragte sie mich, ob bei ihrer Einweihung irgendetwas schiefgelaufen wäre? »Wieso?«, fragte ich erstaunt. »Nun ja«, erwiderte sie, »ich bin seit dem Seminar wütend wie nur was. Ich hab das dringende Bedürfnis, allen Menschen, denen ich begegne, meine Meinung ins Gesicht zu schmettern. Dabei ist doch die ›Liebe‹ das Thema des ersten Reiki-Grades. Also müsste ich doch liebevoll zu allen sein. Stattdessen bin ich zornig.«

Martina ist eine Frau mit toller Ausstrahlung: intelligent, humorvoll und sehr sympathisch. Sie hat Erfolg im Beruf und ist ihrem Sohn eine gute Mutter. Dennoch hielt sie bis zum Zeitpunkt des Seminars keine großen Stücke auf sich. Ihr Selbstwertgefühl war nicht sehr ausgeprägt. Sie ist in ihrem Leben mehr kritisiert als gelobt worden.

Ständig erklärt man ihr, was sie besser machen müsste. Stets wurde sie von den »wohlmeinenden« Menschen in ihrem Umfeld auf vermeintliche Unzulänglichkeiten hingewiesen. Im Lauf der Zeit schenkte Martina den großen Kritikern ihres Lebens immer mehr Glauben.

Während des Seminars lernte sie sich nun besser kennen. Martina wurde sich ihrer selbst bewusst. Und mit dem Selbstbewusstsein kam die Wut auf all die Dummschwätzer, die ihr seit der Kindheit eingeredet hatten, dass sie nicht gut genug, nicht schön genug, nicht schlank genug wäre. Der Zorn war Ausdruck ihrer wachsenden Liebe zu sich selbst.

Umgekehrt können Gefühle, die manche für Liebe halten, keine Liebe sein. Insbesondere eifersüchtige Menschen neigen dazu, ihre Verlustangst mit dem Gefühl der Liebe zu verwechseln. Andere wiederum fühlen sich nur dann wohl, wenn sie helfen können. Sie glauben, den Adressaten ihrer Hilfe zu lieben. Sobald der Betreffende jedoch herausfindet, dass er auch ohne ihre Hilfe klarkommt, schlägt die »Liebe« in Enttäuschung um.

Wahre Liebe ist niemals erdrückend, niemals klammernd, niemals fordernd.

»Licht und Liebe« sind Schlagworte der erleuchteten Szene. Kaum ein Flyer eines Anbieters spiritueller Dienstleistungen kommt ohne diese beiden Begriffe aus. Oftmals ziehen jedoch gerade diejenigen, die sich selbst für erhellte Licht- und Liebesbringer halten, einen immensen Schatten hinter sich her. Wer die eine Seite forciert, stärkt in gleichem Maße die andere. Hier wirkt das Gesetz der Polarität, wie es Ruediger Dahlke in seinem Buch *Schicksalsgesetze* treffend beschreibt. Ich habe Menschen getroffen, die für sich postulierten, ausschließlich im Namen der Liebe zu handeln, und nicht registrierten, wie oft sie andere mit ihren Worten und Taten verletzten. Je lautstärker sie ihre bedingungslose Liebe zu allen Wesen verkündeten, desto mehr Negativität strahlten sie aus.

Ich tue mich schwer mit der begrifflichen Unterscheidung zwischen »spirituellen« und »nichtspirituellen« Menschen. Wir sind alle geistige Wesen in einem menschlichen Körper und daher allesamt spirituell. Es gibt nur die Unterscheidung zwischen Menschen, die sich für *spirituelle Themen* interessieren, und solchen, die es nicht tun. Das bedeutet jedoch nicht, dass Erstere spirituell weiter entwickelt wären als Letztere. Diese Aussage wäre genauso töricht wie die Behauptung, man müsse sich für die zweite Fußballbundesliga interessieren, um in den Himmel zu kommen. Oft neigen die »spirituell Interessierten« zur Realitätsflucht. Sie streben danach, in einer besseren Welt zu leben, in der sie keine profanen Probleme mehr hätten.

Ich habe viele Menschen kennengelernt, die sich nicht für spirituelle Themen interessierten, aber ihr Leben weitaus intensiver lebten als manche, die alles gelesen hatten, was der esoterische Büchermarkt bereithielt. Sie glaubten nicht an spirituelle Fluchtwege und packten die Herausforderungen des irdischen Lebens an. Viele Menschen haben mit Religion oder spirituellen Themen nichts im Sinn und sind dennoch Botschafter der Liebe. Sie leben die Liebe zu ihren Kindern, betätigen sich sozial, bringen auf vielerlei Weise die Liebe in die Welt. Sie bringen Liebe in die Welt mit ihren Worten und Handlungen, mit ihren Berührungen, mit ihrer Präsenz.

Um ein Botschafter der Liebe zu sein, braucht man nicht an ein Leben nach dem Tod, an einen bestimmten Gott oder an Engelhierarchien zu glauben. Was nutzen all die Kontakte mit jenseitigen Welten, wenn ich den Kontakt zu mir selbst verloren habe?

Was der Apostel Paulus den Spirituellen seiner Zeit ins Stammbuch schrieb, gilt für die heutige esoterische Szene gleichermaßen: »Wenn ich mit Menschen- und Engelszungen reden könnte, hätte aber die Liebe nicht, wäre ich dröhnendes Erz oder eine lärmende Pauke. Wenn ich weissagen könnte und wüsste alle Geheimnisse und alle Erkenntnis, wäre mein Glaube so groß, dass ich Berge versetzen könnte, hätte aber die Liebe nicht, wäre ich nichts. Und gäbe ich all meine Habe den Armen, ließe meinen Leib verbrennen, hätte aber die Liebe nicht, nützte es mir nichts.«

Während ich diese Zeilen schreibe, sind viele Bücher auf dem Markt, die das unmittelbar bevorstehende Ende der alten Zeit und den Beginn eines goldenen Zeitalters verkünden. So haben es auch die alten Maya gesehen, in deren Timer nach dem 21. Dezember 2012 keine Einträge mehr möglich sind. Manch ein Lichtarbeiter wird wohl enttäuscht sein, wenn er auch nach diesem Datum montagmorgens an einer zugigen Haltestelle auf den Bus zur Arbeit warten muss.

Meine Theorie lautet, dass der Schreiber des Maya-Kalenders, als er an diesem Datum angelangt war, verstorben ist und sich anschließend niemand mehr um die Weiterführung seines Kalenderprojekts bemüht hat. Man kennt das ja aus dem Büroalltag: Jemand ist für eine bestimmte Excel-Liste zuständig, und wenn dieser wegen Krankheit oder Urlaub ausfällt, schreibt kein Mensch sie weiter …

Meine »Theorie« ist natürlich reine Polemik. Das Wissen der Maya über das Wesen der Zeit übertrifft unsere heutige Vorstellung um ein Vielfaches. Auch ich glaube an eine neue Ära. Jeder Tag in meinem Leben kann ein Neubeginn sein. Dennoch nutzen mir Veränderungen im Außen nichts, wenn sie keine Entsprechung in meinem Inneren finden. Auch die ersten Christen warteten auf goldene Zeiten. Die meisten von ihnen dachten, die Wiederkehr Christi erfolge noch zu ihren Lebzeiten. Und dann ginge es erst richtig los: Alles Schlechte und Unangenehme würde aus der Welt verschwinden.

Viele warten heute noch. Unzählige religiöse Sekten haben zu allen Zeiten den Weltuntergang prophezeit, den nur die Gläubigen überleben würden. Und bisher mussten noch alle Propheten ihre Endzeitprognosen korrigieren. Dennoch haben immer wieder Zeitenwenden stattgefunden. Sie entsprachen nur nicht den Erwartungen und Vorstellungen vieler Gläubigen. Und daher ist es möglich, dass die jetzige Zeitenwende auch von vielen nicht erkannt wird. Wer allzu fixiert nach äußeren Veränderungen Ausschau hält, läuft Gefahr, die notwendige Wende in seinem Inneren zu verpassen.

Frag dich: Was erschaffe ich? Was mache ich?

Das Leben ist der Stoff, aus dem das Universum besteht.
Das Leben ist der Stoff, aus dem die Welt besteht.
Das Leben ist der Stoff, aus dem du selbst bestehst.

Das Leben ist Energie.
Das Leben ist reine Schöpferkraft.
Das Leben ist die Substanz von »allem, was ist«.

In dir ist diese Energie.
In dir ist diese Schöpferkraft.
In dir ist die Substanz von »allem, was ist«.
Du kannst die Energie nutzen,
du kannst die Kraft verwenden,
du kannst erschaffen.

Du kannst Materie erschaffen,
du kannst Gedanken und Worte erschaffen,
du kannst Gefühle und Erfahrungen erschaffen.

Frag dich:
Was erschaffe ich?

Du kannst dein Leben zu Geld machen.
Du kannst dein Leben zu Wissen machen.
Du kannst dein Leben zu Liebe machen.

Frag dich:
Was mache ich?

Liebe deinen Nächsten wie dich selbst

Die Liebe ist die Quelle allen Seins. Jede Seele ist auf der Suche nach dem intensiven Gefühl der Liebe. Kein anderes Gefühl kann sie wirklich befriedigen. Manchmal ist das Tor zum Herzen verschlossen, sodass der Strom der Liebe nicht fließen kann. Das Leben bemüht sich dann, das Tor zur Liebe aufzumachen. Manche Menschen hören ein leises Klopfen und öffnen. Andere hingegen halten das Tor auch dann verschlossen, wenn das Klopfen lauter wird. Manch einer stemmt sich sogar noch von innen dagegen, wenn das Leben mit einer Ramme davorsteht. Letztendlich aber sind alle Versuche, das Öffnen des Tores zu verhindern, vergeblich. Das Leben ist immer stärker als die Angst. Der Grund für das Bestreben, das Tor geschlossen zu halten, ist die Angst vor Verletzung. Mit dem Öffnen des Tores werde ich verletzlich. Im Augenblick der Verletzung empfinde ich Mitgefühl für mich. Ich öffne mich der Selbstliebe. Nächstenliebe ist das Mitgefühl mit anderen. Die Lektion des Mitgefühls beginnt immer bei mir selbst.

Ich habe lange Zeit meinen Körper vernachlässigt. Ich habe nicht auf Ernährung und Bewegung geachtet, vielmehr gedacht, es wäre für den Körper auch ausreichend, wenn ich meditiere, mich nur mit der Seele beschäftige. Schließlich ist der Körper ja der vergängliche Teil von mir, die Seele hingegen ist ewig. Warum also sollte ich mich um das Vergängliche kümmern?

Ich hatte meinen Körper von der Seele getrennt, ihn nicht als Teil von ihr angesehen, nicht bemerkt, dass er ein wunderbarer Ausdruck dieser Seele ist. Und in den Jahren, bevor ich begann, meinen Körper zu vernachlässigen, habe ich ihn durch falsches Krafttraining geschunden. In beiden Fällen hörte ich nie auf die Stimme meines Körpers. Ich wusste es nie zu schätzen, welch immense Leistung er vollbringt, dass er all meine Nachlässigkeiten und Schindereien auf sich nahm und mich dennoch bis zum heutigen Tag nie im Stich gelassen hat. Er war immer da, wenn ich ihn brauchte. Seine Auszeiten hat er genommen, wenn ich es mir auch zeitlich leisten konnte, wenn gerade kein Seminar, kein Vortrag, kein Meditationsabend anstand. Ich habe es für selbstverständlich gehalten, dass mein Körper funktionierte, er das Gewicht ertrug, das ich ihm auferlegte (früher mit schweren Hanteln und vielem Essen, später nur noch mit vielem Essen), dass er die Nahrung verdaute, die ich in mich hineinschaufelte, dass er die Giftstoffe, die ich trank und rauchte, verarbeitete.

Ich war mir darüber bewusst, dass der Mensch mehr als *nur* sein Körper ist. Genau das vermittle ich auch in meinen Seminaren. Aber ich hatte lange Zeit nicht beachtet, dass der Mensch *auch* sein Körper ist. Sehr wohl ist er der vergängliche Teil des Selbst, aber für ein Leben in Zeit und Raum unverzichtbar. Ich hatte meinen Körper ebenso verleugnet wie diejenigen, die das Fleisch für Sünde halten und Askese predigen.

Meine spirituellen Lehrer sagten: »Vom Fasten und Beten halten wir nichts, wir halten nur etwas vom Feiern!« Daran hatte ich mich vermeintlich gehalten, jedoch übersehen, dass nur derjenige sein Leben total genießen kann, der sich seiner Totalität, seiner Ganzheit, auch bewusst ist. Ich habe meinen Körper nicht an der Feier des Lebens teilhaben lassen, sondern vielmehr auf seine Kosten gefeiert. Liebe ist die stärkste Form der Wertschätzung. Ich habe meinen Körper nicht geliebt, weil ich seine Verletzbarkeit nicht anerkannt habe.

Verletzung ist die Voraussetzung für Heilung. Bei der Massage eines verhärteten Muskels werden Muskelfasern verletzt, um an dieser Stelle eine verstärkte Durchblutung zu bewirken. Auf solche Weise wird ein Heilungsprozess in Gang gesetzt. Dasselbe Prinzip gilt für die Muskeln des emotionalen Körpers. Bedarf es in einem Lebensbereich der Heilung, erfolgt zunächst Verletzung. Wer sein Leben kontrollieren will, legt den Schwerpunkt der Erfahrung auf den Verstand. Der Verstand aber kann nur denken, er kann nicht fühlen. Wer sich allzu lange in seinem Verstand aufhält, verliert auf Dauer den Kontakt zu seinen Gefühlen. Durch Schmerz wird die Verbindung wiederhergestellt. Vor Schmerz kann man nicht flüchten.

Eine Blume ist verletzlich, so wie ich auch. Eine Blume kann aus ihrer Welt herausgerissen werden, den Boden unter sich verlieren, so wie ich auch. Eine Blume kann blühen, ihre Schönheit und Pracht entfalten, so wie ich auch. Eine Blume kann sich verschließen, so wie ich auch. Eine Blume kann sich öffnen, so wie ich auch.

Leg die Achtsamkeit auf den Bereich deines Solarplexus.

Hier ist deine Mitte,
die Mitte deines Körpers,
die Mitte deiner Seele,
die Mitte deines Seins.

Achte auf deine Mitte, sei in deiner Mitte.

Stell dir nun eine Blume vor, eine Blume mit verschlossener Blüte.
Stell dir die Blume in deiner Mitte vor,
in der Mitte deiner Seele,
in der Mitte deines Seins.

Und nun sieh, wie sie sich langsam öffnet.

Verkauf niemals deine Seele

In »meiner« Kirche in Schillig steht die Skulptur des »Tanzenden Christus«. Die Figur ist drei Meter groß und hält die Hände segnend über die Menschen. Das Kunstwerk ist Symbol für die Auferstehung. Hier steht die Freude im Mittelpunkt.

Das ist nicht in allen Kirchen so. Viele Gotteshäuser sind geprägt durch Abbildungen des Gekreuzigten. In ihnen dominiert das Leid. Diese Atmosphäre habe ich immer als bedrückend empfunden. Die Geschichte von der Kreuzigung und Auferstehung konnte ich für mich nur als Symbol der absoluten Hingabe akzeptieren. In ihr steckt die Botschaft der Leidenschaft. Der Meister der Liebe sagte seinen Schülern: »Nur wer bereit ist, sein Leben zu verlieren, wird es für ewig gewinnen.« Ich muss bereit sein, für mich und meine Sache einzustehen, auch dann, wenn es mal unbequem werden sollte.

Meine spirituellen Lehrer formulierten es so: »Verkauf niemals deine Seele für irgendwelchen ›Komfort‹.«

Die Interpretation der Kirche, der zufolge Jesus die Menschen durch seinen Tod von ihren Sünden erlöst hat, war für mich nie akzeptabel. Diese Theorie wurde von Paulus in die Welt gesetzt, der Jesus zu dessen Lebzeiten jedoch niemals gesehen und gehört hatte. Paulus ging es damit so wie uns: Da wir den leibhaftigen Jesus nicht gekannt haben, müssen wir uns ein eigenes Bild von ihm machen. Deshalb würden ihn die meisten von uns nicht erkennen, wenn er eines Tages wirklich wiederkäme.

Ich habe nicht das Bild des leidenden, sondern vielmehr des feiernden Jesus verinnerlicht. Ich glaube, dass er Spaß an seinem Leben hatte. Er hat es genossen, vor Menschen zu sprechen, sie mit Händen und Worten zu berühren. Jesus war kein Griesgram. Er konnte lachen und tanzen und sich freuen wie ein kleines Kind. Seine Schüler haben ihn gern begleitet auf seinem eigenen, persönlichen Trip. Sie haben sich ihm hingegeben und deshalb viel von ihm gelernt.

Nur wer bereit ist, sich voll und ganz einzulassen auf die Worte und Handlungen seines Meisters, kann von ihm und seiner Botschaft auch voll und ganz profitieren. Ein Meister ist in der Lage, den Schüler zu verändern. Voraussetzung dafür ist dessen Hingabe. Nur so kann der Schüler erfahren, was auch der Meister erfährt. Durch seine Hingabe kann der Trip des Meisters zu seinem eigenen werden.

Zugegebenermaßen hat das Wort »Trip« einen etwas negativen Touch. Ein Rauschgiftsüchtiger ist auf einem Trip, nachdem er sich einen Schuss gesetzt hat. Doch auch die Jünger Jesu waren »süchtig« nach den Worten und Taten des Meisters. Sie waren auf der Suche nach der Wahrheit, auf der Suche nach Gott, auf der Suche nach einer Erklärung für das Mysterium Leben, und sie suchten die Antworten bei ihm. Die Präsenz des Mannes Jesus von Nazareth kann in diesem Sinne durchaus als Droge bezeichnet werden. Viele sind abhängig geworden. Die Entzugserscheinungen dauern heute, zweitausend Jahre nach seinem Weggang, noch an. Die Chance der Hingabe birgt in sich immer auch die Gefahr der Abhängigkeit.

Niemand hört die Botschaft losgelöst von dem Propheten, der sie übermittelt. »Glaub an mich«, lautet der Appell der Mahner und Weissager, sich auf ihre Botschaft einzulassen. Die Schüler interpretieren die Worte oft als Aufforderung, ihre »Meister« anzubeten. Auch Jesus hat von seinen Jüngern verlangt, an ihn zu glauben. Er sagte: »Niemand kommt zum Vater denn durch mich. Ihr werdet euer inneres Paradies nicht finden, eure Göttlichkeit nicht erfahren, solange ihr meiner Botschaft keinen Glauben schenkt.«

Jesu Ausdruck für das Göttliche war »Vater«. Der Vater ist die Quelle allen Lebens, er ist das Leben selbst. Jeder Tropfen verfügt über das gesamte Potenzial der Quelle. Wenn der Tropfen sich selbst nicht lebt, sich nicht traut, voll und ganz ein Tropfen zu sein, wird es ihm nicht gelingen, sich als Quelle zu empfinden. Niemand kommt zum Vater denn durch mich. Niemand kann das Leben in seiner Gesamtheit erfahren, solange er sich nicht gestattet, sein jetziges Leben voll und ganz zu leben.

Jesus verlangte nicht, dass man ihn verehrt. Er verlangte es nicht von den Menschen in seinem Umfeld und erst recht nicht von allen nachfolgenden Generationen. Jesus wollte, dass man seiner Botschaft glaubt. Er nannte sie die »Frohe Botschaft«. Sie handelt von der Ewigkeit des Lebens und von der Liebe als stärkster Kraft im Universum.

Dies ist mein Bild vom Meister der Liebe. Ich glaubte mehr an den Auferstandenen als an den Gekreuzigten. Bis ein Buch mein Bild erweiterte und damit verbunden mein

Verständnis vergrößerte. Lange Zeit lag es inmitten vieler anderer Bücher in einer Kiste, die in einem Vorraum »meiner« Kirche steht. Für eine kleine Spende kann sich jedermann dort Bücher herausnehmen. (Bei uns daheim steht auch ein Bücherkorb im Wohnzimmer, aus dem sich die Teilnehmer unserer Meditationsabende bedienen können. Im Gegensatz zum kirchlichen Bücherkorb in Schillig jedoch findet man darin auch Psychothriller …) Der Titel des Buches lautet: *Glaubenszeugen aus dem Ruhrgebiet.* Darin beschrieben sind die Biografien von Nikolaus Groß, Bernhard Letterhaus, Gottfried Könzgen, Maria und Bernhard Kreulich. Sie hatten sich gegen die Nazis aufgelehnt und ihren Widerstand kurz vor Ende des Zweiten Weltkriegs mit dem Leben bezahlt. Gottfried Könzgen starb im Konzentrationslager, Nikolaus Groß, Bernhard Letterhaus und das Ehepaar Kreulich wurden in Berlin-Plötzensee hingerichtet. Diese Menschen hatten ihr Christsein ernst genommen. Sie hatten ihre Seele nicht für »Komfort« verkauft. Sie waren bereit, ihr Leben zu verlieren. Ihr Glaube war im Herzen verankert und nicht nur ein theologisches Konzept des Verstandes.

In dem Buch ist auch der Abschiedsbrief von Nikolaus Groß an seine Frau Elisabeth veröffentlicht. Als ich diese Zeilen las, erweiterte sich mein geistiger Horizont. Ich begriff, welch große Bedeutung die Leidensgeschichte Christi für diese Menschen hatte. Sie schöpften Kraft und Zuversicht aus ihrem Glauben an einen Gott, der nicht in strahlendem Licht in einem Himmel der Glückseligkeit auf ewig verweilt, sondern der persönlich als Mensch wie sie das schlimmste Leid erfahren hatte. Die Zeit zwischen Todesurteil und Hinrichtung muss grausam sein. Gott war für sie nicht (nur) ein unverwundbares Geistwesen, sondern hatte als Mensch die gleiche Angst empfunden wie sie selbst. Ihr Gott konnte ihnen auf ihrem letzten und schwersten Weg die Hände reichen, weil er diesen Weg selbst gegangen war. Nach der Lektüre dieses Buches konnte ich auch mit der Leidensgeschichte des Christentums einverstanden sein.

Beschäftige dich in den nächsten Tagen mit dem Satz: »Achtung vor dem Leben ist der einzig mögliche Gottesdienst.« Und wenn du die Gelegenheit dazu hast, wende ihn an.

»Und wenn er wirklich wiederkäm«

In einer Woche zwischen zwei Seminaren in Friesland traf ich Stephan. Ich begegnete ihm an einem Tag zweimal. Ich hatte ihn weder vorher getroffen, noch sah ich ihn nachher; und ich glaube auch, dass ich ihn nie wiedersehen werde. Er kam aus dem Nichts und verschwand im Nichts. Es war an einem Dienstag. Ich hatte an den beiden zurückliegenden Wochenenden zwei Seminare gehalten, und das nächste lag vor mir: das letzte Seminar des Jahres 2003. Für Reiki-Meister, besser gesagt Meisterinnen, denn die Gruppe bestand aus acht Frauen. Das erste Mal traf ich Stephan auf dem Deich. Ich sah ihn schon von Weitem. Er stand lachend da und schaute zum Himmel. Ich blickte auch nach oben, sah nichts und fällte mein Urteil: bestimmt ein geistig gehandicapter Zeitgenosse. Doch weit gefehlt.

Als ich bei ihm ankam, sprach er mich an: »Hast du so was Schönes schon mal gesehn?« Dabei zeigte er mit einer Hand nach oben, mit der anderen hielt er sein Fahrrad. Mein kriminalistisches Adlerauge entdeckte eine Dose Pils im Gepäckträgerkorb. Ich revidierte mein Urteil von eben und wandelte es um in »sozialer Brennpunkt«.

Ich sah erneut hoch, und diesmal bemerkte ich, was er meinte. Zwei Flugzeuge, die von einer Insel gestartet waren, hatten je einen Kondensstreifen am Himmel hinterlassen. Beide liefen absolut parallel. Auch die Flugzeuge waren noch als kleine Punkte am Himmel zu sehen. Es sah aus, als würden sie direkt in die Abendsonne fliegen. Es war nun nicht das Tollste, was ich jemals gesehen hatte, aber auch nicht das Schlechteste. »Sozialer Brennpunkt« blieb dabei: »Ich bin bereits 35 Jahre alt«, sagte er, »aber so was Schönes hab ich noch nie gesehn.«

Ich verabschiedete mich freundlich und ging weiter. Als ich mich umschaute, sah ich ihn auf seinem Fahrrad in die Gegenrichtung fahren.

Vier Stunden später traf ich ihn zum zweiten Mal. Auf dem Weg zu einem Freund machte ich an der Kirche halt. Dort stand er an der Tür. Diesmal sprach ich ihn an: »Wir kennen uns.«

»Stimmt«, sagte er. »Du bist der von heute Nachmittag. Weißt du, wo der Priester ist? Ich habe bei ihm am

Pfarrhaus geschellt, aber er macht nicht auf. Ich habe nämlich Hunger und Durst.« Bevor ich etwas erwidern konnte, fragte er: »Soll ich für dich etwas auf der Orgel spielen?«

»Warum nicht?«, antwortete ich. »Kannst du denn Orgel spielen?«

»Besser Schlagzeug, aber Orgel geht auch ganz gut.«

»Nun denn, warum nicht?«, sagte ich.

Er ging hinein, setzte sich an die Orgel und begann zu spielen. Er kann tatsächlich spielen, staunte ich. Wieder musste ich mein Urteil revidieren: Gehobener sozialer Brennpunkt mit Organistenausbildung. Plötzlich hielt er inne und beugte sich nach rechts, sodass ich ihn sehen konnte.

»Nenn mir eine Zahl zwischen eins und neun«, forderte er mich auf.

»Sieben«, sagte ich.

»Weißt du, wofür die Sieben steht?«

»Nein.«

»Die Sieben ist die Zahl Gottes. Und weißt du auch, wofür die Sechs steht?«

Ich konnte es mir fast denken, verneinte aber. Und richtig: »Die Sechs ist die Zahl des Teufels.«

»Vielleicht sind Gott und der Teufel ja ein und derselbe?«, erwiderte ich.

Wieder beugte er sich vor und sagte: »Dann müssen wir beide die Bibel neu schreiben.«

»Ich bin dabei, mein Freund, ich bin dabei«, dachte ich im Stillen. In einem Jahr sollte der erste Teil meiner »Bibel« erscheinen. Davon konnte Stephan nichts wissen. Auch von meiner Verbindung zu JJ, der mir oft Geschichten über Jesus erzählte, den Meister der Liebe, wusste er nichts.

In diesem Moment kam ein Mann mit einem Tablett in die Kirche. Auf dem Tablett standen ein heiße Tasse Tee und ein Teller mit Broten. Offenbar hatte Stephan auf der Suche nach dem Priester auch bei ihm geschellt und dabei von seinem Hunger und Durst berichtet. Der Mann stellte Tasse und Teller auf die Ablage der Kirchenbank. Stephan kam hervor, bedankte sich freundlich, setzte sich auf die Bank und begann zu essen und zu trinken. Ich schaute ihm schweigend zu.

»Esset mich, trinket mich, dies ist mein Leib, dies ist mein Blut«, schoss es mir durch den Kopf. Die ganze Szene war irgendwie suspekt, ungewöhnlich. »Was hat das alles zu bedeuten?«, dachte ich. Dann stand ich auf und fragte ihn nach seinem Namen.

»Ich bin Stephan. Ab und an schreibe ich etwas in das Buch.«

Er zeigte auf ein Buch für Dankesworte und Bittgesuche im Eingangsbereich der Kirche.

Ich gab ihm die Hand und verabschiedete mich.

Am nächsten Tag ging ich wieder in die Kirche und sah ins Buch. Der letzte Eintrag lautete: »Stephan ist die Liebe.«

Als ich die Geschichte von Stephan an diesem Abend einer Freundin erzählte und ihr in der Kirche die von ihm in kindlicher Handschrift geschriebenen Worte zeigte, sagte sie: »Es gibt ein Lied von Rolf Zuckowski. Es heißt ›Und wenn er wirklich wiederkäm‹. In dem Lied wird die Frage gestellt, ob die Menschen Jesus erkennen würden, wenn er in die heutige Zeit zurückkäme.«

Viele sehnen sich nach der Wiederkunft Christi auf Erden. Aber würden sie ihn dann überhaupt erkennen? Er erschiene ja heute in einem anderen Körper als damals. Welche Hautfarbe hätte er? Welche Kleidung trüge er? Welche Sprache spräche er? Selbst die Jünger haben ihn nach der Auferstehung nicht erkannt.

Er ging mit ihnen spazieren, und sie haben ihn nicht erkannt.

Sie haben mit ihm gegessen, und sie haben ihn nicht erkannt.

Sie haben mit ihm getrunken, und sie haben ihn nicht erkannt.

Er hat an ihre Tür geklopft, und sie haben ihn nicht erkannt.

Er hat mit ihnen meditiert, und sie haben ihn nicht erkannt.

Würde ich ihn erkennen, wenn er wirklich wiederkäme?

Selbstliebe – Nächstenliebe

Der Meister der Liebe sprach zu seinen Schülern:
»Liebe deinen Nächsten wie dich selbst.«
Die Schüler fragten: »Meister, wie geht das?

Wie kann ich es schaffen, mich selbst zu lieben?
Was ist Selbstliebe?«

Der Meister antwortete:
»Selbstliebe ist,
wenn du in deinen Augen die Schönheit des Lebens erkennen kannst.
Selbstliebe ist,
wenn du in deinen Augen die Ewigkeit erkennen kannst.
Selbstliebe ist,
wenn du in deinen Augen deine Einzigartigkeit erkennen kannst.
Selbstliebe ist,
wenn du dich in deinen Augen so akzeptieren kannst, wie du bist.
Selbstliebe ist,
wenn du in deinen Augen Hoffnung erkennen kannst.
Selbstliebe ist,
wenn du in deinen Augen Sanftheit erkennen kannst.
Selbstliebe ist,
wenn du in deinen Augen Freude erkennen kannst.
Selbstliebe ist,
wenn du in deinen Augen Mitgefühl erkennen kannst.
Selbstliebe ist,
wenn du in deinen Augen das Göttliche erkennen kannst.«

Der Meister der Liebe sprach zu seinen Schülern:
»Liebe deinen Nächsten wie dich selbst.«
Die Schüler fragten: »Meister, wie geht das?

Wie kann ich es schaffen, meinen Nächsten zu lieben?
Was ist Nächstenliebe?«

Der Meister antwortete:
»Nächstenliebe ist,
wenn du in den Augen eines anderen dich selbst erkennen kannst.«

Dank

Kristina Ballhorn kann dieses Buch mittlerweile auswendig vortragen. Sie hat das Manuskript in den vergangenen zwei Jahren immer wieder gelesen und mir wertvolle Anregungen gegeben. Auch die Zitate zu Beginn der Kapitel wurden von ihr ausgewählt. Ich danke dir, Kristina! Es macht Spaß, mit dir zusammenzuarbeiten.

Ohne die Kirche in Schillig gäbe es meine Seminare und vermutlich auch dieses Buch nicht. Ich danke dir, Lars, für den Schlüssel!

Hans Bongartz hat mir geholfen, meine verschiedenen Aufgaben unter einen Hut zu bekommen. Ich danke dir, Hans, für deine Freundschaft und Unterstützung!

Die Teilnehmer unserer Seminare und Meditationsabende haben uns in all den Jahren inspiriert. Wir haben tolle Menschen kennengelernt, wertvolle Freundschaften sind entstanden. Viele haben sich mittlerweile selbst auf den Weg begeben und tragen als Meditations- und Reiki-Lehrer ihre eigene Botschaft in die Welt. Sie haben die einjährige Ausbildung bei uns auf sich genommen und sich nicht von den vielen »Hausaufgaben« abschrecken lassen. Ich danke euch allen!

Ich bin froh darüber, als esoterischer Zielfahnder den besten Verlag erwischt zu haben. Ich danke dem Arkana-Team für die Zusammenarbeit in den vergangenen Jahren! Insbesondere danke ich Gerhard Riemann für das Vertrauen in meine Bücher!

Auch mein drittes Buch ging durch das Lektorat von Ralf Lay. Wie sagte der Big Boss? »Never change a winning team.« Ich danke dir, Ralf!

Peter Michael Dieckmann

Kontakt

Informationen zu Vorträgen und Seminarterminen finden Sie unter:

www.lumenalba.de

Ich freue mich über jede Rückmeldung. Wenn Sie Kontakt mit mir aufnehmen möchten, schreiben Sie eine Mail an:

pmd@lumenalba.de